本书由"南充市校科技战略合作项目：社会工作嵌入社区治理的实践困境及优化路径研究（编号：22SXQT0283）"、"川北医学院博士科研启动基金项目：制度主义视域下基层社会治理形式主义问题研究（项目编号：CBY24-QDB02）"资助出版。

社会工作机构参与社区治理的主体性缺失与建构研究

SHEHUI GONGZUO JIGOU CANYU SHEQU ZHILI DE
ZHUTIXING QUESHI YU JIANGOU YANJIU

陈 静 / 著

中国社会出版社

国家一级出版社·全国百佳图书出版单位

北京·BEIJING

图书在版编目（CIP）数据

社会工作机构参与社区治理的主体性缺失与建构研究 ／
陈静著 ． -- 北京 ：中国社会出版社，2025．3． -- ISBN
978-7-5087-7186-1

Ⅰ．D669.3

中国国家版本馆 CIP 数据核字第 20251NR549 号

社会工作机构参与社区治理的主体性缺失与建构研究
责任编辑：曲丽媛
责任校对：张耀文
装帧设计：时　捷
出版发行：中国社会出版社
　　　　　（北京市西城区二龙路甲 33 号　邮编 100032）
印刷装订：河北鑫兆源印刷有限公司
版　　次：2025 年 3 月第 1 版
印　　次：2025 年 3 月第 1 次印刷
开　　本：170mm×240mm　1/16
字　　数：240 千字
印　　张：15.75
定　　价：88.00 元

前　言

　　2023 年 3 月，中共中央、国务院印发的《党和国家机构改革方案》作出了"组建中央社会工作部"的重大决策，这一举措标志着我国基层社会治理正式迈入"大社会工作"时代。在此背景下，社会工作的实践场域实现了从传统福利服务领域向更为广阔的基层社会治理空间的跨越，社会工作机构作为专业人才的重要承载平台，其在社区治理中的主体性作用日益受到学界与实务界的高度关注。作为社区治理的新兴主体，社会工作机构不仅能够为居民提供专业化、多元化的服务，更在推动国家、市场、社会多元协同共治格局形成的进程中发挥着关键作用。因此，从社会学理论视角出发，深入剖析社会工作机构在社区治理中的主体性表现、现存问题及其内在生成机理，并探寻切实可行的主体性建构路径，具有重要的理论价值与实践意义。

　　本研究通过对广东深圳与中山、福建厦门、湖北武汉与孝感、湖南长沙、四川成都与南充、贵州贵阳 6 省 9 市 17 家社会工作机构的实地调研，揭示了当前社会工作机构在社区治理中面临的主体性缺失困境。在实践过程中，部分机构将生存发展作为首要目标，过于关注"找项目"、"创亮点"及成本控制等工具性目的，而弱化了"公益性"、"社会性"的核心价值追求，导致参与社区治理的目标导向出现了偏差；在资源获取与服务供给过程中，过度依赖外部支持，沦为强势主体的附属，丧失了自我决策与自主行动的能力；同时，对自身在社区治理中的主体身份、价值使命及行动逻辑缺乏清晰认知与高度认同，参与的自觉性不足；加之服务供给与协同参与能力的双重短板，使得机构的能动性显著弱化。这一系列主体性缺失问题，本质上折射出社会工作机构在社区治理中存在价值偏离、目标错位、专业脱嵌，以及多元主体间交往困境与主体定位失准等深层次矛盾。

社会工作机构主体性缺失的根源，不仅在于机构自身发展的局限性，更与社会结构和关系情境的形塑作用密切相关。在结构维度，"强国家－弱社会"的关系格局在一定程度上割裂了社会工作机构与本土社会的有机联系，导致其在专业实践中因缺乏本土文化滋养、服务经验积累和群众基础支撑，而陷入专业能力不足、价值理念困惑的困境；"中心－边缘"的社区治理结构，则使得社会工作机构虽在物理空间上进入社区，却难以实质性嵌入治理体系、融入居民生活，呈现出"悬浮"状态。在关系维度上，政府、企业、社区等主体在利益驱动下，常将社会工作机构视为工具性存在，遵循"主－客"互动模式与工具主义行动逻辑，致使机构出现行政化、功利化与失能化倾向，严重阻碍了其主体性的培育与建构。

基于对社会工作机构主体性缺失内在机理的深入剖析，本研究提出了"社会为本、专业为用、关系为基"的嵌入逻辑，主张通过价值嵌入、专业嵌入与网络嵌入策略，在社区治理实践的深度嵌入与多元主体的交互建构中重塑机构主体性。具体而言，需秉持"利他使群"的服务理念，立足社区实际，聚焦弱势群体保护与公共关系激活，实现机构的社会性回归；扎根社区日常生活，通过情感联结、文化挖掘与关系建构，精准对接居民需求，提升居民主体性，培育社区社会资本；同时，强化党建引领，构建"一核多元"治理网络，促进多元主体高质量互动，推动社区治理共同体建设与主体性的协同发展。

C目录
CONTENTS

第一章
绪　论

一、研究背景

（一）研究的背景

社区稳则居民安、社区兴则居民乐。从日常生活与交往的意义来看，社区是人们生活的空间共同体，人们在这一场域进行社会交往、休闲娱乐和公共参与。社区服务供给、安全秩序和发展状态与人们的日常生活休戚相关，更与人们的生活水平紧密相连。作为社会构成的"细胞"和国家治理的"根基"，社区是国家治理的基本单元，社区治理改革与创新直接关乎国家治理结构的微观塑造和动能释放，对国家治理模式的宏观转型发挥着重要的推动作用①。可以说，精细化、高效率的社区治理模式既是提升基层社会治理效能的关键因素，也是推进国家治理体系和治理能力现代化的重要基础。进入新时代，党和国家高度重视社区治理的改革与创新。党的十八大首次将"城乡社区治理"写进党的报告；党的十九大和二十大则对城乡社区治理体系建设和效能发挥提出了更高的要求，标志着社区治理进入了以推进国家治理体系和治理能力现代化为发展主题的新阶段。2023年3月，中共中央、国务院印发了《党和国家机构改革方案》，明确提出组建中央社会工作部，以更好推动我国社会工作高质量发展，打开基层社会治理新局面。

1. 新时代社区治理的现代化转型要求

进入新时代，由于历史条件的新变化和基层实践的新需求，对社区治

---

① 吴义东. 微治理：城市社区营造中的社交媒体实践：一项媒介人类学研究［J］. 新闻与传播评论，2022，75（1）：105 - 114.

理提出了新的历史使命和更高要求，要加强和创新社区治理，推进社区治理体系和治理能力现代化。

一是去行政化改革与服务型社区转型。计划经济体制下的街居制将社区作为政府垂直管理的末端纳入四级网络体系（市—区—街道—社区）。作为自治性组织的居委会，在实际工作中往往演变成了行政化的居民组织和准政府机构。一方面，居委会承担了繁重的行政事务，"上面千条线，下面一根针"形象地反映了居委会的工作局面。居委会承接了上级政府和各职能部门下派的门类多样、复杂烦琐的行政任务，包括治安、安全、生产、教育、文化、卫生、公益、社会救助、计划生育、社区矛盾调解、居民动员、外来人口管理等内容。繁重的行政任务，让工作人员疲于应付，他们感叹自己的工作有"填不完的表格""报不完的数据""应付不完的工作任务"[①]。有学者调查发现，居委会承担了286项行政任务，其中需提供证明（盖章）事项的有106项，形成的台账多达数十本甚至上百本[②]。同时，上级政府和各行政部门可能还有诸多"创新工作""难点工作"需要居委会配合完成。另一方面，社区工作人员对自我角色定位及认知不清晰，进一步加剧了居委会自治功能的偏移和自治职能的弱化。在自治组织角色出现错位、失位、缺位的情况下，居委会就成了政府的"帮手"，工作人员将大部分精力用于应对行政事务，而对居民的需求变得"敷衍"。然而，随着经济社会的发展和居民生活水平的提升，居民对个性化、精细化、多元化和高质高效的社区公共服务的需求日益强烈。同时，居民越发强烈地保持着对社区公共事务治理的关注、关心，也越发强烈地表现出了参与社区治理的意愿和融入社区生活的兴趣。这些都对居委会的去行政化改革和服务型社区建设提出了更高要求，要求居委会尽可能地淡化行政角色"底色"、浸染社会角色"原色"，回归其自治本质，代表居民利益、回应居民需求，努力建设服务型社区。

二是提升社区治理专业化水平和能力。专业化的治理能力是推进服务

---

① 社区干部在访谈中对社区相关工作的集中反馈。
② 罗红霞，崔运武. 悖论、因果与对策：关于社区居委会职责的调查思考［J］. 理论月刊，2015（7）：146–151.

型社区建设的重要方式，也是增强社区治理效能的有效途径。当前，我国社区发展状况发生了巨大变化，社区承载的功能越来越多，社区情况复杂多样，事务越来越繁多。为了不断满足人民对美好生活的向往，社区被寄予了更高的期待，加强和促进社区治理专业化被提上日程，社区治理理念、治理方法和治理目标被赋予了新的内涵和使命。在治理理念上，要求社区治理转变以往"行政为本"的治理逻辑，强调"需求为本"的工作导向，满足居民精细化、多元化和个性化的服务需求，满足居民对美好生活的新期待；在治理方法上，强调精细化分工，要求社区工作人员及相关人员通过标准化、科学化、规范化、人性化的专业工作手段实现高质高效的服务和治理，即"让专业的人做专业的事"；在治理目标上，将"服务"置于首位，坚持居民的主体和服务增能理念，培育居民的主体性，提升居民环境适应和问题解决的能力，增强居民自治意识和自治能力，维护社区秩序与激活社区活力。就目前社区治理实践来看，社区层面的各种事项、任务已经达到了精细化分工的程度，但承担社区治理任务的人才队伍的精细化、专业化分工则才刚刚起步。以居委会为例，角色模糊、职能不明、边界不清以及工作人员数量不足、能力不强、服务理念滞后，严重掣肘和制约了社区治理专业化水平的提升。

三是打造多元共治的社区治理新格局。传统单一主体的社区管理模式已然难以适应社会发展态势和社区发展需要。国家主动作为，推动社区治理现代化转型，其目的在于打破传统意义上社区管理行政主导的单一主体模式，积极构建社区治理主体多元化模式，参与社区治理的主体不限于政府部门，还涵盖党群组织、企事业单位、社会组织、居民等；转变"命令—服从""强制—执行"的行政管理模式，进行柔性化治理，强调社区利益相关主体通过沟通协商的方式解决社区问题；不同于社区管理模式的"维稳"目的，社区治理强调"共治""善治"，多元主体通过协商合作、良性互动来达成共识，在统一认识和行动的基础上联合起来对社区公共事务进行良好的治理。多元共治的社区治理新格局的重要意义在于：一方面，多元主体共治扩大了社区主体和资源"增量"，盘活了社区资源"存量"，进而为社区优质专业服务供给和服务型社区建设提供了条件和基础；

另一方面，多元主体共治推动了社区社会力量的挖掘、培育和发展，推动了社区治理社会化以及社区自治性的主体回归。然而，从实践来看，目前打造多元共治的社区治理格局还面临诸多阻力，包括社区组织化程度低、社区公共精神式微、居民参与意识和参与能力不足、多元主体联结协作不畅等。

2. 社会工作机构助推社区治理现代化

应对新时代社区治理新要求新挑战，推进社区治理体系和治理能力现代化，需要社会工作机构的协同参与和创新推动。

一方面，国家把社会组织协同参与社区治理作为社会治理的一项重要内容。党的十八大以来，社会组织参与社会治理受到前所未有的重视。要求"激发社会组织活力"，让社会组织在公共服务供给上发挥优势，同时强调发挥社会组织"社会协同"作用，推动政府、市场、社会、居民等主体的良性互动和共同参与。这不仅有助于凝聚破解社会转型时期社区治理难题的强大力量和智慧，也有助于推动构建"共建共治共享"的治理格局。另一方面，国家日益重视在基层社会治理中发挥社会工作的专业优势。2012年，民政部联合财政部出台了《关于政府购买社会工作服务的指导意见》，强调社会工作服务是现代社会服务体系的重要组成部分，推动社会工作专业人才在社会服务和社会治理中发挥专业优势。随着创新社会治理体制、加强政社分工与合作、构建共建共治共享的社会治理格局的纵深推进，社会工作参与基层社会治理的制度更加完善、机制更加健全。2017年6月，中共中央、国务院颁布的《关于加强和完善城乡社区治理的意见》强调要"推进社区、社会组织、社会工作'三社联动'"。从顶层设计上确立并不断完善社会组织与社会工作参与基层社会治理的制度机制。

社会工作机构作为社会组织的重要组成部分和社会工作专业人才的承载平台，其培育和发展受到了国家和各级政府的重视。从国家层面来看，2014年，民政部出台《关于进一步加快推进民办社会工作服务机构发展的意见》，强调推进社会工作服务机构发展的重要性和紧迫性，要求加强社会工作服务机构能力建设，建立健全社会工作服务机构支持保障体系。

2021 年 3 月，由十三届全国人大四次会议审查通过的《中华人民共和国国民经济和社会发展第十四个五年规划和 2035 年远景目标纲要》，指出"发挥群团组织和社会组织在社会治理中的作用"，并明确提出"支持和发展社会工作服务机构"。从地方层面来看，各地政府日益重视社会工作机构在基层社会治理中的主体作用。2018 年，广州市人民政府出台《广州市社工服务站（家庭综合服务中心）管理办法》，湖南省民政厅印发《湖南省乡镇（街道）社会工作服务站项目实施方案（试行）》，明确社会工作服务站采用项目购买的方式，由社会工作服务机构承接运营。随后，全国各地基层社会工作服务站的建设如火如荼，作为运营承接主体的社会工作机构深入参与基层社会治理。

社会工作机构之所以受到前所未有的高度重视，并被赋予社区治理主体的身份和服务实践职能，主要原因在于社会工作机构能够发挥其组织功能优势，推进基层社会治理改革创新和现代化转型。首先，社会工作机构有助于打造多元共治的社区治理格局。社会工作机构不仅作为"一元"参与其中，更能够凭借其"黏性"，联结政府、市场和居民，促进多元主体沟通互动，聚集多元主体需求，整合多方共治力量。社会工作机构的黏性源自其秉持的"以人为本"价值理念，采取协商、沟通、规范等柔性工作方法和方式以及坚持利益共享的行动目标，这与社区治理的价值理念、工作方法和手段高度契合。其次，社会工作机构有助于推动社区治理专业化和服务型社区建设。社会工作机构作为新型社会主体，拥有专业的理论知识和工作技能，能为社区治理提供专业的服务，为社区治理注入新元素和新活力，开启社区治理的新格局。社会工作机构在社区治理和服务中强调以社会工作专业方法为服务对象和居民提供服务，助力社区建设和社区功能不断完善。最后，社会工作机构作为一种变革力量，运用其身份和专业优势，通过价值引导、资源整合、平台搭建、协商技巧培训、自组织培育以及社区居民共同体意识培养，能有效激活社区治理。

总之，在社区治理和社区建设中，社会工作机构已经成为重要的主体性组织和支持性力量。可以预见，在国家的高度重视下，伴随着相关政策的出台与制度环境的逐步完善，新时代的社会工作机构在推动社区治理现代化进程中拥有更广泛的参与机会、更大的发展平台，能够最大限度地发挥组织功能优势，推动社区治理现代化转型。由此，社会工作机构在社区治理中的关系处境、专业能力、组织功能等主体性问题日益受到关注。

（二）问题的提出

现实社会中，社会工作机构参与社区治理面临"应然"和"实然"的巨大反差。

从应然层面看，伴随国家和各级地方政府对社会工作参与社区治理的日益重视，社会工作机构被赋予了更多机会和资源，进而机构能够在社区治理中充分发挥主体作用，有效推动社区治理现代化建设。国家日益重视社会工作机构在社区治理中的作用，出台了一系列政策赋予社会工作机构参与社区治理的合法性和合理性，积极拓展社会工作机构参与社区治理的机会和空间。同时，为了贯彻落实国家关于支持社会工作参与社区治理的相关政策，地方各级政府在实际工作中不断探索和总结社会工作参与社区治理的实践模式，"三社联动""五社联动"机制的创新，便是社会工作参与社区治理的生动展示。作为社会工作专业人才的承载平台，社会工作机构的培育发展自然受到了地方政府的高度重视。为了摆脱现阶段社会工作机构资源匮乏与"造血"能力不足的现实困境，地方政府以购买服务的方式，为社会工作机构参与社区治理提供场地、技术和经费支持。国家与地方政府的一系列举措，目的在于促进社会工作机构的主体性发挥，推动社会工作机构在社区服务供给、居民利益协调与矛盾化解、社区自组织培育、社区社会工作专业人才培养等方面发挥重要作用。

从实然层面看，社会工作机构在社区治理中面临主体性困境。社会工作机构在社区治理中获得了相对独立的社会主体身份、自治性和公益性价值取向、专业服务能力。然而，从现实来看，社会工作机构在主体地位、价值理念和专业能力上皆面临困境，具体表现在以下三方面。一是"伙计"而非"伙伴"。受政府购买服务的影响，社会工作机构过度依赖政府支持，缺乏行动自主权。在购买服务中，政府作为甲方，凭借资源优势拥有购买的决定权和选择权，社会工作机构则成为被挑选的乙方；在项目执行中，社会工作机构仍处于被动地位，社区治理和服务的范围、内容、方式乃至服务对象都受到政府的"干预"。名义上作为合作伙伴的社会工作机构，实则成为政府的"帮手"和"附属"。二是为"活命"而放弃"使命"。非营利性与公益性价值取向是社会工作机构的"立身之本"，也是社会工作机构参与社区治理必须坚守的底线。然而，社会工作机构在社区治理中面临诸多价值选择困境。一方面，受管理主义影响，社会工作机构强调"做项目"而非"做服务"，社会工作实务重视项目数据，轻视社会实际需求，并未真正做到满足服务对象需求、保护困难群体和促进社会发展①。另一方面，为降低对政府资源的依赖性，部分社会工作机构尝试以"有偿""低偿"的市场化服务获取资源。然而，部分社会工作机构在市场化尝试过程中，价值诉求和目标受到侵蚀，出现为了生存而"忘本"、置居民需求和社会效益于不顾的情况②。三是专业服务能力不足导致组织功能式微。作为基层社会治理的专业力量，社会工作机构以专业服务促进社区治理创新。然而，从现实来看，社会工作机构面临专业服务能力不足的现实困境。一方面，社会工作机构难以招聘和留住社会工作专业人才，进而会直接影响机构的专业服务能力；另一方面，社会工作理论知识、服务方法与专业技能在本土实践中出现了"水土不服"的现象③。能力不足导致社会工作机构在社区治理中服务成效低，机构参与社区治理的合法性受到质疑。

社会工作机构参与社区治理的"应然"和"实然"的巨大反差，引发了笔者对社会工作机构主体性的思考和关注。作为社区治理的专业主体和社会主体，社会工作机构的主体性建设和发展，不仅直接关乎社会工作机构参与社区治理主体地位的实际获得和组织功能的发挥，也关乎城乡社区治理体系和治理能力现代化的推进。那么，社会工作机构在社区治理中面临何种主体性问题？其产生的原因是什么？如何实现社会工作机构主体性的重塑？探讨上述问题对于社区治理现代化转型和实现社会工作机构可持

① 王可怡. 找回"社会"：集体主义视角下社会工作服务的"社会性"重建路径研究 [D]. 重庆：重庆大学，2019.
② 许小玲. 多元互动中民办社会工作机构生存逻辑研究 [D]. 南京：南京大学，2015.
③ 古学斌. 主持人语：民族社会工作的理论与实践探索 [J]. 社会建设，2018, 5 (2): 3-4.

续发展具有重要意义。

本研究试图在社区治理现代化转型背景下理解和分析社会工作机构的主体性，以期真实呈现社会工作机构主体性的实然状态，及其与社区治理现代化要求之间存在的现实差距，找到社会工作机构主体性缺失的原因和对策。具体而言，本研究将以"社会工作机构主体性何如""社会工作机构主体性何以如是""社会工作机构主体性建构何以可能"作为研究问题，探讨社会工作机构参与社区治理主体性缺失的内在机理，找寻社会工作机构主体性建构路径。

二、研究目的与意义

（一）研究目的

本研究以社会工作机构主体性建构为主要研究目的。作为基层社会治理的参与主体，在社区治理中社会工作机构能够充分发挥组织功能优势，不断满足居民多元化的社会服务需求，助推社区功能日益完善，并通过价值引导、资源整合、平台搭建、协商技巧培训、自组织培育以及社区居民共同体意识培养，提升社区自治水平。同时，社会工作机构能够发挥其协同作用，协调多元关系，形成政府、市场、社会协同共治的社区治理机制，进而转变过去行政控制型的单一治理模式，助推共建共治共享的社区治理共同体的建构。为有效发挥社会工作机构在社区治理中的组织功能，首要任务就是要解决社会工作机构主体性缺失的问题，实现社会工作机构主体性重塑。

基于社会工作机构在社区治理中关于自身主体性的悖论，本研究强调社会工作机构在扎根社区、融入社区本土文化和日常生活、满足社区治理现实需求中，尤其是在多元治理主体的交往互动和合作网络建构中实现其主体性的建构。

需要强调的是，本研究的社会工作机构主体性及其建构路径的探讨摒除了对西方社会工作和社会工作机构价值使命、目标诉求的盲目推崇，以及对西方社会工作价值理念、专业理论的"照抄照搬"和"机械植入"，而是强调社会工作机构的主体意识自觉，能够对社会环境和具体情境作出调适性和适应性改变，在实现社区治理目标、满足社区治理现实需求和专业实践反思中建构机构的价值主体性和专业主体性。同时，不同于西方国家与社会的二元对立关系——国家与社会存在一种"此消彼长"的关系，即认为一方主体性的获得则意味着另一方主体性的失去，本研究承认社区治理场域中"国家在场""市场在场""社会在场"这一基本事实，认为国家、市场和社会并非对立和冲突的关系，而是一种相对合作的关系，多元主体在价值理念、资源整合、目标任务等方面可以达成共识，形成共建共治共享的社区治理共同体，共同推进社区治理现代化。因此，国家、市场、社会等多元主体的主体性建构不是"你增我减""你有我无"，而是互嵌互构实现主体性的共同成长。具体来讲，社会工作机构在与基层党组织、政府、企业主体的合作与互动中，可以实现主体性的交互建构和主体性发展。

由此，本研究搭建了"主体性嵌入"理论分析框架，寻求社会工作机构主体性建构的可行路径，即强调社会工作机构立足我国基层社会治理的现实情境，在实现社区治理目标、满足社区治理需求、多元主体合作互动的背景和语境下，实现机构价值主体性、专业主体性和交互主体性的建构。

（二）研究意义

1. 理论意义

首先，丰富和拓展了主体性研究。关于主体性研究，现有文献大多从哲学、教育学、政治学等学科视角出发，在农民、学生、教师等个体层面进行主体性探讨。本研究从社会学视角出发，探讨社会工作机构主体性即组织主体性，无疑将丰富和拓展主体性研究。主体性是一个哲学范畴的概念，具有一定的抽象性。在以往研究中，学者们倾向于将其概括为自主性、自为性、能动性和创造性，然而，这些概括缺乏对主体性内涵的明晰把握和类型区分，因此很难对这些主体的自主性、自为性、能动性、创造性等表现作出科学的说明与解释，进而难以进行全貌式、精准性的考察和把握，以致在探讨主体性问题时大多泛泛而谈。本研究以马克思主义主体性理论为指导，阐释其内涵和基本维度，并尝试进行实证探索，在社区治理中探讨社会工作机构的主体性，对主体性的基本维度进行进一步探讨和把握，这或许能为主体性概念的操作打下基础。同时，本研究以马克思主义主体性理论为指导，归纳主体性的价值、能力与交往 3 个内在向度，为主体性的建构提供方向性指引。

其次，深化和拓展了嵌入性理论研究。国内学者倾向于运用嵌入性理论解读中国社会工作（机构）的发展特征与路径。然而，在运用嵌入性理论解读和指导社会工作（机构）的实践时，嵌入性理论存在局限和不足。本研究在马克思主义主体性理论的启迪下，创新性提出了"主体性嵌入"这一理论分析框架。"主体性嵌入"的提出，在一定程度上深化和拓展了嵌入性理论研究。具体体现为：明确了嵌入的社会价值意蕴，以及在此基础上的主体功能指向和能力建构，强调嵌入情境尤其是多元主体关系网络的重要意义，提出了"价值—专业—网络"嵌入路径，进一步明确了嵌入内涵、意图和策略行动；强调社会工作机构的"社会性"本质回归和社区治理多元主体互动与关系网络嵌入，在一定程度上实现了嵌入本体论与方法论的统一；同时通过对行动者主动性和能动性的强调，避免了将嵌入性研究限定于结构主义中。

2. 实践意义

首先，肯定与维护了社会工作机构在社区治理中的主体地位。无论是从理论逻辑，还是从现实需求逻辑，抑或是从制度合法性逻辑来看，社会工作机构已经成为社区治理的主体，成为服务基层治理的重要力量。然而，学者们对社会工作机构主体身份确立的内在依据缺乏关注。正如海德格尔（Martin Heidegger）所言，主体性建构了主体。主体性是主体之所以为主体的依据和条件。主体性是社会工作机构作为社区治理主体的前提和基础。可以说，"主体性缺失"将导致社会工作机构参与主体地位的丧失。探讨社会工作机构的主体性，无疑具有重要的现实意义。社会工作机构主体性"是什么"、主体性"何如"、主体性"何以如是"、主体性"何以可能"，成为有待进一步研究的议题。探讨社会工作机构主体性缺失的原因，寻找主体性建构路径，无疑有助于促进社会工作机构在社区治理中主体功能的发挥，持续巩固其主体地位。

其次，有助于推动社区治理改革创新和社区治理现代化。从理论上来讲，推进社区治理现代化有多种方案，其中一种重要的方案就是保证社会工作机构主体性的有效发挥。社会工作机构参与社区治理，有助于提升社区治理的专业化与社会化水平，推动社区治理创新，实现社区治理现代化目标。社会工作机构能够发挥专业优势，这种专业优势不仅体现在"以人为本、助人自助、公平公正"的专业核心价值方面，也表现为多种专业方法与技能的运用，为社区居民提供精细精准与个性化的服务，激发服务对象潜能，提升其能力，进而突破传统社区治理与服务"千篇一律"式的标配化服务，改变社区居民"等、靠、要"的依赖性心理。同时，社会工作机构能够充分利用"第三方"身份优势，发挥其协同功能，协调多元关系，最大限度地整合社会各方面力量，形成社会治理合力，进而推动人人有责、人人尽责、人人享有的社会治理共同体的建设。

最后，为社会工作机构有效嵌入社区治理提供方向指引，为主体性建构提供路径选择。在参与社区治理过程中，社会工作机构组织功能的有效发挥，建立在其有效嵌入、主体性建构和发展的基础上。通过对马克思主义主体性理论的深入理解和透彻把握，即主体性具有价值、能力和交往内在向度，笔者提出了社会工作机构主体性的"价值、能力与关系"三维建构。在此基础上，提出了社会性价值重塑、专业实践能力建设与社区治理共同体建设的机制和路径。这将为社会工作机构嵌入社区治理提供具有较强针对性、可操作性的行动策略。

三、文献回顾

（一）关于社区治理研究

1. 国外相关研究

1887 年，德国社会学家费迪南德·滕尼斯（Ferdinand Tönnies），首次提出了"社区"（community）的概念，并将社区与社会（society）进行了比较，强调社区是基于血缘、地缘、宗教和"本质意志"建构起来的情感共同体与精神共同体，群体秩序的维系基于"默会一致"；社会则是人们形成的契约关系，是人们基于理性权衡的"选择意志"建立起来的联合体，团体秩序的维系依赖制度规制①。自此，"社区"进入了学者们的研究视野，社区的空间地域属性、成员间紧密关系和共同体意识为人们所熟知。随着工业化、城市化的推进，城市社区及其治理在西方学者的研究中居于重要的地位。学者们普遍关注城市社区的变迁、问题与社区建设议题。美国社会学家弗兰克·法林顿（Frank Farrington）敏锐地捕捉到，由异质人口所构成的城市社区面临社区归属感与凝聚力的困境，由此引入了"社区发展"（community development）的概念，目的在于增强社区归属感，让社区成为城市"健康的机制"②。第二次世界大战以后，联合国推出了"社区发展计划"，目标是培养社区居民的归属感和凝聚力，活跃社区气氛，助力居民共同解决社区问题。社区发展计划促进了社区发展，并推动了基层社会的改造。

在西方，社会组织参与社区服务和社区建设实践起步较早。18 世纪末到 19 世纪中期，德国部分城市积极发挥社会组织力量在济贫救困中的作用，英美则发起了社区睦邻组织运动，动员居民自组织进行社区改良和社区建设③。20 世纪 80 年代，治理理论逐渐兴起，学者们将治理理念引入社区管理中，强调政府部门与非政府部门合作参与社区公共事务，其中非营利组织参与社区治理受到高度关注。非营利组织成为政府组织和市场组织的"补充"，在社区治理中发挥着重要作用。萨拉蒙（Lester M. Salamon）、萨缪尔森（Paul A. Samuelson）等学者强调"政府失灵"为非营利组织参与社区治理提供了空间。政府将公共服务的任务委托给非营利组织承担，能够让二者发挥各自最大的优势④。费罗克（Richard C. Feiock）与安德鲁（Simon A. Andrew）从合作治理的角度分析了美国非营利组织与地方政府之间的关系，他们认为非营利组织在公共服务的提供中扮演着独立的服务

---

① 斐迪南·滕尼斯. 共同体与社会［M］. 林荣远，译. 北京：商务印书馆，1992.
② 陈涛. 社区发展：历史、理论和模式［J］. 中国人口·资源与环境，1997（1）：22～27.
③ 吴素雄，吴艳. 欧美国家社区治理的结构、功能及合法性基础［J］. 山东大学学报（哲学社会科学版），2017（2）：48～56.
④ 莱斯特·M. 萨拉蒙. 公共服务中的伙伴：现代福利国家中政府与非营利组织的关系［M］. 北京：商务印书馆，2008.

提供者、合作的服务同盟等角色①。越来越多的学者认同，非营利组织在社区治理和服务领域发挥着重要的主体作用。盖伊（Terrence Guay）等指出，非营利组织能够依靠社会责任和道德责任有效整合社区资源，筹集资金，推动社区建设②。罗扎（Jehan Loza）指出，非营利组织以嵌入式方式参与社区治理，提供公共服务③。作为一种专业的社会组织，社会工作机构参与社区治理日益受到关注和重视。社会工作参与社区治理实践兴起于19世纪的西方社区睦邻组织运动，大量社会工作者和民间慈善团体参与其中。社会工作者以整个社区为工作对象，充分运用小组工作和社区工作，服务居民，激发居民参与意识，以实现社区改良和居民互助自助的目的。同时，社会工作机构以此为契机，在不断摸索中实现专业化，由最初的民间慈善团体演变为专业社会组织。社会工作机构在社区治理中发挥着重要角色和组织功能。内廷（F. Ellen Netting）等认为，社会工作者在社区治理和服务中可扮演计划者、社区倡议者、组织者等多个专业角色，社会工作机构的专业化服务是对传统社会福利形式的有益补充④。理查德·博克斯（Richard C. Box）明确表示，社会工作者是社区治理体系中不可或缺的主体⑤。黛博拉·林奇（Deborah Lynch）等以爱尔兰和澳大利亚为例，分析了社会工作在社区治理中的作用，认为社会工作可以促进社区发展，二者相互影响，共促发展⑥。学者们认为，社会工作实际上就是政府政策转化

①　FEIOCK R C, ANDREW S A. Introduction: understanding the relationships between nonprofit organizations and local governments [J]. International journal of public administration, 2006, 29 (10–11): 759–767.

②　GUAY T, DOH J P, SINCLAIR G. Non-Governmental organizations, Shareholder activism, and socially responsible investments: ethical, strategic, and governance implications [J]. journal of business ethics2004, 52 (1): 125–139.

③　LOZA J. Business-Community partnerships: the case for community organization capacity building [J]. journal of business ethics2004, 53 (3): 297–311.

④　NETTING F E, KETTNER P M, MCMURTRY S L. Social Work Macro Practice [M]. New York: Longman Publishing Group, 1993: 4–5.

⑤　BOX R C. Citizen Governance: Leading American Communitiesin to the 21st Century [M]. Sage Publications, 1998.

⑥　LYNCH D, FORDE C, LATHOURAS A. Changing Contexts of practice: challenges for social work and community development [J]. Australian social Work, 2020, 73 (2): 245–253.

为服务社会工作的具体行动，因此其参与社会治理和社会服务具有必然性①。

随着全球化、城市化和信息化的迅猛推进，西方发达国家的社区面临衰落的现实。罗伯特·帕特南（Robert D. Putnam）认为，美国公民民主参与热情、参与意识的下降，导致社区公共生活的衰落和社会资本的流失②。20世纪末，西方国家开始了新一轮的社区复兴运动。此时"多主体合作"被视为社区治理的核心要素。学者们更加重视国家、市场、社会之间的合作，期待各治理主体通过平等合作、民主协商、互动协作，进行资源共享、功能互补，实现治理效能的最大化。同时，学者们对中央权力向地方下放、国家权力向社会转移以及"国家退出"社区进行了反思，认为盲目地"抽离国家"或"降低国家权威"，可能会造成社区治理的失灵，考问了国家这个"元治理"主体的责任。默多克（Jonathan Murdoch）等学者认为，"社区参与是有局限性的，近些年社区治理的失败表明，社区治理仍需国家制定战略规划并发挥主导作用"③。国家在社区治理中的重要主体地位获得高度认可，"国家回归"的思潮兴起。实际上，国家与政府从未从社区治理中完全退出，所谓"国家回归"和"政府回归"，是对国家和政府在社区治理中的职责和作用的强调。

2. 国内相关研究

1933年，著名人类学家和社会学家费孝通先生将"社区"概念引入国内，社区及相关问题逐渐成为国内学者研究的对象和关注的焦点。不过，当时国内学者主要关注农村社区建设与治理研究。城市社区的研究始于20世纪80年代，以社区建设运动为序幕。自此，社区建设议题正式登上历史舞台。20世纪末，学者们开始运用治理理论描述和解释与城市社区有关的各项议题，社区治理（community governance）概念的使用频率逐年递增，并且逐步取代社区管理（community management）。基于社区治理的实践探

---

① 弗兰克·古德诺. 政治与行政 [M]. 王元，译. 北京：北京大学出版社，2011.
② 罗伯特·帕特南. 独自打保龄 [M]. 刘波，等，译. 北京：北京大学出版社，2011.
③ MURDOCH J, ABRAM S. Defining the limits of community governance [J]. Journal of rural studies1998，14（1）：41 – 50.

索，学者们总结出了三种主要的社区治理模式：居民自治型治理模式、政府主导型治理模式与多元主体协同型治理模式。

居民自治型治理模式。居民自治型治理模式是指社区管理通过居民自治来实现，强调居民的主体性。社区是一个以利益为纽带、以居民认同感和归属感为核心要素的自治共同体。居民自治型的社区治理研究强调居民参与，正如宋言奇、马桂萍提出的社区的本原应归属于社会学的意义，社会性而非政治性是其"原色"，社区治理的根本在于社区居民的参与①。马西恒认为，社区居民的参与意愿与参与程度直接影响了社区治理模式的选择②。陈涛分析多种理论研究成果后，将社区治理目标确定为社区自治③。现代民主追求自主式治理，因此积极发展基层民主是新时代社区建设的题中应有之义，社区治理就是居民自治、民主建构的过程。

政府主导型治理模式。政府主导型治理模式强调政府在社区治理中扮演"掌舵者"的关键角色，以高度权威和丰富资源优势为支撑，统筹管理社区公共事务。国内学者认为，西方国家的公民自治模式与我国文化传统、治理情境并不完全适应和契合，因而不能盲目追求社区居民自治模式，相反，要承认和充分发挥政府在社区治理中的权威地位、制度和资源优势。学者们以元治理理论为依据，论证了政府主导型社区治理的价值和意义。社区治理中相关利益主体在共同参与中既存在利益共同点，也存在利益分歧点，当利益分歧无法调和时，便会带来社区治理的"失灵"。为了有效避免治理"失灵"，就要确认和强化政府"元治理者"角色和主体功能的发挥。张平、隋永强认为，政府在社区治理中能够发挥独特优势，召集其他治理主体参与社区公共事务；能够发挥制度建设者的主体优势，通过对话、协商的具体议程和规则的制定，避免多元主体在协商过程中的

① 宋言奇，马桂萍.社区的本质：由场所到场域：有感于梅尔霍夫的《社区设计》[J].城市问题，2007（12）：64 – 67 + 73.

② 马西恒.社区治理框架中的居民参与问题：一项反思性的考察 [J].上海行政学院学报，2004（2）：59 – 67.

③ 陈涛.转型期城市社区自治问题研究 [D].上海：复旦大学，2008.

冲突和矛盾，是各方利益博弈的"平衡器"，助力构建合作网络①。

多元主体协同型治理模式。多元主体协同型治理模式是指政府、市场、社会等多元主体共同参与社区治理，多个主体在社区治理中互动合作、整合资源、协调行动，实现社区治理效益最大化。不同于居民自治型和政府主导型治理模式对某一主体的"中心地位"、独特权威、优势的侧重和强调，多元主体协同型治理模式强调在社区场域范围内，多元主体共同参与社区公共事务，通过平等协商、分工合作和多种资源的优化配置，提升社区治理水平。关于社区治理模式，有学者认为，居民自治型基于价值判断，政府主导型基于事实判断，它们本质反映的是"社会中心"和"国家中心"两种治理范式在社区治理中的运用和主张②。社区治理模式的选择，需要对我国历史传统、政治制度、社会发展等因素进行综合考量。居民自治型模式建立在发育完善的社会组织基础之上，社区拥有数量众多的社会组织，居民自治意识与自治能力强。然而，政府主导型模式存在治理理念更新、治理方式转变、社区活力激发的改革困境，政府倾向于延续传统的社区管理模式，强调对社区的全面管理，注重政府权力、权威的维持和形塑。据此作为对两种范式的调和，"国家与社会合作"范式逐渐兴起。多元主体协同型治理模式正是"国家与社会合作"范式的主张和运用。

首先，强调参与社区治理主体的多元化。参与主体既有社区"内部"培育起来的治理主体，如社区社会组织的登记备案和能力提升，也有从社区"外部"吸纳的治理主体，特别是具有专业性质的治理主体，如引进社会工作机构提供更优质的服务。其次，强调多元主体间的有效协作和共同治理。多元主体的分工协作，能有效弥补单一主体在社区治理中的不足，进而可以有效整合多种资源，发挥多元主体优势，实现社区治理效能的最大化。推动社区"内部"主体和"外部"主体参与社区治理，促进内外部主体的有效协作便是协同治理关注的焦点。最后，强调各主体利益的协调

---

① 张平，隋永强. 一核多元：元治理视域下的中国城市社区治理主体结构 [J]. 江苏行政学院学报，2015（5）：49-55.

② 冯浩. 公共危机背景下社会工作参与社区治理的行动策略与反思 [J]. 开放学习研究，2020，25（4）：19-26.

性和地位的平等性，各利益主体相互协作能实现社区治理目标。卫志民认为，多元主体协同治理模式是社区治理现代化的主要探索方向①。可以说，多元主体协同型是我国社区治理的理想模式。

（二）关于社会工作机构主体性的研究

从既有研究文献来看，我国学界关于社会工作机构的研究，大致分为以下几个方面：一是探讨社会工作机构的功能与主体价值，为社会工作机构的存在和发展"寻找根基"；二是考察社会工作机构和政府关系的建构和互动状况，寻找社会工作机构与政府的互动机制、合作路径；三是聚焦政府购买社会工作服务议题，探讨政府购买社会工作服务的价值、实践困境和制度建设；四是关注社会工作机构发展，探讨社会工作机构生成路径、运作困境与可持续发展模式。随着基层社会治理现代化变革的纵深推进，社会工作机构在社区治理中的主体地位、功能价值受到了国内学者的高度关注。学者们强调，社会工作凭借其"专业性"和"社会性"在社区治理中发挥着重要功能。作为加强基层社会治理的重要力量，社会工作机构开展专业社会工作服务的根本目的与创新社区治理的目标高度一致。

然而，专门探讨社会工作机构主体性的研究并不多见。鉴于社会工作机构属于社会组织类型，它们在参与社区治理中面临相似的主体性问题，因此，笔者重点关注社会组织主体性研究的相关文献。国内学者对社会工作机构主体性的关注，缘于中国社会现实环境的变化，社会组织的发育与社会自主性的提升。其中，各种社会组织的大量出现，成为推动中国式现代化的重要组成部分，也是社会自主性的主要表现。由此，政府与社会的关系被重新审视，社会自主性走向"复苏"，而作为社会主体，社会工作机构主体地位也获得了认可。学者们开始关注和探讨社会工作机构主体性意蕴及主体性发展困境。

1. 主体性意蕴的研究

主体性是一个哲学范畴的概念，源于近代西方主体哲学思想。关于主

---

① 卫志民. 中国城市社区协同治理模式的构建与创新：以北京市东城区交道口街道社区为例［J］. 中国行政管理，2014（3）：58-61.

体的认识，经历了从本体论到认识论再到实践论的发展历程。马克思主义实践观科学地揭示了主体性的内涵。马克思（Karl Marx）主张主体是人，是"有意识的存在物"。因此，主体性是人的主体性。主体性是主体之所以为主体的依据和条件，即人只因具备了主体性才成为主体。正如海德格尔认为的，主体性建构了主体。主体性并非主体的全部属性，却是主体的本质属性。主体性是人在实践活动中表现出来的能动性、创造性、自主性、自为性等①②③特性。它强调主体在实践活动中表现出来的主观能动性，也就是相对活动客体具有的主导地位。主体的概念不限于个体人层面，也常从个体层面引申到组织层面，从而形成组织或者集体主体性概念。关于社会工作机构主体性内涵的界定，学界有两种主要观点，第一种观点侧重社会工作机构主体性内在特质的建构，认为主体性是指主体的规定性，是主体在对客体进行认识和改造的活动中表现出来的能动性、自觉性、创造性等；第二种观点认为社会工作机构主体性主要是指组织的地位、作用和价值。具体而言，学者们倾向于从组织功能和作用、组织能力以及关系互动中的主体地位等方面考察社会工作机构的主体性。

一是从功能和价值层面看，社会组织主体性是指社会组织区别于政府部门与企业，具有自己的独特风格、功能与作用。部分学者强调作为区别于政府与市场的"第三方"，社会组织在公共服务供给、资源整合、关系协调中发挥着优势。赖佩媛认为，社会组织作为公共服务供给者、社会矛盾"减压阀"、社会正义的彰显者、公民与政府之间的桥梁，在国家治理中发挥着主体性作用④。何芸强调了社会组织在我国社会管理中应该发挥主体性作用⑤。社会组织主体性的发展，将自主、自治、自为的价值观嵌构于社会治理的每一个细节⑥。王名、刘国翰认为："社会组织具有的合作

---

① 李林昆. 对主体性问题的几点认识 [J]. 哲学研究, 1991 (3): 25 – 32.

② 刘福森. 主体、主体性及其他 [J]. 哲学研究, 1991 (2): 49 – 53.

③ 赵玉枝. 基于主体性的社会治理问题反思 [J]. 中共四川省委党校学报, 2016 (1): 54 – 58.

④ 赖佩媛. 社会组织在中国国家治理中的作用研究 [D]. 北京: 中共中央党校, 2016.

⑤ 何芸. 社会组织在社会管理中的主体性问题 [J]. 理论探索, 2011 (4): 99 – 101.

⑥ 金太军, 鹿斌. 治理转型中的社会自主性: 缘起、困境与回归 [J]. 江苏社会科学, 2017 (1): 82 – 88.

治理新兴主体的特征，将重新改写社会治理体系的结构，使社会治理以多元治理主体合作治理的局面出现。"① 可以说，社会组织的主体地位和终极价值的确认成为现代政治文明和社会文明的显著标志。

二是从组织能力层面看，社会工作机构主体性是指社会组织在参与公共事务治理中所展现的一些能力要素。龙永红、汪霞认为，能力是社会组织主体性建构的基础，具体包括资源动员、专业化运作、交流与合作等方面的能力②。作为社会组织类型之一，社会工作机构因其专业优势和专业能力备受关注，学者们认为，社会工作机构主体性体现为其专业能力。邹鹰、杨芳勇、程激清等认为，"三社联动"实践中，社会工作者通过专业伦理、专业知识和技术的运用，成为社区治理的专业主导力量③。郭伟和认为，伴随国家治理结构与体系的转变，社会工作专业自主性将得以进一步提升，他强调以善治为目的的现代国家治理，不再将社会工作仅视为一种治理技术和手段，而是以社会工作专业能力促进国家治理能力的转变与提升④。因此，学者们强调社会工作机构要坚守专业导向，注重内涵发展⑤。

三是从交往实践与关系互动层面看，社会工作机构主体性体现为社会组织在与其他主体互动中的主体地位和行动自主性。学者们尤其强调社会组织主体性是组织在与政府关系建立和互动过程中体现出来的自主性。所谓自主性，主要是社会组织相对于政府所统驭的自主性，社会组织不再依附于政府，而是与之进行自由与平等的合作⑥。就其实质而言，社会组织

① 王名，刘国翰．增量共治：以创新促变革的杭州经验考察 [J]．社会科学战线，2015 (5)：190 – 201.
② 龙永红，汪霞．社会组织参与教育治理的主体性及其建构 [J]．现代教育管理，2018 (8)：25 – 30.
③ 邹鹰，杨芳勇，程激清，等．"三社联动"社会工作专业主体性建构研究：基于江西的经验 [J]．社会工作，2015 (6)：99 – 115 + 127 – 128.
④ 郭伟和．从一种规训技术走向一种社会建设：社会工作参与现代国家治理的作用转变 [J]．浙江工商大学学报，2016 (4)：117 – 120.
⑤ 顾东辉．注重内涵建设上海社会工作发展的重要战略 [J]．中国社会工作，2012 (33)：1.
⑥ 唐文玉，马西恒．去政治的自主性：民办社会组织的生存策略：以恩派（NPI）公益组织发展中心为例 [J]．浙江社会科学，2011 (10)：58 – 65 + 89 + 157.

主体性是指社会组织与政府以及其他类型、领域社会组织的平等地位①。社会组织自主性被认为是发挥其主体功能的前提②。有学者强调，社会工作机构需要增强自身能力，更需要与政府建立平等的合作伙伴关系③。与之同时，社会工作机构需要增强自我"造血"能力。如此，才能增强机构的独立自主性。曹迪、张杰基于主体间关系良性运行视角，认为社会工作机构主体性主要体现在购买、服务、评估三层维度下的双主体间互动关系方面④。

2. 主体性问题的研究

多数学者认为，社会工作机构在治理实践中面临主体性问题及困境。何芸强调，从实然层面来看，社会组织因发展规模滞后、缺乏独立性、行政色彩浓厚以及客体化倾向严重等问题，而在社会管理中面临主体性缺失的困境⑤。王凯分析认为，社会认同的不足影响了体育社会组织的主体地位和主体性建构⑥。刘转青、殷治国、郭军等学者则认为，政府对资源和权力的掌握、行政惯习、传统文化惯习等因素，造成了体育社会组织主体性的缺失⑦。陈义平认为，社会组织与政府关系的不平等是造成社会组织主体性不足的根本原因⑧。唐文玉认为，政府对社会组织发展的支持生成了一种"工具主义"模式，政府将社会组织视为延长其手臂的工具性组织，双方为"权威－依附"的垂直性或等级化的关系结构，而非自由而平

① 陈义平. 社会组织参与社会治理的主体性发展困境及其解构 [J]. 学术界，2017 (2)：65 - 74 + 322.

② 林磊. 在地内生性：社会组织自主性的微观生产机制：以福建省 Q 市 A 社工组织为例 [J]. 中国行政管理，2018 (7)：79 - 86.

③ 董云芳. 政府购买社会工作服务发展初期的困境与突破：对 J 市的质性研究与思考 [J]. 华东理工大学学报（社会科学版），2013，28 (3)：36 - 43.

④ 曹迪，张杰. 政府购买服务中社会工作机构主体性研究 [J]. 沈阳工业大学学报（社会科学版），2021，14 (4)：365 - 370.

⑤ 何芸. 社会组织在社会管理中的主体性问题 [J]. 理论探索，2011 (4)：99 - 101.

⑥ 王凯. 体育社会组织参与体育治理的主体困境与建构路径 [J]. 体育学刊，2020，27 (6)：51 - 56.

⑦ 刘转青，殷治国，郭军，等. 我国体育社会组织主体性缺失的场域理论解析 [J]. 体育学刊，2018，25 (4)：14 - 20.

⑧ 陈义平. 社会组织参与社会治理的主体性发展困境及其解构 [J]. 学术界，2017 (2)：65 - 74 + 322.

等的主体地位，抑制了社会组织的主体性活力①。龙永红、汪霞认为，我
国社会组织的主体性主要是一种"自上而下"的建构合法性，这种"自上
而下"的路径易使社会组织主体性面临公共性不足、嵌入性困境、可持续
发展支持不足等困境②。

相较于其他类型社会组织，我国社会工作机构自上而下的发展与建构
路径尤为明显，政府在社会工作机构的发展中发挥着关键作用，为社会工
作机构参与治理提供了合法性与资源支持。购买社会工作服务便是政府支
持社会工作机构的重要方式之一。从应然层面看，在服务购买与提供中，
社会工作机构是独立于政府的社会组织，尽管它承接了政府的委托服务，
但它和政府之间并不是领导与被领导的行政隶属关系③。实际上，在政府
购买服务中，社会工作机构和政府的关系容易成为一种行政主导的关系，
社会工作服务的专业性和独立性会受到影响④。由于政府掌握着绝对的主
导权，社会工作机构被动接受竞标和考核，自治空间有限。李倍倍探讨了
政府购买服务中，因政府强势行政性思维与工具化政治实践，社会工作机
构面临专业价值弱化、项目目标偏移、专业本质迷失等主体性困境⑤。朱
健刚、陈安娜指出，专业社会工作嵌入社区治理过程中，专业社会工作者
被吸纳到街道的权力网络中，进而产生外部服务行政化、内部治理官僚化
和专业建制化的后果，导致社会工作专业自主性与社会工作机构主体性的
缺失⑥。侯志阳通过分析社会工作机构与社区居委会在社会购买服务中的
权力关系，发现社会工作机构与居委会之间呈现冲突与合作并存的特征，

① 唐文玉. 从"工具主义"到"合作治理"：政府支持社会组织发展的模式转型 [J]. 学习与实践，2016 (9)：93 – 100.
② 龙永红，汪霞. 社会组织参与教育治理的主体性及其建构 [J]. 现代教育管理，2018 (8)：25 – 30.
③ 罗观翠，王军芳. 政府购买服务的香港经验和内地发展探讨 [J]. 学习与实践，2008 (9)：125 – 130.
④ 费梅苹. 政府购买社会工作服务中的基层政社关系研究 [J]. 社会科学，2014 (6)：74 – 83.
⑤ 李倍倍. 基层实践的社会工作专业主体性探索与构筑：基于一项政府购买服务的行动研究 [J]. 社会工作，2019 (3)：68 – 76 + 111.
⑥ 朱健刚，陈安娜. 嵌入中的专业社会工作与街区权力关系：对一个政府购买服务项目的个案分析 [J]. 社会学研究，2013，28 (1)：43 – 64 + 242.

居委会处于权力上位，支配社会工作机构，而社会工作机构在"使命"与"活命"的选择中挣扎①。

3. 主体性建构的研究

学者们对社会工作机构主体性建构策略开展了讨论。陈义平认为，可以通过改革完善社会组织的管理制度与体制机制，规范政府向社会组织购买服务行为，构建在社会治理体系中不同性质、不同类别、不同领域社会组织之间的平等合作伙伴关系，摆脱社会组织主体性发展困境②。何芸强调，要转变社会组织管理体制，加大政府的支持和监管力度，转变政府与社会组织的关系③。龙永红、汪霞认为，社会组织主体性重构需要从参与治理能力、参与治理的互动力（多元主体交流、衔接、协调和关系整合的能力）和制度环境建构三个层面入手④。王凯基于组织社会认同视角，提出了建立组织"利益共同体"，形塑整体意识；打造组织"内核"，提升身份认同；完善组织外部支持，赋予系统认同；实施组织"战略传播"，赢得舆论支持等策略⑤。曹迪、张杰基于主体间关系良性运行视角，认为社会工作机构主体性重塑于政府、服务对象和第三方的良性互动中⑥。尹茹强调，社会工作机构主体性的实现需要不同主体的相互承认，在互动过程中逐渐获得主体性，由此，需要从政策、机构自身以及社会工作者等层面入手，为社会工作机构主体性获得创造条件⑦。

---

① 侯志阳. 冲突抑或合作：社工机构与社区居委会在社会服务购买中的权力关系 [J]. 学术研究，2017（3）：71－78＋177.

② 陈义平. 社会组织参与社会治理的主体性发展困境及其解构 [J]. 学术界，2017（2）：65－74＋322.

③ 何芸. 社会组织在社会管理中的主体性问题 [J]. 理论探索，2011（4）：99－101.

④ 龙永红，汪霞. 社会组织参与教育治理的主体性及其建构 [J]. 现代教育管理，2018（8）：25－30.

⑤ 王凯. 体育社会组织参与体育治理的主体困境与建构路径 [J]. 体育学刊，2020，27（6）：51－56.

⑥ 曹迪，张杰. 政府购买服务中社会工作机构主体性研究 [J]. 沈阳工业大学学报（社会科学版），2021，14（4）：365－370.

⑦ 尹茹. 承认理论视角下的社工机构承认之路研究 [D]. 北京：中国青年政治学院，2015.

（三）文献述评

国内外社区治理发展、社区治理模式与社会工作机构主体性相关的研究，为本研究提供了如下启示。

一是现代社区治理具备主体多元化、协商共治与治理共同体建设的本质特征。无论是政府主导型治理模式，还是居民自治型治理模式，抑或是多元主体协同型治理模式，它们都体现了社区治理的"主体多元化""合作共治""成果共享"本质。社区治理中的利益相关者都拥有参与社区公共事务的合法权利，即在社区治理中，政府、市场、社会多方主体"共同在场"。可以说，构建多元主体参与、多方协同共治、多维力量共推的治理工作格局成为新时代社区治理的工作导向和路径选择。

二是社会工作机构参与社区治理成为现代社区治理的重要特征。作为社会主体的重要组成部分，社会工作机构参与社区治理具有重要的价值。我国社区治理实践存在组织化程度低、社区公共精神与公共意识不足、居民参与能力欠缺、多元主体联结协作不畅等问题，都是社区治理现代化转型不得不面临的现实困境，也是提高社区治理水平不得不解决的关键问题。借鉴国外社区治理经验与本土社区治理实践经验，借助社会组织和社会工作专业服务，能够促进社会组织孵化、社区公共精神塑造、社区居民主体性培育，更为重要的是，社会工作机构扮演着中间者和调节者的角色，可以协调多元关系，有助于形成政府、市场、社会三者协同的社区治理机制。

三是社会工作机构相关研究不足。从总体上看，有关社会工作机构主体性研究取得了一定成果，学者们探讨了社会工作机构的主体性意蕴、主体性问题、发展困境、主体性建构和重塑路径，具有很强的启发性。但是，目前研究也存在不足和缺陷，主要体现在三个方面。其一，对主体性概念的界定和内涵阐释尚未达成共识，说法各异。主体性是一个哲学范畴的概念，其意蕴经历了一系列变化及发展。由于缺乏对主体性类型的准确把握和区分，很难对这些主体性作出科学的说明与解释，也难以对社会工作机构主体性进行全貌式的考察和把握，以及学者们在探讨社会工作机构主体性问题时大多泛泛而谈，难以深表入里。在社会学研究中，如何理解"主体性"这一概念，尤其是如何对"主体性"概念进行操作化，成为社会工作机构主体性研究的基础和前提，从而影响着对社会工作机构主体性的科学测量与评判。其二，社会工作机构主体性问题及困境原因的探讨，部分学者倾向于从制度设计、权力结构、社会认同、发展进程等宏观层面进行结构性分析，部分学者则基于关系互动视角深入分析了社会工作机构是如何在政府权力主导下失去其自主性的。笔者认为，亟待将宏观视角与微观视角相结合，运用综合性视角更为全面地透视社会工作机构的主体性问题。其三，关于社会工作机构主体性建构路径研究有待进一步深化。目前学者在探讨社会工作机构的主体性时，并未对主体性的基本内涵和主张进行深入探究，导致社会工作机构主体性建构路径流于表面，不具备系统性。基于此，笔者尝试运用马克思主义主体性理论，理解主体性的基本内涵、内在向度和建构维度，进而提出"主体性嵌入"这一分析框架，探究社会工作机构主体性缺失的内在机理，并注重结合中国本土文化和社区治理现实场景，提出切实有效的社会工作机构主体性建构路径。

四、研究方法

研究方法是把握现象（问题）本质和内在规律的工具和手段。如果说研究问题是未曾开启的"锁"，那么研究方法就是开启问题之锁的钥匙。

（一）质性研究的选择

社会学研究方法主要有质性研究和定量研究两种类型，二者在研究方式、研究目的与研究者"卷入"程度上都存在不同。定量研究延续自然科学思想，强调研究的科学、客观和研究者的价值中立，要求通过科学抽样和量化分析得出科学结论，实现对事物或现象的预测和推断，其本质是一个演绎的过程，即从一般的原理推广到特殊的情境中，进而进行理论的验证和结论的推广。质性研究不强调以量化方式进行科学推论与预测，而是强调对研究对象行为内在动机、处于"情境"中的社会现象进行深入理解，为此，研究者需要"以自身作为研究工具"，"走近"研究对象，进入其活动场景与生活场域，通过"耳闻目睹"、"设身处地"和实地体验，更好地、更有效地理解研究对象。不同于定量研究解决"是多少"的问题，质性研究主要关注"怎么样""为什么"的问题。有学者对质性研究的基本特征进行了归纳：强调研究情境的"非设计"和"非控制"性，研究者"走进"被研究者的生活，认识、理解研究者的行动动机；研究者扮演工具的角色，对研究对象和研究现象进行深入的整体式探究；强调多种资料收集方式，而不限于一种资料收集方法；研究者与研究对象并非关系无涉，而是注重信任关系的建立，研究者和研究对象的"交互作用"受到重视；强调在对归纳的材料进行深入分析的基础上，对研究者的行为及其意义进行解释性理解，得出构建性的结论等①。

就本研究而言，根据研究目的、研究情境和研究者本人的角色定位，采用质性研究方法更为适宜。

一是本研究的目的在于探讨"怎么样""为什么"，而非关注"是多少"。具体来讲，对社会工作机构主体性特征进行精准概括，将得到的结论推广到更大范围并不是本研究的主要目的，揭示社会工作机构主体性问题和主体性发展困境的内在原因，寻求社会工作机构主体性建构路径，才是本研究的主要目的。由此，相较于定量研究，本研究显然更适合采用质性研究方法。

二是本研究具有情境性。社会工作机构主体性的表现和状态并非"封闭"和"固化"的，而是会根据嵌入情境进行不断调整、变化和成长的，进而呈现出不同的状态。具体而言，作为社区治理参与的主体之一，社会工作机构所处的特定社会环境，尤其是在与国家、市场和其他社会主体的交流互动中形构的关系网络结构深刻影响着其主体性的建构与发展。为此，研究者需要深入社区场域，深入了解社会工作机构嵌入社区治理的价值取向、行动能力、实际效果以及政府部门、社区工作人员、居民对社会工作机构参与社区治理的看法、评价与认同度，进而对社会工作机构主体性发展情况进行了详细了解和准确把握，分析社会工作机构主体性问题产生的原因。

---

① 陈向明. 质的研究方法与社会科学研究［M］. 北京：教育科学出版社，2000.

三是研究者作为研究工具的角色定位。定量研究竭力避免研究者情感和关系的"卷入"，强调通过量表、问卷等工具收集数据，研究者是机械的执行者和辅助者。笔者则"以自身作为研究工具"，运用访谈、观察方法对社会工作机构嵌入社区治理的主体性情况进行了整体探究。在深度访谈中，虽然事先准备了调研提纲，但是访谈更多是非结构化的，在访谈过程中，可能受访谈对象的"启发"和新线索的发现，研究者不断修正和完善访谈提纲，同时在访谈过程中，研究者也会通过回应、共情等方式，与访谈对象建立信任关系，并引导访谈对象进行深层次思考和回应。在参与式观察和非参与式观察中，研究者深度参与其中，进入社会工作机构服务场景，与服务对象、社区居民及社区社会组织进行深度互动，通过"耳闻目睹"和实地体验，了解社会工作机构在社区治理中的真实情况。

（二）个案研究的应用

质性研究方法的类型多样，包括个案研究、行动研究、历史研究、扎根理论研究等。本研究采用个案研究法。为什么采用个案研究？这里有必要对个案研究的基本特征进行简要说明。学者归纳出个案研究的两个基本特征：一是个案研究是在真实生活环境中对当前一个现象的实证研究，社会现象和背景之间往往难以进行有效区分，抑或说具有一定的模糊性①，因此，力求在自然社会情境中深入地了解该社会现象。二是个案研究处理有多个变量，它的结果也依赖多种证据，因此在数据收集和整理方面，会运用多种方法，以尽可能全面、详细地收集各方面信息②，这些资料可能源于深度访谈、参与式观察的以文字记录为主要形式的实地资料，也可能是政府部门的档案资料、行政统计数据，抑或是实物、图片和历史资料。

由此，可以判断出个案研究对于本研究的适切性。首先，如前所述，本研究具有情境性，关注的是当前社会工作机构嵌入社区治理的主体性表

---

① 罗伯特·K.殷.案例研究：设计与方法［M］.周海涛，史少杰，译.5版.重庆：重庆大学出版社，2017：21.
② 于泽元.一个质化个案研究的设计［M］//陈向明，朱晓阳，赵旭东.社会科学研究：方法评论.重庆：重庆大学出版社，2006：165-190.

现和状态。其次，本研究涉及多个变量。本研究既要了解社会工作机构在社区治理中的主体性状况，又要分析社会工作机构嵌入社区治理主体性缺失的原因，涉及的问题比较多，变量也比较多元。例如社会工作机构主体性缺失的结构性因素，既涉及宏观社会结构，也涉及微观社区场域和多元主体（国家、市场、社会及居民）的互动关系。再次，个案研究的功能特性（描述、解释和评价）与本研究的目的具有一定的契合性。最后，要掌握社会工作机构嵌入社区治理的主体性状态，揭示社会工作机构主体性问题和主体性发展困境的内在原因，既需要进行深度访谈和实地观察，也需要获取社会工作机构的内部资料、社会工作机构参与社区治理的相关政策和制度文本，唯有如此，才能获得全面、深入和翔实的资料。无疑，个案研究能够有效满足笔者的上述需求。

（三）资料的收集

1. 样本来源

个案的选择是个案研究的基础，个案选择的关键在于其在总体中的"典型性"，即关于某一类共性的集中体现①。因此，调研机构的选择主要遵循以下原则：第一，机构必须是已经正式登记或备案注册的社会工作机构；第二，机构必须聘有专职社会工作者，最好是社会工作专业毕业；第三，机构通过项目承接或自主行动已经参与社区治理和服务实践。在此基础上，笔者将调研机构的分布地域、成立时间、机构规模等作为样本选取的考量要素，力图深入、全面、详细地掌握社会工作机构参与社区治理的主体性情况。

地域性考量主要涉及不同地域社会工作机构在发展（专业）基础、制度环境及资源获取等方面的差异性。从全国社会工作（机构）发展来看，其大致经历了从沿海到内陆、从东部到中西部、从一二线城市到三四线城市、从城市到农村的发展过程。北京、上海、深圳、广州等东部一线城市受经济发展、专业人才优势以及政府服务理念转变的影响，于

---

① 王宁．代表性还是典型性?：个案的属性与个案研究方法的逻辑基地［J］．社会学研究，2002（5）：123－125.

20世纪90年代中期开始政府向社会组织购买专业服务的地方探索，尤其是深圳和广州，因毗邻香港具有先天优势，且政府在政策和资源上给予大力支持，社会工作蓬勃快速发展起来，目前，广东省的社会工作专业人才、社会工作机构以及受益人群数量居全国之首。从中西部内陆城市看，武汉、长沙的社会工作服务起步较早，而成都和重庆的社会工作则发展迅速，大有"后来居上"之势。2008年汶川地震后，成都和重庆的社会工作迅速发展，尤其是成都的城乡社区发展治理创新实践，直接推动了社会工作机构广泛深入地参与社区治理。长期以来，内地三四线城市和农村地区社会工作发展迟缓，社会工作专业人才和社会工作机构较为缺乏，社会工作服务实践滞后。然而，伴随乡镇（街道）社会工作服务站的全国推广，三四线城市和农村地区的社会工作获得了宝贵的发展机会，社会工作机构为社区治理提供专业服务的模式在全国各地铺展开来。

社会工作机构的组织规模和专业员工（社会工作者）数量能在一定程度上说明机构的实力和"专业性"，进而对其主体性作用的发挥产生影响。专业性是社会工作机构获得社会认同、获取实践机会、推动机构发展的重要基础。政府向社会工作机构购买服务时，都会对项目所需配置的专业社会工作者数量作出明确规定，并要求人员费用的预算和实际支出占项目经费总额的60%～85%。由此，社会工作机构的（专业）人员数量与其资金规模呈正相关，即机构（专业）人员数量越多，其资金规模越大。

经过综合考量，本研究选择了广东深圳和中山、福建厦门、湖北武汉和孝感、湖南长沙、四川成都和南充、贵州贵阳6个省份9个城市的17家机构开展调研。力求点面结合，反映社会工作机构参与社区治理的主体性状况。本研究调研机构的基本情况见表1.1。

表 1.1　17 家社会工作机构的基本信息

机构名称	所在地	性质	注册年份	机构规模①	专业社会工作者所占比例	资金来源
ZC 社会工作服务中心	四川成都	民办非企业	2015	小型	70%	各级民政部门、区社治委、街（镇）政府、社区等购买项目
YY 社会工作服务中心	四川成都	民办非企业	2016	中等	60%	市和区民政局、区社治委、社区购买项目以及少量公益性收费服务等
RZ 社会工作服务中心	四川成都	民办非企业	2020	小型	约50%	区社治委、社区购买项目
CY 社会工作服务中心	四川南充	民办非企业	2020	小型	80%	各级民政部门购买项目
ZJ 社会工作服务中心	四川南充	民办非企业	2016	小型	约40%	各级民政部门、少量基金会购买项目
HX 社会工作服务中心	四川南充	民办非企业	2020	小型	约40%	各级民政部门购买项目、基金会购买项目及少量公益性收费服务
SS 社会工作服务中心	四川南充	民办非企业	2018	小型	38%	各级民政部门、少量基金会购买项目
CXWL 社会工作服务社	贵州贵阳	民办非企业	2012	小型	94%	各级民政部门购买项目
XJ 社会工作服务中心	贵州贵阳	民办非企业	2018	小型	75%	各级民政部门购买项目
ZC1 社会工作服务中心	湖南长沙	民办非企业	2019	小型	90%	市和区民政局、社区购买项目
AXTS 社会工作服务中心	湖北武汉	民办非企业	2012	中等	70%	各级民政部门、群团组织购买项目
HY 社会工作服务中心	湖北孝感	民办非企业	2020	小型	53%	各级民政部门购买项目
XL 社会工作服务中心	福建厦门	民办非企业	2015	中等	70%	区禁毒办、街（镇）政府、群团组织、社区等购买项目
LQ 社会工作服务中心	福建厦门	民办非企业	2016	中等	67%	市和区民政局、区委政法委、街（镇）政府等购买项目
HX1 社会工作服务中心	福建厦门	民办非企业	2014	大型	约70%	市和区民政局、区委政法委、街（镇）政府等购买项目
CH 社会工作服务中心	广东深圳	民办非企业	2007	超大型	70%	各级民政部门、街（镇）政府、群团组织等购买项目
YGTS 社会工作服务中心	广东中山	民办非企业	2013	大型	约80%	各级民政部门、区公安局、街（镇）政府、群团组织等购买项目

①　注:0～20 人为小型规模机构、21～50 人为中等规模机构、51～100 人为大型机构、100 人以上为超大型机构。

2. 调研过程及访谈对象

2021年1月，笔者对成都ZC、YY两家社会工作机构的主要负责人、项目负责人和一线社会工作者进行了深度访谈，并深度参与了机构的社区活动，进而对社会工作机构嵌入社区治理获得了初步认识，由此确立了选题方向，即社会工作机构嵌入社区治理主体性研究。选题确定后，笔者于同年4月对贵阳的两家社会工作机构进行了调研和资料收集；5月前往成都，调研RZ机构，并再次对ZC、YY机构进行相关资料收集；同月前往武汉和长沙调研社会工作机构；6月下旬跟随导师的项目团队前往厦门对XL、LQ和HX1共3家机构进行了为期一周的实地调研。此后，笔者以线上方式对深圳和中山的CH、YGTS机构的负责人、项目负责人进行了在线访谈，收集资料。接下来，笔者多次前往贵州、四川进行机构再调研，补充收集相关资料。调研资料的收集具体包括访谈记录、观察记录，从社会工作机构直接获得的宣传资料、内部文本资料（工作制度、年终总结、项目实施计划、项目评估等）、优秀服务案例等，以及当地政府提供的社会工作机构发展、参与社区治理的制度文件及相关基础数据等。

另外，从2021年7月开始，笔者以社会工作机构创办人、社会工作服务项目负责人和督导身份参与了社区治理实践。在此过程中，笔者与社区居委会、居民、民政部门和基层政府进行了深入互动，了解他们对社会工作机构嵌入社区治理的态度、评价。更为重要的是，笔者以"过来人"身份对社会工作机构嵌入社区治理有了更深层次的认识和感受，这对笔者思维的启发有很大的助益。

调研机构访谈对象主要包括机构负责人（创办人、总干事、理事、中心主任等）13人、项目负责人（项目点/片区负责人、项目督导等）14人、一线社会工作者9人、机构实习生3人。机构负责人访谈内容主要包括机构基本情况（成立时间、服务领域、组织结构、员工、资金、发展战略与规划）和机构参与社区治理的情况；项目负责人访谈内容主要包括个人基本情况、对机构管理的评价和组织认同度、对机构参与社区治理的认识和多元主体互动情况的评价；一线社会工作者访谈内容主要为个人基本情况、对机构管理的评价、对机构参与社区治理的认识和多元主体互动情况的评价；机构实习生访谈内容包括实习岗位、工作内容、所学知识是否能够指导实践以及继续从事社会工作的意愿。除此之外，访谈机构项目购买方与管理方即民政、乡镇（街道）、社区工作人员 8 人。

3. 资料收集方法

个案研究的资料和数据收集方法较为多样，本研究主要采用深度访谈法、观察法与文献法。

（1）深度访谈法。

深度访谈是通过访谈者与被访者面对面直接交谈方式实现的。在个案研究中，访谈法因其较好的灵活性、适应性和深入性受到了人们的青睐和广泛运用。深度访谈强调针对某一论题开展一定时长的谈话，旨在通过对被访者话语以及访谈场景意义的探讨，发现问题和分析问题。根据访谈进程的标准化程度，深度访谈分为结构式访谈和半结构式访谈。结构式访谈强调按照统一的设计要求进行"标准化"访谈，半结构式访谈则只需按照粗线条式的访谈提纲进行"非标准化"访谈。本研究采用半结构式访谈，访谈提纲只起到某种引导和提示作用，访谈的实际开展具有相当大的灵活性。之所以选择半结构式访谈，在于相较于结构式访谈，半结构式访谈具有更大的弹性和灵活性，可以根据现场的新情况和访谈中出现的"关键点"进行追问，以获得更加详细和全面的资料。

笔者的深度访谈主要是以半结构式访谈进行的，事先准备好针对社会工作机构负责人、项目负责人、一线社会工作者、机构实习生、政府部门、社区工作人员的访谈提纲，并在访谈过程中，受访谈对象的"启发"和新线索的发现，不断修正和完善访谈提纲。访谈时长为 0.5～2.5 小时，对部分访谈对象进行了再次访谈，再次访谈一般以线上方式进行，目的是获取更为聚焦、丰富和深入的第一手资料。在此基础上，了解和分析社会工作机构、政府、企业、居民等不同主体形成良性互动的潜在动机、影响因素和实际互动状况。访谈以面对面的个案访谈为主，但也会根据资料收集需要和访谈客观实际，以座谈会的方式进行集中访谈。

（2）观察法。

观察法是个案研究中资料收集重要的方法之一。从观察的场域看，分为实验室观察和实地观察，其中实地观察凭借其自然性、直接性和广泛性，能够获得丰富详尽的第一手资料。本研究采取实地观察法，进入研究对象真实环境，对研究对象的行为进行自然观察。同时，根据观察者是否直接介入活动，将观察法分为参与式观察和非参与式观察两种类型。参与式观察是指研究者进入研究现场，以"局内人"身份分析事件发生的过程、人与事件的关系，非参与式观察则是研究者避免深度介入，"跳出场域"，以"局外人"的身份进行观察分析，进而保持研究的中立和客观。

在本研究中，两种观察方法都有用到。参与式观察主要运用在四川成都和南充的社会工作机构资料的收集中。在资料收集过程中，笔者具有研究者与服务者的双重身份，一方面，以机构负责人、项目督导和社会工作者身份参与社区治理实践，以"局内人"身份收集田野资料，深刻洞察社会工作机构与相关政府部门、社区居委会、企业、居民及服务对象之间的互动关系；另一方面，对其他地区社会工作机构的调研采用了非参与式观察法，以"局外人"身份对机构运作、活动开展、多元关系互动进行观察，捕捉关键信息和研究素材。本研究通过参与式观察与非参与式观察的综合运用，弥补了单一观察方法的缺陷与不足，进而获得了更为详尽的资料。

（3）文献法。

文献法是笔者在资料收集中采用的又一重要方法。文献研究的优势在于能够帮助研究者全面准确地掌握所要研究问题的情况、现状，避免研究的重复，同时利用已有的研究成果，提升研究效率、拓宽研究思路、提升研究的创新性。笔者对国内外社区治理研究、社会工作机构主体性问题研究、嵌入性理论和马克思主义主体性理论等资料进行了收集、整理和分析，加深了对社区治理中社会工作机构主体性问题的认识，夯实了理论基础。同时，从网上或相关政府部门处获取了与社会工作（机构）参与社区治理相关的政策与制度文件，从社会工作机构处收集的宣传文案、项目方案书、项目评估文件与评估报告、管理制度等文本资料，为研究寻找实证资料，找到对研究有支撑价值的数据和文字材料，探查社会工作机构嵌入社区治理的实践情况发挥了重要作用。

（四）资料的分析

本研究资料的整理和分析按照如下五个步骤进行。

第一步，将访谈资料从录音形式转化成文字，结合访谈笔记、备忘录，对访谈资料进行复核，以提高文字资料的可靠性；对观察笔记进行处理，对遗漏的细节进行补齐，对简化的内容进行扩展；对收集到的社会工作机构内部资料进行整理，对记录不全、不详或错误的地方，及时予以确认，进行资料的补充和更正。第二步，对资料进行编号，建立资料编号系统，以便于归档、查询和分析。第三步，根据内容分析法，按照研究问题1"社会工作机构主体性何如"和研究问题2"社会工作机构主体性何以如是"、研究问题3"社会工作机构主体性何以可能"，对文字资料进行归类整理，分别将资料放在不同的主题下面，以便形成研究问题与资料的对应关系。第四步，采用类属分析方法，具有相同属性的资料归入同一类别，并且进行命名。如，基于社会工作机构参与社区治理的目的性、自主性、自觉性、能动性四个维度设计访谈提纲和收集相关资料，在整理资料的时候就可以将其按类别归入以上四个平行关系的核心类属。与此同时，在目的性、自主性、自觉性、能动性四个核心概念的基础上，根据访谈资料内容，笔者在四个类属下面分别发展出多个下属类属。以社会工作机构嵌入社区治理的"能动性"为例，社会工作机构在社区治理和服务实践中的能动性集中反映为机构的专业性即专业实践能力，具体是什么能力呢？通过相关理论以及社会工作机构参与社区治理的政策，"定位"服务供给能力和协同参与能力为下属类属。第五步，根据相关理论，对归类后的资料关系进行逻辑推演，分析社会工作机构主体性缺失的深层次原因，寻找社会工作机构"主体性嵌入"的路径和对策。

需要注意的是，笔者做了如下工作，以提升研究的效度。一是将案例研究报告反馈给被访者，检查内容是否真实和准确反映了被访者的意思。二是综合采用深度访谈法、观察法、文献法等多种资料收集方法，通过多种渠道，对各种证据进行交叉印证。深度访谈是本研究最重要的资料收集方法。但是，运用访谈法收集资料仍回避不了的是，访谈对象刻意隐藏自身的真实想法，甚至有意释放错误的信息。面对此情形，观察法和文献法则是对深度访谈的有力补充，研究者可以通过实地观察、社会工作者的工作总结、机构内部资料予以验证。三是研究者不断反思自身在研究过程中的角色，既维护好自身与被研究者的关系，也警惕关系和情感的过度"卷入"，更要避免因自身偏见影响研究结果。在本研究过程中，笔者尽量保持客观、中立的立场和态度，以期尽最大努力减少偏向的产生。

（五）研究伦理

本研究在资料收集、整理和分析过程中遵循了如下原则。一是被访者自愿参与的原则。笔者在进行个人访谈和机构参访之前，会向被访者说明研究目的、研究内容以及调查资料使用的意图和方向，在取得被访者的同意后，笔者进行了访谈。访谈时，询问被访者是否接受录音，在对方同意后再进行录音，如果对方拒绝，则尊重被访者的意愿。二是坚持被访者匿名处理的原则。为了避免研究给被访者带来麻烦，坚决保护被访者隐私，对调研的社会工作机构、政府部门、社区和被访者做了匿名化处理。三是为被访者保密的原则。笔者在研究过程中严格遵守保密原则，不向他人随意透露被访者的资料。

第二章
理论视角与分析框架

本研究创新性地提出了"主体性嵌入"这一理论分析框架。在某种程度上,"主体性嵌入"的提出,是对马克思主义主体性理论的创新性运用和对嵌入性理论研究的深化。本章首先对马克思主义主体性理论和嵌入性理论进行回顾,在此基础上对"主体性缺失"和"主体性嵌入"概念进行界定,同时对"主体性嵌入"的核心假设和预设条件进行详细阐释,为社会工作机构主体性考察、主体性分析和建构奠定基础。

第一节　理论视角

一、马克思主义主体性理论

(一)西方主体性哲学思想

"主体性"(subjectivity)是近代西方哲学最为核心的哲学命题之一,它肇始于人的理性化与现代化反思。可以说,主体性是现代性的哲学之基,它所强调的人的自由、意义及生命的意义成为现代性的价值追求。在诸多主体性理论中,马克思主义主体性理论在当下具有优先的解释效力和引导价值。马克思主义哲学认为,主体性是人在实践过程中表现出来的能力、作用、地位。马克思主义强调主体是人,且只能是人,从而确立了人的主体地位。然而,人作为主体只是近代以来的哲学观念。

亚里士多德(Aristotle)最早使用了主体这一概念,指出主体是属性、状态和作用的承担者。伴随商品经济的发展与近代理性主义文化的兴起,个体的主体得以凸显与生成,人由被动的自在自发走向主动的自由自觉。

笛卡尔（René Descartes）哲学标志着人的主体性的觉醒。他强调人的自我意识，使自我意识成为哲学的"阿基米德支点"，进而实现了由本体论向认识论的哲学转向。笛卡尔首次确立了人的主体地位，肯定了人的理性认知能力，否认万物终极原因和本体的权威。然而，笛卡尔创立的认知主体观，未能很好地处理主体与客体之间的关系。认识论主体过度强调"自我意识"，将自我看作独立的且不依赖外部世界的主体，它超越了感官、脱离了肉体，强调要认识世界就必须把包括身体在内的物质世界客观化，以机械、功能化的方式去看待和理解它们，就如同以一种分解性的主体来观察客体世界。人的主观意识被看作是认识客观世界的根本，一个具有神的意志（理性）的"我"被创造出来。如此，人面对外部世界秉持否定和质疑的态度，在面对世界（外部事物）是"高高在上"的。这种观念逻辑必然使主体与客体的关系处于紧张状态。总之，笛卡尔的认识论主体哲学，将主体囚禁在"自我"之中，进而产生"唯我论"困境，"我"与他人的关系、与外部客观世界的关系是一种征服与被征服、改造与被改造的关系①。

康德（Immanuel Kant）与黑格尔（Georg W. F. Hegel）则试图解决笛卡尔留下的主客二元问题，围绕解决主客分裂的问题展开了主体性探讨。康德用无限的先验意识取代了笛卡尔的有限的自我意识，用共同的普遍理性取代了个体理性，试图重构"主体"与"对象"的关系，强调"对象"是"主体"自我构造的结果。不过，康德强调这种"先验自我意识"具有先天性和凝固性，人们在先验自我意识下接受、整理经验事实，改造知识与对象。如此，康德的"先验主体"从表面看解决了主客二元问题，实质是消弭了主体的历史维度和实践维度，从而走上了形而上的道路。黑格尔则在前人的基础上把主体的能动性发挥到了极致。黑格尔主张主体是一种精神主体观，强调在经过意识、自我意识、理性、精神、宗教诸阶段后，产生的一种永恒存在的绝对精神，而自然界、社会历史等实体（客体）都是绝对精神外化的产物。绝对精神实则是一种逻辑思维，是脱离了人且与

① 范建银，彭兴奎. 活动单导学课堂：走向交往实践的主体性教育［J］. 江苏教育研究，2012（1）：51－56.

客观世界相分离的，只以概念的形式表现出来。最终，"绝对精神"作为一种至高理性将控制自然的力量用于控制人自身。如此一来，主体客体化，也即主体成为物化的客体，最终人被降格为物，人成为理性实现的工具。

（二）马克思主义主体性理论的基本内涵

马克思主义主体性理论建立在辩证唯物主义和历史唯物主义基础之上，科学地揭示了主体性内涵、现实条件和正确道路，实现了主体观的根本变革①。马克思主义主体性理论科学地赋予人主体地位，强调人且只有人是主体，人是认识的主体、道德的主体和生产实践的主体。俞吾金认为，马克思的主体性理论有两个主要维度，即本体论维度和认识论维度，这两个维度统一在实践的基础上，并明确了实践活动相较于认知活动的优先地位，主体和客体在实践中实现统一。马克思主义强调，人唯有在实践中才能体现与建构其主体性。否则，主体性无从谈起。主体性体现了人在实践活动中的自觉性、自主性和创造性，它贯穿于人的全部实践活动和认识活动中，是主体成为主体的基础条件和重要依据。

一是马克思主义主体性理论的实践维度。马克思主义主体性理论强调，"主体"是实践活动的主体，"主体性"由人的实践生存能力生发出来的②。主体性唯有在实践中才得以确立和体现，受实践的历练和形塑。同时，主体性的实践维度强调了主体相较于客体的积极主动地位以及主体认识和改造客体的能力。可以说，主体性概念是指人作为积极能动者起着决定和支配的作用和意义，只有处在能动的活动中和创造了属于人的价值关系，他才是主体③。

二是马克思主义主体性理论的关系维度。马克思主义强调，主体是一种关系性的存在，主体不是绝对的、孤独的实体的个体，而是相对的、在与其他事物的联系之中存在的。人作为主体是相对于客体而言的，只有当

---

① 张文静. 农村社区建设进程中农民主体性缺失与建构研究［D］. 武汉：华中师范大学，2013.

② 郭晶. "主体性"观念的现代合理性［D］. 长春：吉林大学，2012.

③ 李楠明. 价值主体性：主体性研究的新视域［D］. 哈尔滨：黑龙江大学，2004.

人处在改造自然的关系中或者是处在同他人的关系中时，才有主体的问题。"主体是关系的本原，是关系的承担者；是自由的有意识的活动的发动者、推动者和承担者；是交往关系的发起者、承担者"①。就人的外在关系层次而言，分为人与自然的关系、人与人的关系以及人与社会的关系。

其一，人与自然的关系。"人是主体，自然是客体"，人具有认识和改造自然的能力。人与自然所构成的"主－客"关系是目的手段关系，集中体现了人的"自觉能动性"。人与自然的关系本质是一种生产的实践。其二，人与人的关系。人与人的关系，是交往的实践，即实践是交往的基础。由此，国内学者提出了"交往实践观"，交往实践观超越了对象实践观，强调主体间基于实践进行交往，从对方的角度来理解客体，并通过平等对话、沟通理解，求得互识和共识，形成"视界融合"，最终促进双方交往。需要强调的是，平等是主体关系的基本价值，"只要交往的双方或各方不以自由、平等、自主、全面发展的主体而存在，主体－主体关系就会在某种意义上降格为主体－客体关系或物与物的关系，从而使交往走向异化"②。其三，人与社会的关系。人只有作为社会存在物才是"作为人的人"，人与社会相互依存、相互作用。实质上，人与社会的关系，强调的是个体的"个人利益"与群体/社会的"公共利益"的关系。

三是马克思主义主体性理论的价值维度。马克思主义主体性理论强调，主体性由人的实践生存能力生发出来，然而，实践是一种具有价值倾向和价值追求的活动③。主体性的价值维度把人作为主体，不仅把人作为自己的工具和手段，更把自己作为自身的目的④。主体承载着人的自由的价值追求，弘扬人的主体性，目的在于促进人的全面自由发展。失去价值

① 王海传. 人的发展的制度安排 [M]. 武汉：华中师范大学出版社，2007.
② 衣俊卿，孙占奎. 交往与异化：关于现代交往的负面研究 [J]. 哲学研究，1994（5）：15－21.
③ 郭晶. "主体性"观念的现代合理性 [D]. 长春：吉林大学，2012.
④ 骆郁廷. 马克思主义主体性理论的三个维度 [J]. 武汉大学学报（人文科学版），2009，62（1）：5－10.

追求，主体的存在和主体性观念的考察便失去了意义①。当人的实践活动不再以自身为目的，即放弃了对自由价值的追求，而成为谋生的手段，其就失去了意义。可以说，"价值主体"是马克思主义主体性理论的核心内涵，是主体性最不可消解的维度。

（三）对本研究的启示

第一，根据马克思主义主体性理论理解主体性的基本特征。主体性概念是指人作为积极能动者，起决定和支配的作用和意义。主体是相对于客体而言的，表达的是一种人存在的地位和作用。可以说，主体性是对人的能动关系的一种价值判断，体现为人在实践活动中的自觉能动性，进而实现人的生存价值和意义。由此，归纳主体性的基本特征为目的性、自主性、自觉性、能动性等。可以说，目的性、自主性、自觉性和能动性共同彰显了主体在生产实践和社会交往中的能力、地位和作用。

一是目的性。不同于动物受本能驱使进行相关活动，人是有意识、有计划、有目的地进行生产实践，以此达到自己的目的。主体的需求是主体行为目的的出发点，驱使其进行交往和实践。二是自主性。自主性体现的是人的选择自由、意志自由和决策自由。马克思主义强调，人通过社会实践活动获得自主性，实践是个体自主性生成的前提和基础。三是自觉性。自觉性是指主体有意识、有目的、按规律进行实践，包括主体对客体规律性的自觉和对自身内在目的性的自觉。自觉性与人的主体意识的形成、发展以及人的主体地位的确立高度相关。四是能动性。马克思主义不但强调社会存在的决定作用，而且非常重视人的主观能动性。人的能动性强调人把"对象、客观的外在尺度"和"主体的内在尺度"统一起来，努力自主地建立一个既符合目的性又符合规律性的世界。

第二，根据马克思主义主体性理论认识主体性的形成机理与根源。在马克思看来，人与人之间的交往是实践活动的前提。可以说，实践与交往就是同一个过程，即"交往实践"。交往实践实现了"主体－客体"与"主体－主体"二重关系结构的统一，即"自主活动"与"交往形式"的

---

① 郭晶．"主体性"观念的现代合理性［D］．长春：吉林大学，2012.

统一。确切地说，它们是以实践客体为中介而联结起来的诸多主体模式。如此，就需要在交往实践活动中把握主体的本质规定。"主体－主体"关系即主体间性，指主体之间在语言和行动上相互交流、相互理解和双向互动、双重融合的关系，是不同主体在实践中达成的发展共识①。简而言之，是主体与主体相互承认、相互沟通、相互影响的关系。根据马克思主义的交往实践概念，主体间性是主体间关系的内在的质的规定性，抑或说，主体间性是主体性发展的内在诉求和必然方向。值得注意的是，"主体间性实际上是人的主体性在主体间的延伸，它在本质上仍然是一种主体性"②。

第三，根据马克思主义主体性理论理解"价值主体"是主体性思想的核心内容和根本旨趣。以往西方哲学在主体性思想的探讨中，缺乏对"认知主体"和"价值主体"的自觉区分，将认知主体所代表的"主体性"作为主体性本身，从而回避了价值主体的"主体性"。价值主体强调人是"自由主体""目的主体""责任主体"。首先，主体是自由、自主的行动者，能够在实践中实现自由全面的自我发展；其次，主体的实践行动及其存在具有目的性，这种目的性是其区别于其他动物的重要特征及独特价值彰显；最后，主体作为"社会的人"，需要扮演各种角色、履行相关责任与义务，以此"锚定"主体价值尺度的关联点和支撑点，确立其主体身份③。因此，主体价值的实现是主体性追求的第一要务和根本，主体价值的实现基于主体的生产实践和社会交往。

二、嵌入性理论

（一）嵌入性理论的缘起

"嵌入性"（embeddedness）概念肇始于社会学与经济学的互动和关系研究。1944 年，匈牙利政治经济学家卡尔·波兰尼（Karl Polanyi）首次提出了"嵌入性"概念。他强调，市场与经济行动受政治、宗教、文化、社

---

① 姜建成. 科学发展观：现代性与哲学视域［M］. 南京：江苏人民出版社，2008.
② 郭湛. 论主体间性或交互主体性［J］. 中国人民大学学报，2001（3）：32－38.
③ 张军锐. 颠覆与重构：数字交往时代的主体性研究［D］. 上海：上海大学，2016.

会关系等因素的影响，嵌入社会结构之中①。遗憾的是，波兰尼并未对嵌入性概念进行系统性阐释，提出这一概念更像是他对市场和社会关系/社会结构的一种注解。马克·格兰诺维特（Mark Granovetter）则对嵌入性概念进行了系统性的解释，指出了嵌入性理论的重要学术价值。格兰诺维特在探讨经济行为与社会关系/社会结构时，认为经济学和社会学都没有很好地处理"社会化"这一议题，前者对社会化关注不足，后者则过度关注社会化。他认为，行动者既不能独立于社会脉络之外，也不会奴隶般地依附在他/她所属社会类别赋予的角色上，他们具有的目的性的行动企图实际上是嵌入真实的、正在运转的社会关系系统中的②。格兰诺维特认为，大多数经济行为紧密地嵌入在社会网络（人际网络）之中。他探讨了嵌入的形式、嵌入的机制和后果。在格兰诺维特的研究基础上，后来的学者对嵌入性概念进行了拓展，提升了嵌入性理论的分析性，如沙朗·佐金（Sharon Zukin）和保罗·迪马乔（Paul DiMaggio）进一步划分了嵌入类型——认知、文化、结构和政治嵌入③；哈哥多（Hagedoorn）基于组织行为提出了环境嵌入性（组织行为受国家政策和产业环境影响）、组织间嵌入性（组织行为受同行业和不同行业的社会网络影响）和双边嵌入性（组织行为受合作组织影响)④；哈利宁（Halinen）和托恩卢斯（Tornroos）根据嵌入网络的层次，将嵌入分为垂直嵌入（网络中不同层级间的联系）和水平嵌入（某一特定网络层次中成员间的联系)⑤。

　　有学者对波兰尼和以格兰诺维特为代表的新经济社会学家的嵌入性观点进行了比较，认为波兰尼是"实体嵌入"，即市场本身作为社会的构件，

　　① POLANYI K. The Great Transformation：The Political and Economic Origins of Our Time ［M］. Boston：BeaCon Press，1944.

　　② GRANOVETTER M. Economic Action and Social Structure：The Problem of Embeddedness ［J］. American journal of sociology，1985，91（3）：481－510.

　　③ ZUKIN S，DIMAGGIO P . Structures of capital：the social organization of the economy ［M］. New York：Cambridge University Press，1990.

　　④ HAGEDOORN J. Understanding the Cross－Level embeddedness of Interfirm Partnership Formation ［J］. Academy of management review，2006，31（3）：670－680.

　　⑤ HALINEN A，TORNROOS J. The role of embeddedness in the evolution of business networks ［J］. Scandinavian journal of management，1998，14（3）：187－205.

市场和经济行动浸没于社会中，脱离社会的市场和经济行动是不存在的；格兰诺维特则是"形式嵌入"，即经济行动和市场虽然受到社会的影响，却又保持了其"内核"，社会因素是无法进入这一内核的①。也就是说，波兰尼从社会内部来看待市场和经济行动，预设了市场与社会的不可分割性，市场嵌入社会是必然的，"脱嵌"的市场是不存在的。格兰诺维特则从市场外部来看市场和经济行为，认为市场和经济行为受社会的影响，但是也指出经济与社会在本质上存在领域区隔，这也就将市场的某一特质与社会隔离开来。在某种程度上，格兰诺维特基于一种方法论主义的逻辑使用"嵌入"这一概念，将嵌入作为一种分析工具，是为了分析市场主体行为而研究其在社会网络中的相互嵌入关系，市场主体嵌入社会是一种工具性策略。波兰尼则是从本体论上使用"嵌入"，嵌入社会是市场主体的终极追求，因为市场从属于社会，应具备社会性。也就是说，嵌入本身具有特定的价值属性，即社会性。部分新经济学家意识到了这个问题，强调嵌入不仅是一种方法论，更要重视嵌入的社会性本质。

（二）中国社会工作的嵌入式发展

通过对嵌入性理论缘起的回顾，可以发现，嵌入性具有抽象性和模糊性，但也正是这一特征赋予了嵌入性概念丰富的运用空间，我国学者对嵌入性理论进行了迁移、再构，用以解读中国社会工作（机构）的发展特征与路径。

2004 年，熊跃根运用"体制嵌入"概念阐释了中国社会工作教育本土专业化的实践逻辑和行动策略。王思斌系统地提出了社会工作嵌入性的发展理论。他对嵌入概念进行了明确界定，强调每一事物进入另一事物的过程和结果，并提出了嵌入前提、嵌入过程、嵌入机制及嵌入结果的概念，探讨了在不同的方式、路径、结果下形成的嵌入类型②。他认为，专业社会工作为了获得发展权、实践权，被动地嵌入现有的公共服务和社会管理框架，从而获得嵌入性发展机会。

---

① 符平．"嵌入性"：两种取向及其分歧［J］．社会学研究，2009，24（5）：141 – 164 + 245．

② 王思斌．中国社会工作的嵌入性发展［J］．社会科学战线，2011（2）：206 – 222．

对于社会工作（机构）的嵌入式发展，部分学者持积极的态度。王思斌、阮曾媛琪认为，在嵌入公共服务和社会管理体系的过程中，专业社会工作与行政社会工作通过相互学习、相互建构，实现了"互构性演化"①。赵环、尹阿雳认为，专业社会工作参与社区服务可采取"增量嵌入"的有效路径②。赵琼分析了专业社会工作嵌入发展的四个阶段，即"专业参与、结构融合、互惠式建构和专业互构"③。同时，学者们也承认，由于路径依赖，我国专业社会工作的嵌入过程受到了行政体制的制约，呈现出一种政府主导下专业弱自主的嵌入状态，但是他们仍然相信，随着社会工作机构社会功能的发挥和政府及社会的承认，其最终将走向政府 - 专业合作下的深度嵌入④。政府与社会工作机构在互动中获得"互构性承认"，这使社会工作机构实现了由依赖政府让渡空间到在接受政府让渡空间的同时适当拓展空间的演变，社会工作机构逐渐走向自主⑤。

部分学者则对社会工作（机构）的嵌入式发展持谨慎和悲观的态度。他们聚焦社区治理实践场域，指出专业社会工作在嵌入过程中，不可避免地受到原有街区权力系统的影响，导致行政力量的"反向嵌入"。"反向嵌入"将对社会工作的专业性和机构发展带来意外后果。即便在嵌入过程中社会工作发挥了主观能动性，采取了策略行动，但是嵌入结果仍会不尽如人意。陈伟杰探讨了专业社会工作立足政府"碎片化权威"的特点，指出采用"层级嵌入"策略，可在一定程度上摆脱委托代理困境，维护专业性，但是，由于财政和人力资源的双重约束，层级嵌入模式在政绩驱动的试点扩张中演变为"隔断式层级嵌入"，最终产生了逆专业化困境⑥。罗强

———————————

①　王思斌，阮曾媛琪. 和谐社会建设背景下中国社会工作的发展［J］. 中国社会科学，2009（5）：128 - 140 + 207.

②　赵环，尹阿雳. 增量嵌入：专业社会工作之于社区服务的一种解读：以深圳市 Y 社区服务中心为例［J］. 中国社会工作研究，2015（1）：115 - 136.

③　赵琼. 专业社会工作嵌入性发展的阶段性再探索［J］. 社会工作与管理，2016，16（6）：5 - 12.

④　王思斌. 中国社会工作的嵌入性发展［J］. 社会科学战线，2011（2）：206 - 222.

⑤　李晓慧. 政府与社会工作服务机构的互构性承认：以北京市社会工作机构发展为例［J］. 学海，2015（3）：53 - 58.

⑥　陈伟杰. 层级嵌入与社会工作的专业性：以 A 市妇联专业社会工作服务试点为例［J］. 妇女研究论丛，2016（5）：5 - 16.

强通过对社会工作参与基层社会治理的案例分析发现，社会工作在嵌入式发展中出现了"内卷化"的现象，即"没有发展的增长"①。部分学者将研究焦点置于政府和社会工作机构的关系互动上，强调政府利用资源和权力的强势，通过"反向嵌入""嵌入型监管""嵌入式行动""行政吸纳组织"等方式，实现了对社会工作机构的吸纳和同化。唐斌指出，社会工作机构与政府呈现出相互嵌入的特点，其中政府对社会工作机构的嵌入是一种结构性的强嵌入，而社会工作机构对政府的嵌入则是一种制度性和职能性的弱嵌入②。刘龙强认为，政府权力的强势和服务对象的失语，导致社会工作机构官僚化和行政化，机构运营从以服务为中心走向以管理为中心，使一线社会工作者在夹缝中生存，专业归属感和尊严感较低，服务对象需求被淹没③。吴月认为，政府通过关系嵌入和结构嵌入，将社会工作机构纳入政府体制进行管理，进而实现"嵌入式控制"，社会工作机构与政府之间的同一性程度越来越高④。如此，社会工作机构在组织目标、运作逻辑、行为方式上与政府高度同构，完全成为体制的一部分，机构的独立自主性完全丧失。面对此危机，有学者提出了社会工作机构"脱嵌"的发展道路，即按照社会工作机构的运行逻辑和治理模式来发展，走上一条独立、自主和可持续发展的道路⑤。总之，从实践来看，社会工作（机构）嵌入原有的社会服务体制和基层社会治理体系的理论逻辑在实践中并未取得预期的效果，反而产生了意外后果，社会工作的专业主体性和机构自主性面临困境。

对此，部分学者开始反思，并尝试对嵌入性发展观点进行调整和修

---

① 罗强强．"嵌入式"发展中的"内卷化"：社会工作参与基层社会治理的个案分析［J］．江西师范大学学报（哲学社会科学版），2018，51（4）：49 – 56.

② 唐斌．社会工作机构与政府组织的相互嵌入及其影响［J］．社会工作（下半月），2010（7）：9 – 12.

③ 刘龙强．"嵌入性发展"背景下社会工作机构服务与管理的关系：基于组织环境的分析［J］．社会工作，2014（1）：118 – 127 + 155.

④ 吴月．嵌入式控制：对社团行政化现象的一种阐释：基于A机构的个案研究［J］．公共行政评论，2013，6（6）：107 – 129 + 171 – 172.

⑤ 朱健刚，陈安娜．社工机构的NGO化：专业化的另一种思路［J］．华东理工大学学报（社会科学版），2014，29（1）：28 – 37.

正，以期加大对中国社会工作发展的解释力度，找到中国社会工作发展的正确方向和路径。学者们对社会工作嵌入观的内涵做了重构，不再只关注专业社会工作，同时关注社会工作嵌入的治理情境中不同主体之间的合作关系，包括政府、市场、社会等多元主体①。王名、张雪强调，社会工作机构参与社区治理不仅要在"政府-社会组织"互动中进行"政治嵌入"，还需要在"社会组织-社区"互动中实现"邻里嵌入"，即形成"双向嵌入"关系，以提升组织自主性②。徐选国等学者提出了"复合嵌入"的主张，强调社会工作与其他治理主体协同联动，进而共同嵌入社会治理系统③。

可以看出，学者们开始尝试跳出社会工作嵌入政府体制的"单一式嵌入"，关注政府主体之外的其他治理主体。

（三）对本研究的启示

综上所述，通过理论视角的分析发现，社会工作（机构）的嵌入式发展激发了学者们的研究热情，得到了学者们的广泛关注，取得了丰硕的成果，这些研究成果对本研究具有一定的启发性。一是社会工作（机构）嵌入式发展的现实逻辑。关于社会工作（机构）的嵌入式发展路径，这是不得不承认的事实。正如王思斌所言："嵌入性发展是一种事实性判断，而非价值判断。"④ 可以说，社会工作（机构）的嵌入式发展是一种基于现实逻辑的行动策略。社会工作作为舶来品，扎根本土必然面临嵌入本土制度体制、适应本土文化和实践情境的现实困境与环境制约。可以说，"嵌入式发展"是社会工作本土化和土生化的必然选择。二是关于社会工作（机构）嵌入的本质和终极目的的思考。在嵌入的现实逻辑下，大多数学者强

---

① 徐选国，田雪珍，孙洁开.从外部移植迈向本土自觉：中国社会工作发展的理论逻辑[J].学习与实践，2021（10）：119-129.

② 王名，张雪.双向嵌入：社会组织参与社区治理自主性的一个分析框架[J].南通大学学报（社会科学版），2019，35（2）：49-57.

③ 徐选国，田雪珍，孙洁开.从外部移植迈向本土自觉：中国社会工作发展的理论逻辑[J].学习与实践，2021（10）：119-129.

④ 王思斌.我国社会工作从嵌入性发展到融合性发展之分析[J].北京工业大学学报（社会科学版），2020，20（3）：29-38.

调社会工作的"体制嵌入",即嵌入行政管理体系和行政性社会工作的框架。然而,体制的行政逻辑既可能是社会工作发展的推动力,也可能是消解性的阻力,即行政力量和逻辑的"反向嵌入",导致社会工作行政化、专业性弱化和主体性缺失。社会工作被体制吸纳和同化,成为行政体制的一部分。这显然与社会工作嵌入体制获得自主性发展是背道而驰的。由此,有学者开始反思,重新审视社会工作的体制嵌入,认为这种单向嵌入观是权益性的,是基于某种方法论主义的逻辑而借用了嵌入这一概念,"嵌入"在这里仅仅指"进入""介入"等,其实回到波兰尼的嵌入性概念,可以发现嵌入具有很高的价值性,强调市场(经济)的社会属性,即市场(经济)的本质是社会性。那么,社会工作的本质又是什么呢?答案是"社会性"。如此,社会工作嵌入发展应超出目前技术层面的关注,转向社会工作本身的内核和价值维度,即"社会性嵌入"①。

不过,目前学者们关于社会工作(机构)的嵌入观具有如下不足。其一,嵌入方法论和本体论相分离。当意识到体制嵌入成为中国社会工作发展的基本约束条件②,乃至体制嵌入会带来社会工作异化的风险时,部分学者提出社会工作应走向嵌入本体论,从体制中脱离出来转向"社会",以"换赛道"和路径变更的方式摆脱当下社会工作体制嵌入的困境。然而,"体制脱嵌"是现实和可行的吗?从社会工作参与社区治理的实践来看,"体制脱嵌"导致社会工作难以融入社区治理体系,成为孤芳自赏的、既无法深度嵌入也无法独立生长的"盆景"③。同时,嵌入社会这一看法虽极具启发性,但是也带来了"社会"是什么、社会工作又如何实现嵌入社会等问题。其二,对社会工作(机构)嵌入多元主体尤其是多元主体交往互动过程缺乏关注。在很多情况下,社会工作的实务并不只有两方力量,而是多方力量。例如,在社区治理场域,存在社区"两委"、企业、社区

---

① 徐选国. 从嵌入系统到嵌入生活:我国社会工作的范式转向与时代选择 [J]. 社会工作与管理,2019,19(3):7-15.

② 陈伟杰. 层级嵌入与社会工作的专业性:以 A 市妇联专业社会工作服务试点为例 [J]. 妇女研究论丛,2016(5):5-16.

③ 朱健刚,陈安娜. 社工机构的 NGO 化:专业化的另一种思路 [J]. 华东理工大学学报(社会科学版),2014,29(1):28-37.

自组织、居民等多方力量，尤其是在"共建共享共治"的社区治理格局下，社会工作面对的不再是单一主体，其本身就是多元主体的一部分。社会工作与其他治理主体围绕社区公共事务或公共问题形成一种相互嵌入的关系，各嵌入主体都是事务的影响者和协调者。可以说，关系或网络是嵌入内涵的关键词。强调关系或网络，就要关注多元主体间是如何进行互动的，遵循什么样的原则和行动逻辑，以实现社会工作有效嵌入。以往多元主体间交往的"主体－客体"工具化逻辑，不利于主体间的交往互动和关系网络建构，最终影响了社会工作嵌入效果。因此，需要进一步反思多元主体交往的目的和价值追求，转变交往互动方式，建构良性关系网络。其三，对社会工作（机构）嵌入前提和基础的关注不足，即对社会工作本身特质关注不足。一方面，社会工作不可能凭借本身意志"一厢情愿"地嵌入社会服务和社会治理体制，它之所以能够实现嵌入在于其本身所具备的特征（专业性、服务性特征和社会性本质属性）及其独特优势；另一方面，当社会工作不以社会性这一本质属性和价值使命为准绳，沉迷于自身利益的追逐中时，其带来的结果可能是嵌入目标的偏移和组织功能的异化，显然这不是社会工作追求的嵌入状态和结果。因此，探讨社会工作的本质属性、专业能力和功能发挥具有重要的现实意义。

第二节 核心概念

通过对马克思主义主体性理论与嵌入性理论的深入认识，笔者对本研究的核心概念——"主体性缺失"和"主体性嵌入"进行了阐释和界定。

一、主体性缺失

根据马克思主义主体性理论，主体性是人在实践过程中表现出来的能力、作用和地位，强调人相对于客体的主观能动、自觉自为与自在自由。判断社会工作机构是否拥有"主体性"，关键需要确定社会工作机构是否为主体。马克思主义指出，"主体是人""人始终是主体"。主体有三种形式：个人主体、组织主体与社会（人类）主体①。也就是说，个人、由个人构成的组织（集体、团体）和由组织组成的社会（阶级）都拥有主体性，主体性是主体身份和地位的集中展现。

可以肯定的是，社会工作机构是主体，拥有主体的身份和地位，具备主体性特征。事实上，社会工作机构具有民主主体、经济主体和社会主体的多重法律主体地位②。国家从顶层设计上赋予了社会工作机构的主体身份和地位。党的十八大报告强调"加快形成政社分开、权责明确、依法自治的现代社会组织体制"③。其中，"依法自治"体现了现代社会组织体制的目标取向。依法自治的核心在于社会组织与政府不再是依附和控制的关系，政府对社会组织的管理空间责任具有有限性，社会组织在法律制度框架内拥有自主决定权。党的十八届三中全会是中国社会治理模式发生历史性变化的关键节点。国家更加重视社会组织，进一步确立了社会组织在社会治理和社区治理中的主体地位和作用。相较于一般社会组织，社会工作机构参与社区治理被寄予了更高的专业期待，即发挥社会工作机构"专业主体性"，在社区治理和社区服务中发挥更大的功能。具体而言，社会工作在社区治理中发挥"服务型治理"功能，即以其价值观念优势、专业工作方法和目标取向优势，提供专业服务和动员公众参与社区治理④。可以说，社会工作机构参与社区治理主体地位获取的本质依据，是其作为独立于政府和市场的"第三方"，能够凭借其具有的非营利性、公益性、自治性、专业性有效弥补政府失灵与市场失灵。

概括起来讲，社会工作机构主体性是指社会工作机构在对象化实践中和同其他主体的交往中，体现出的结构地位、价值、能力、功能的特性，具体表现为机构在参与社区治理实践中表现出来的目的性、自主性、自觉

① 尚秉和，等. 中国大百科全书·哲学卷：第2卷［Z］. 北京：中国大百科全书出版社，1987.
② 张超. 社会工作机构主体制度研究［D］. 唐山：华北理工大学，2018.
③ 胡锦涛. 坚定不移沿着中国特色社会主义道路前进 为全面建成小康社会而奋斗［M］. 北京：人民出版社，2012.
④ 王思斌. 社会工作参与社会治理的特点及其贡献：对服务型治理的再理解［J］. 社会治理，2015（1）：49–57.

性与能动性。

一是目的性。目的性是主体性的本质呈现与核心维度。社会工作机构在社区治理中的主体性首先表现为它的目的性。社会工作机构参与社区治理具有内在的需求和使命，机构在目的的引导下才能自觉行动。在实践中，社会工作机构的目的分为终极目的（价值性目的）和工具性目的两类。社会工作机构的终极目的是实现机构的价值和使命。社会工作机构的价值理念与社区治理目标相契合，社区治理的过程实质上就是服务社区居民、协调社区利益、为社区提供多元服务的过程，这与社会工作机构助人自助、服务社会的专业理念不谋而合①。社会工作机构的工具性目的是指以保证机构生存和可持续发展为目标，主要包括资源的获取、机构的宣传、成本的压缩和效益的提升等。前者是机构主体的终极理想存在状态，后者是机构选择的行为模式和实现终极目的的手段等。

二是自主性。自主性是主体性权能展现和实现的前提。自主性是社会工作机构主体地位和主体权力的集中体现，是实现主体性的前提条件。它不仅可以保障机构自身自主行动，在一定程度上也可以监督政府行为、制约过度市场化的行为，放弃自主性，机构就会丧失主体性②。组织自主性是指组织在处理内外事务和外部关系时具有的能力，包括在财务管理、结构、程序、政策、法律等方面的决策制定与执行等的能力③。社会工作机构参与社区治理的自主性主要体现在两个方面。一是在主体关系互动中呈现出来的"独立性"，强调的是主体权力和边界的问题，如与政府和市场主体保持适当距离，彰显其"第三方"身份，是社会组织的首要之义。同时，社会工作机构的独立性，其背后运作的逻辑是在政治合法性和经济资源上对政府和市场主体的依赖程度。二是社会工作机构的自我治理能力即"自治性"，强调机构在参与社区治理实践中按照自身目标进行自我决策和

---

① 宋利，刘佳男. 社会工作参与社区治理的诉求、机理和策略 [J]. 北京城市学院学报，2019（5）：74 – 77.

② 于常有. 非营利组织问责：概念、体系及其限度 [J]. 中国行政管理，2011（4）：45 – 49.

③ 沁洁，王建平. 行业协会的组织自主性研究：以广东省级行业协会为例 [J]. 社会，2010，30（5）：75 – 95.

自我行动的能力。

三是自觉性。自觉性是主体性实现的本质要求和保障。自觉性是指社会工作机构有意识、有目的、按规律进行的实践，包括社会工作机构对客体规律性的自觉和对自身内在目的性的自觉。本质上，社会工作机构自觉性与其主体地位的确立和提升有着极为密切的关系。从社会工作机构的发展实践来看，社会工作机构的自觉性主要体现在其主体作用的发挥上，主体身份的确立过程实际上就是其主体功能不断发挥的过程。归纳起来，社会工作机构的自觉性包括身份的自觉、使命的自觉和理性的自觉。身份的自觉是指社会工作机构对自身的治理主体地位和自我身份有清晰的认知。社会工作机构认同自己的治理主体身份，积极主动地参与社区治理，发挥组织作用，同时注重与政府和市场保持一定的"距离"，避免成为政府和市场的"附属"。使命的自觉是指社会工作机构将其价值追求置于机构运作和发展的机理中。相较于政府、企业等其他组织，社会工作机构的首要特点就是其动力和运行主要是建立在价值承诺的基础上的，可以说，价值观是一个组织产生与发展的根本驱动力。使命自觉要求社会工作机构将服务对象需求的满足、服务质量的提升、社会的公平正义作为目标和行动指南。理性的自觉强调社会工作机构对目的和规律的理性认知以及对机构行为的预知，包括对机构价值理性和工具理性行动的自觉、专业的自觉。

四是能动性。能动性是主体性的外在表现和重要标志。在这里，有必要对自觉性和能动性进行区分。自觉性和能动性具有同一性。自觉性是内含于主体的一种能力，这种能力使主体的活动具有目的性、计划性并在实践过程中形成和发展；能动性是这种能力向外对客体的作用。或者说，自觉性是能动性的基础，能动性是自觉性的发挥。社会工作机构参与社区治理的能动性，是指机构自觉主动地参与社区治理，并通过自身能力提升、组织行为调整和方式方法创新，满足社区治理需求。创造性是能动性的最高形式，是衡量主体性实现与否的重要标志。社会工作机构参与社区治理的创造性，强调机构在参与社区治理中所展现的创新精神和创造性能力，不断地开发和实现自身的社会价值和自我价值①。社会工作机构参与社区治理的能动性与创造性，归根结底是机构参与意愿和参与能力的集中体现，其中参与能力的价值尤为突出。正如吉登斯（Anthony Giddens）所言，"能动作用不仅仅指人们做某事时所具有的意图，而且首先指做这些事情的能力"②。

社会工作机构主体性缺失是对机构在社区治理中主体性问题和主体性发展困境的基本判定，其判定的标准主要基于社会工作机构参与社区治理过程中目的性、自主性、自觉性和能动性的表现和状态。本研究将社区治理中社会工作机构的目的性迷失、自主性缺失、自觉性缺乏与能动性式微的状态，判定为社会工作机构参与社区治理的主体性缺失。"主体性缺失"强调的是社会工作机构在对象化实践和同其他主体的交往中遭遇的主体地位、目标价值和组织功能发挥的危机，这不仅指社会工作机构主体意识和能动性不足、机构独立身份和自主性行动缺失，也指社会工作机构在实践中以自身利益最大化为导向的策略化运作，导致机构参与社区治理的目标偏移和功能异化。可以说，社会工作机构的主体性缺失实质反映的是社会工作机构在社区治理中的价值偏移与目标错位、专业脱嵌与能力不足、多元主体交互困境与主体失位等深层次问题。

二、主体性嵌入

基于社会工作机构嵌入性发展事实，在吸收马克思主义主体性理论核心要义及前人研究的基础上，本研究创新性地提出了"主体性嵌入"这一概念。"主体性嵌入"概念的提出主要基于两方面的考量：一是社会工作机构嵌入式发展成为既定事实，但是又需要摆脱当下因体制反嵌而导致的社会工作机构的行政化、专业性弱化和主体性缺失发展困境，寻找社会工作机构嵌入式发展的正确方向和路径；二是回到社会工作机构本身，反思

---

① 陈义平. 社会组织参与社会治理的主体性发展困境及其解构［J］. 学术界，2017（2）：65－74＋322.

② 安东尼·吉登斯. 社会的构成：结构化理论纲要［M］. 李康，李猛，译. 北京：中国人民大学出版社，2016.

社区治理中社会工作机构主体性的"应然"和"实然"状态，尝试通过主体性建构，充分发挥社会工作机构在社区治理中的作用，实现社会工作机构的有效嵌入和可持续发展。

要理解"主体性嵌入"这一核心概念，首先要正确认识主体性的内在向度和形成机理；其次要理解嵌入的本质意蕴；最后要正确把握"主体性嵌入"的基本内涵。

（一）主体性的内在向度与形成机理

根据马克思主义主体性理论的价值、实践和关系三个维度，理解社区治理中社会工作机构主体性的内在向度——价值向度、能力向度和交往向度。

一是价值向度。价值是主体性的核心内涵，是主体性最不可消解的维度①。从价值向度看，社会工作机构的主体性表现为其参与实践的目的性。目的性是社会工作机构主体性的内在依据。社会工作机构的目的性建立在机构使命和价值追求的基础上。社会工作机构的使命和价值追求体现在其"公益性"和"社会性"两个方面。"公益性"强调社会工作机构区别于市场组织，社会工作机构以利他主义价值观为指导，以公益为目标，向不特定的多数人无偿或者以优惠条件提供专业服务，从而使服务对象和社会公众获益。"社会性"强调社会工作机构"是社会"的社会主体身份和"为社会"的行动目标。首先，社会工作机构是社会的主体之一，它代表社会公众的利益，是基层社会治理的重要参与主体。其次，社会工作机构坚持"助人自助"的服务理念，无差别地服务社会公众，更为重要的是它作为一种"社会保护机制"②，积极关注和服务不同群体，推动相关政策制度的变革，为其生存和发展提供更好的政策环境，推动社会公平正义。可以说，"社会性"是社会工作机构的本质属性，"社会性"决定了社会工作机构的"公益性"，即为他人、为他群和为社会。

二是能力向度。能力是个人主体性有效发挥和主体价值实现的基础。

---

① 贺来. "主体性"的当代哲学视域 [M]. 北京：北京师范大学出版社，2013.
② 陈立周. "找回社会"：中国社会工作转型的关键议题 [J]. 领导科学，2017（24）：21.

从能力向度看，社会工作机构主体性是机构在参与实践活动中体现出来的自觉性和能动性。社会工作机构参与社区治理主要体现的是一种专业能力，包括专业理念、专业知识、专业方法和技巧等。具体而言，体现为社会工作在专业实践中秉持"助人自助"服务理念，为服务对象提供专业服务的能力、链接政府和社会资源的能力、提升居民参与公共事务意识的能力、促进多元关系的建立与协调联动的能力、在社区服务和治理中进行专业实践反思的能力。可以说，社会工作机构只有具备了专业主体的本质能力才能进行对象化实践，主体的价值才能得到彰显。

　　三是交往向度。主体性的交往向度，主要是指实践活动中主体与主体之间的交互，即主体间性。不同于支配性的主体与客体之间的关系，主体与主体之间是平等的交往关系。可以说，平等是主体间关系的基本原则。从交往向度看，社会工作机构的主体性表现为机构在与其他主体互动中的独立自主性。社会工作机构的独立自主性是指社会工作机构在外部关系互动中处于主体地位，并按照自己的力量、需要和方式掌握外部力量，保证机构的生存和发展，自主地支配自己的命运，即社会工作机构作为主体必须能够进行自我决策和自主行动。但是，社会工作机构的独立自主性，不能简单地理解为可以脱离一切事物与关系而独立存在，而是强调机构不被外在力量支配和统驭、沦为外部力量的手段和工具，相反，机构的选择权和决断权在自身。可以说，独立自主性是社会工作机构成为主体的首要前提。总结起来，社会工作机构的主体间性包括三层含义：一是机构作为独立的实践主体，取得独立的法人地位，不被政府和市场控制，具备独立自主权；二是机构处在一个开放的主体间关系中，与政府、市场和社会友好相处，相互承认和尊重对方的主体权利和责任；三是机构与政府、市场和社会基于沟通的目标和行动共识，通过法律和契约等形式，进行合作，实现多赢，即通过多元主体交互建构主体性。

　　同时，需要厘清三个向度的内在关系。社会工作机构主体性的价值、能力和交往三个向度是密切联系和相互作用的，它们统一于机构的实践活动中，协同促进社会工作机构主体性的不断成长（见图2.1）。

　　首先，社会工作机构主体性的价值向度直接关联着机构实践活动的目

的性层次，是主体性发挥作用的深层次动因。机构实践活动目的分为终极
目的和工具性目的，前者是机构主体性发挥的终极目的，后者是机构选择
的行为模式和实现终极目的的手段等。工具性目的多变且复杂，有时可能
与社会工作机构的本质和使命相悖。例如，社会工作机构通过市场化机
制，实现机构营利，并将之作为其主要目的。而社会工作机构的终极目的
不仅为了生存，更是具有价值诉求、价值理想和价值愿景——服务他人、
服务社会。如果社会工作机构主体性的价值向度存在问题，就会导致实践
行动的方向和结果发生偏移，进而造成社会工作机构丧失其主体性。

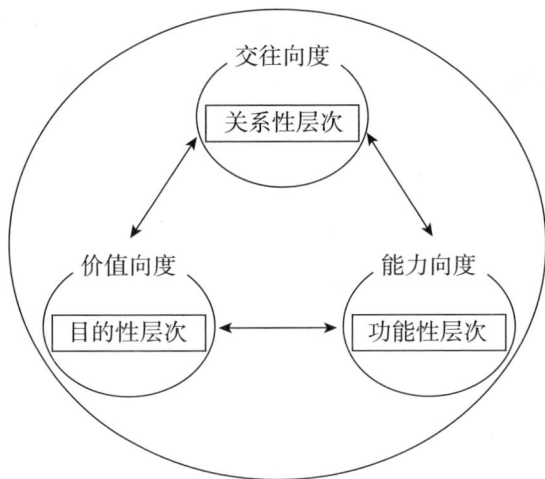

图 2.1　社会工作机构主体性的内在结构

　　其次，社会工作机构主体性的能力向度直接关联着机构实践活动的功
能性层次，是主体性发挥作用的内在基础。主体性是主体在实践中形成的
主观能动性与客观规律之间辩证关系的性质深度和广度的体现。它体现了
主体在内在力量的形成发展、外化曲折历程和最终目标实现过程中的创造
力作用。社会工作机构主体性的能力向度影响着其主体性功能发挥的效
度。社会工作机构的专业能力是其获得主体地位的重要"依据"和"凭
证"，因此，专业能力的欠缺会导致社会工作机构的合法性危机，进而危
及机构的主体地位。同时，价值向度与能力向度相互作用和影响，社会工
作机构的价值取向对其工作方法、技术和技巧选择有着十分重要的影响，

进而形塑着机构的专业实践能力，而专业实践能力又直接影响机构主体价值的实现程度。

最后，社会工作机构主体性的交往向度直接关系到机构实践活动的关系性层次，是主体性形成与发挥作用的机理和源泉。主体性的基础是主体在交往实践中形成的相互作用的辩证关系。它体现了这种关系的深度和广度，从而表征着主体在这种关系中的地位和作用。一般而言，社会工作机构价值和能力向度影响着其交往向度，具体体现在社会工作机构的使命和价值追求导致其在与政府和市场主体互动中会采取不同的行动逻辑，机构的专业能力影响着其他主体对本机构的承认和认同。但是，不可忽视的是，交往向度也影响着机构的价值和能力向度。例如，社会工作机构可能会成为他者（如政府）实现目的的手段，反之，社会工作机构如将他者（服务对象）视为手段，也会影响社会工作机构实践活动的能动性和目的性。

社会工作机构主体性的三个向度反映了社会工作机构的主体性不是一个实体范畴，而是一个关系范畴、功能范畴和价值范畴。价值、能力和交往三个向度之间是相关联的，彼此影响、相互作用。三个向度的结合，反映了社会工作机构主体性产生机理和实质依据。

（二）嵌入的本质意蕴与基础条件

嵌入性理论始用于市场（经济）与社会的关系分析。将波兰尼和格兰诺维特的嵌入观进行比较分析，可以发现，他们在市场（经济）与社会关系问题上的学术取向是不同的。前者系市场（经济）的"实体嵌入"，未给隔离于社会的自主性市场留下任何可能性；后者系市场（经济）的"形式嵌入"，在一定程度上给市场保留了社会无法进入、依自身逻辑运作的空间①。也即是说，波兰尼从本体论意义上使用嵌入，他将市场（经济）嵌入社会看作终极目标和价值，嵌入在某种程度上是一种回归。格兰诺维特则将市场（经济）嵌入社会看作一种策略，是市场（经济）在保持自身

---

① 符平．"嵌入性"：两种取向及其分歧［J］．社会学研究，2009，24（5）：141－164＋245．

内核和运作逻辑基础上的自主行动。在此基础上，有学者开始反思中国社会工作的嵌入式发展。我国的社会工作因面临强大的体制与结构性压力，而采取了体制嵌入这一行动策略，以获得实践权和生存权。然而，社会工作的体制嵌入面临实践困境，要想改变当下困境、促进社会工作的根本性发展，嵌入观就应超出目前对技术层面的关注，转向社会工作本身的内核和价值维度上，即社会性嵌入①。

如前所述，笔者认为，目前中国社会工作的嵌入式发展是一种基于现实逻辑的行动策略。作为舶来品，社会工作进入中国必然面临本土文化与实践情境适应的问题，即如何实现本土化与土生化。同理，作为外来者，社会工作机构参与社区治理同样选择嵌入这一现实策略。那么社会工作机构到底是嵌入体制还是嵌入社会呢？笔者认为，社会工作机构既需要嵌入体制又需要嵌入社会。首先，我国的历史文化和结构性张力决定了社会工作机构必须嵌入体制，以获得生存权和实践权。在现实境况下，社会工作机构只有嵌入国家和政府体制才能获得发展空间。也就是说，体制嵌入是必然的，绕开或脱离体制是"伪命题"。然而，体制嵌入需要思考的是社会工作机构如何嵌入和进行何种程度的嵌入，以不至于被"反向嵌入"，造成专业的脱嵌和机构主体性的缺失。其次，社会性嵌入是社会工作机构嵌入式发展的目标取向。如同波兰尼强调市场（经济）的社会属性决定了市场（经济）必然嵌入社会一样，社会工作机构的社会属性也决定了其将嵌入社会视为终极目的。然而，社会性嵌入需要进一步思考"社会"意蕴及嵌入方式。其实，无论是嵌入体制还是嵌入社会，都需要思考社会工作机构需要具备何种价值理念、组织优势和能力，才能实现有效嵌入。最后，避免嵌入性研究陷入结构主义限定，即单一强调关系网络的结构性对行动者的规则和形塑，就会忽视不同关系纽带中的社会内容，也会忽视行动者的能动性和策略性选择②，从而进行静态化分析。在社区治理实践场

① 徐选国，孙洁开，田雪珍. 社会工作的核心属性之争及其路径调适［J］. 学习与实践，2020（11）：113 – 122.

② 魏海涛. 从嵌入性到关系运作：经济社会学研究的两重取向［J］. 广东社会科学，2022（5）：213 – 223.

域，要重视社会工作机构与其他治理主体（政府、企业、居民等）的嵌入性关系和主体交互，多元主体间的互动和关系网络建构情况将直接影响社会工作机构的嵌入效果。

因此，对社会工作机构的嵌入性进行分析，还需要进一步深化。笔者基于国内外学者的研究和社会工作机构的本土实践，尝试提出"主体性嵌入"这一概念，以期深化嵌入性理论研究，并为社会工作（机构）参与基层社会治理实践提供些许助益。

（三）"主体性嵌入"的概念内涵

关于嵌入与主体性，王思斌认为，嵌入具有主体性意蕴与特征，这种主体性体现为社会工作主体（社会工作者和社会工作机构）的积极行动，包括与相关部门建立良好关系；参与基层的社会工作实践；强化自身建设，增强社会工作师生参与社会服务的能力等①。可以看出，王思斌对社会工作主体性的解读，停留在社会工作主体行动层面，强调的是社会工作主体积极自主的意识和行动。王思斌并未对社会工作主体性意蕴进行系统性和全面的解读。更多的学者将社会工作机构的主体性等同于自主性，强调社会工作机构在与其他主体尤其是与政府互动中的决策和行动的自主能力。总之，对社会工作（机构）主体性研究有待深化。在全面系统理解主体性意蕴的基础上，笔者提出了"主体性嵌入"这一概念。

"主体性嵌入"强调社会工作机构在参与社区治理的过程中，主要要将价值、能力和交往作为其核心维度和要素进行重点培育和发展，实现（社会性）价值嵌入、专业嵌入和网络嵌入（见图2.2）。

一是（社会性）价值嵌入。作为社会组织的新类型和专业社会工作人才的载体，社会工作机构具有强烈的使命感和价值追求。在社区治理实践中，以社会性为价值目标的社会工作机构将自身与政府、市场主体进行区分，凸显了自身相较于其他治理主体的独特性和价值。同时，坚守社会性价值追求，才能保障社会工作机构在社区治理中主体功能和价值的实现。因此，机构的使命和价值追求是社会工作机构嵌入的目的和前提。

---

① 王思斌. 中国社会工作的嵌入性发展 [J]. 社会科学战线，2011（2）：206 – 222.

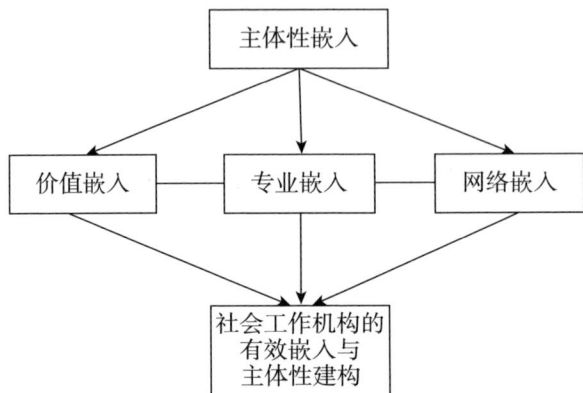

图 2.2　社会工作机构主体性嵌入的维度

二是专业嵌入。专业优势是社会工作和社会工作机构获得国家认可和社区治理主体地位的重要"凭据"，而专业能力不显、功能不彰将使社会工作机构参与主体的合法性和正当性受到威胁。可以说，专业能力是社会工作机构实现有效嵌入的基础和优势。提升社会工作机构的专业能力、增强其专业主体性，需要根据社会工作机构的社会属性、价值使命和社区治理现实，明确社会工作机构参与社区治理的功能定位，明确社会工作机构专业实践能力提升的方向和内容。

三是网络嵌入。将多元主体的交互和关系网络的建构作为社会工作机构嵌入的重要内容和机制。其一，承认社区治理场域的多元行动主体，社会工作机构在与基层政府、市场、社会与居民等多元主体的交互中维持和建构其主体性。其二，突破"主－客"嵌入视角，即将社会工作机构作为中心，片面强调其主体性的建构，而忽视嵌入对象的主体性建构。根据主体间性概念，主体与主体间的交往才能实现主体性的建构。也即是说，在社区治理场域，国家、市场、社会、居民在互动中实现主体性的"交互建构"即"主体性互构"。"主体性互构"意味着一方主体性的获得建立在另一方主体性发挥的基础之上，它不同于"主－客"关系——一方主体性的获得意味着另一方主体性的削弱。"主体性互构"认为，世界是人们通过实践活动与创造活动生成的主体间世界，并因交互主体的建构呈现出交互主体性①。社区治理场域是一个多元主体"共在"的生活世界，这为国家主体性、市场主体性、社会主体性的交互建构提供了实践场域。社会工作机构网络嵌入的关键在于实现网络成员关系的建立、维系和网络结构的稳定，多元主体在高质量互动和沟通中产生信任、合作规范等重要资源和社会资本，进而推动社会工作机构价值、专业的有效嵌入与主体性的建构。

综上，社会工作机构主体性的建构需要从价值、能力、交往三个维度同时着力。如果说价值和能力维度专注于社会工作机构的"内在"，即社会工作机构价值目标和功能的实现，那么交往维度则专注于机构的"外部"，社会工作机构的价值重构和专业能力的重塑，不能脱离其外部环境和条件的支持，具体而言，多元主体关系网络的建构与沟通互动状况深刻影响到社会工作机构主体性的生成和发展。总之，价值、能力与交往三个维度相互作用、相互影响，共同推动社会工作机构有效、深层次嵌入社区。

第三节　主体性嵌入：一个新的分析框架

前文笔者对"主体性嵌入"内涵进行了深入阐释，本节将进一步明确"主体性嵌入"的核心假设和条件预设，以建构起"主体性嵌入"的理论分析框架。

一、核心假设——"行动者"假设

"行动者"假设是"主体性嵌入"的核心假设，具有四层内涵。一是行动主体的目的性。目的性强调行动者的理性特质，无论在生产实践还是社会交往中，行动者根据理论知识的掌握、科学技术的运用和实践经验的总结，通过问题解决路径和方法策略，实现自身利益和价值的最大化。行

---

① 张文静. 农村社区建设进程中农民主体性缺失与建构研究［D］. 武汉：华中师范大学，2013.

动者的目的分为终极目的和工具目的，前者以实现行动者价值诉求为目的，后者以保证行动者生存和利益最大化为目的，后者是前者的手段，前者才是行动者的终极追求。由此，行动者在实践中表现出了工具理性和价值理性两种行动类型，理想状态下，二者在实践中是内在统一的。社会工作机构参与社区治理具有明确目的，即在社区治理中实现专业价值、彰显机构使命担当和实现机构可持续发展。二是行动主体的独立自主性。行动主体的独立自主性体现的是行动主体按照自己意愿行事的动机、能力特征，强调的是行动主体能够根据自身目标进行自我决策和自我行动。独立自主性集中展现了行动主体的地位、权利和实现自我意志、自我目标的能力。在社区治理中，社会工作机构的独立自主性表现为在处理机构内部事务和外部关系时进行自我决策和自我行动，而不受他人或他群的干涉和控制。萨拉蒙所概括的非营利部门的"民间性"和"自治性"特征，在一定程度上体现了非营利组织的独立自主性。三是行动主体的能动性。行动主体能够在面对外部刺激时进行积极的、自觉的、有选择的反应。社会工作机构在社区治理的参与中，通过思维与实践的结合，主动地、有选择地、有计划地采取创新性策略，能够在网络互动中通过影响其他行动者，最终实现行动目的。四是行动主体间的互动性。互动性强调行动主体之间是相互影响和形塑的。具体而言，交往双方乃至多方之间的互动形成了一种关系情境，其中任何一方采取的行动策略都会影响到另一行动主体，抑或说，任何一个行动主体采取策略时都会受到其他行动主体的影响。行动者之间的相互依赖与相互需要，推动着行动主体在社会互动中不断调整自身的角色和功能，从而实现行动者的价值和目的①。社会工作机构在社区治理中要实现其专业价值、组织功能和可持续发展目标，是需要政府、市场、居民以及其他社会组织的认可、承认和支持的，这就意味着社会工作机构嵌入社区治理要注重多元主体关系联结和网络建构，以此实现机构行动目标和机构价值。

"行动者"假设建立在于对行动者"理性行动"和"结构－行动"分析

---

① 张文静. 农村社区建设进程中农民主体性缺失与建构研究［D］. 武汉：华中师范大学，2013.

框架核心要义的吸纳上。一是"行动者"假设吸纳了"理性人"和理性行动理论核心要素。"理性"贯穿在行动者社会行动的始终。韦伯建构了工具理性和价值理性两种理想社会行动类型①。工具理性强调行动者为功利性动机所驱使，追逐自我利益的最大化，而忽视价值信仰。价值理性则强调行动者为了纯粹的价值信仰，而不计较行动结果和个人得失。简言之，价值理性以目的设定为首要原则，而工具理性则是把手段的选择置于首位②。不过，工具理性与价值理性并非截然对立或分离的，它们在主体的社会实践中可以实现统一。价值理性关心行动的价值诉求和实质内容，从"应是"层面回答既定目标"是否应该"及"为何应该"的问题。工具理性偏重手段，注重实践程式和操作技术，从"实是"层面解决既定目标"是否可能"及"如何可能"的问题③。可以说，工具理性基于现实选择，即采取何种策略以最大化实现目的，价值理性则为工具理性提供精神动力，为主体性行动指明方向。然而，在实践中，工具理性与价值理性并不总是内在统一的，可能会出现工具理性强化而价值理性弱化乃至缺失的情况，行动者任由追求功利的动机驱使，将手段的最优化作为最高要求，时刻计算行动的成本和收益，而不顾行动的价值意义。在社区治理实践中，社会工作机构价值理性受到关注，要求行动遵循社会理性逻辑，这种逻辑不同于市场主体的营利逻辑和政府主体的行政逻辑，强调以实现社会利益最大化为行动目标。社会工作机构在参与社区治理过程中，存在价值理性缺失和异化风险。一方面缘于部分社会工作机构本身动机不纯，抑或机构定位不清和目标模糊；另一方面则是社会工作机构在交往实践中的"主－客"互动模式以及在此互动模式下招致的工具理性侵蚀，"主－客"的人际互动理性单一化为工具理性。在社区治理中，拥有资源的政府或强势的市场一方，将社会工作机构看作实现自我利益的工具和手段，而非平等交往的合作伙伴。在此交往模式下，弱势的社会工作机构丧失话语权，被动或主动地被吸纳和同化，以强势主

---

①　马克斯·韦伯. 经济与社会（上卷）[M]. 北京：商务印书馆，1997.

②　王彩云，郑超. 价值理性和工具理性及其方法论意义：基于马克斯·韦伯的理性二分法 [J]. 济南大学学报（社会科学版），2014，24（2）：48-53.

③　同②.

体的行动目标替换机构的价值目标，以强势主体行动逻辑替代机构自我行动逻辑，沦为强势主体的附庸或工具。

二是"行动者"假设吸收了"结构－行动"分析框架要义。社会学视角下，行动与结构是相互建构的关系，行动者在受制于结构的同时，也能发挥能动性和自主性，影响和形塑着结构。吉登斯认为，结构并非空洞和僵化的存在，它应被理解为规则和资源内在于实践的统一，结构化的过程就是规则和资源在实践中不断创造和被创造的过程，在这一过程中，行动者运用自己的知识、采取适当的行动以及进行反思性学习，进行规则的测试、确认、建构以及资源的再生产，在实现自身目标的同时也产出结构。总结起来，结构具有"二重性"，即结构是行动进行的前提和基础条件，制约和形塑着行动者，同时，结构并非外在于行动，而是在行动实践中进行生产与再生产。也就是说，一方面，结构制约和形塑着行动者；另一方面，行动者并非结构的"奴隶"，而是在生产实践和社会交往中既维持也改变着结构。

一方面，社会工作机构行动策略及其主体性建构，受社会结构的影响和制约。这里的社会结构可分为宏观和微观两个层面。宏观社会结构关注国家与社会关系"大变迁"这一背景。国家对社会进行"松绑"，选择从部分公共领域"退出"，将权利和资源让渡于社会主体，与此同时，为了进一步激发社会活力，国家不断完善社会组织制度环境，并加大对社会组织的扶持力度。因此，社会工作机构获得了发展空间，机构"自主性"开始显现。微观社会结构主要聚焦社区治理场域，关注由多元主体构成的社区治理主体结构和多元主体行动逻辑对社会工作机构的制约和形塑。社区是多元行动主体互动的场域，置身于其中的社会工作机构乃至政府、市场和其他主体采取的任何行动都将受到关系结构的影响①。

另一方面，社区治理场域中行动者之间的互动会带来关系网络和结构的变化，进而重塑社区治理结构。社区治理是政府、市场、社会"共在"的关系场域。理想状态下，政府、市场、社会多元主体交互形成一个"互

---

① 张文静．农村社区建设进程中农民主体性缺失与建构研究［D］．武汉：华中师范大学，2013.

构域"。互构域是指多元治理主体围绕社区治理目标，进行理念和行动的碰撞、交互，通过主体间的相互调适、修正和改造，促使主体间发生共变与谐变，形成共生空间和社会关系网络。互构域形成于社区治理中多元"主体间性关系"和主体间理性的交往。"主体间性关系"不同于"主-客"互动模式下的人际互动的工具理性，即一方尤其是强势的一方将另一方视为自身目的实现的手段和工具，它强调自我主体与对象主体的共在性、平等性和交流关系，提倡交往行为，以建立互相理解、沟通的交往理性。社区治理中，政府、市场、社会等主体，将彼此视为平等交往的合作伙伴，在平等沟通、民主协商中达成利益和价值共识，形成治理共同体，进而优化社区治理结构，提升社区治理效能。"互构域"形成和建构的关键在于社区治理中多元主体能实现价值理性与工具理性的统合和协调，既能达成行动共识，又能进行分工协作，进而建构最优主体结构，实现各主体功能的最大化。

二、条件预设——"主体性嵌入"的基础前提

社会工作机构"主体性嵌入"的前提预设，即在什么条件下社会工作机构能够实现"主体性嵌入"。作为社区场域的"外生物"，社会工作机构嵌入社区治理首先面临着机构价值理念与社区治理目标是否一致的问题，其次面临着社会工作机构功能定位及能力与治理需求适配度的问题，最后面临的是社会工作机构是否能获得其他治理主体的接纳和信任的问题，多元主体在平等、自主的交往互动中进行价值性、结构性和关系性互嵌。

（一）机构价值追求与社区治理目标的契合性

社会工作机构价值追求和行动目标是否与社区治理目标具有一致性，成为机构能否成功嵌入社区治理的首要前提。我国社会工作的发展是通过自上而下的政策推动而非自下而上的民间发育生长的。为了进一步推动社会工作专业实践，国家出台了相关政策鼓励和支持社会工作机构的发展。在政策的支持下，社会工作机构逐渐成长起来。然而，也出现了部分机构的价值目标和价值追求模糊的现象。具体表现为：有的社会工作机构由政府发起建立，带有强烈的行政色彩，将自身定位为政府部门，立足于政府

价值定位和目标追求；有的社会工作机构的发起人和创办者基于政府购买服务的项目红利而成立机构，他们对社会工作机构的价值理念不甚理解，也漠不关心，只是觉得政府项目是赚钱或与政府人员建立关系的机会。社会工作机构要想嵌入社区治理，就必须明确价值理念，且价值理念必须与社区治理目标契合，否则，社会工作机构将难以扎根社区。回归"社会性"，坚持"社区为本"是社会工作机构参与社区治理应秉持和坚守的价值理念，即服务社区居民，促进社区关系改善，增强社区归属感与社区公共性，推动居民社区参与，促进社区发展。

（二）机构的"专业供给"与社区治理需求的匹配性

社会工作机构的专业服务供给与社区治理需求相匹配，是社会工作嵌入社区治理的重要前提。社会工作机构专业服务供给建立在对机构精准的功能定位和具备专业实践能力的基础之上。虽然社会本质属性决定了社会工作机构"为社会工作"的价值取向和功能范畴，不过社会工作机构在社区治理中的功能定位必须考量当前我国社区治理的现实需求，如此，才能真正实现社会工作机构的价值和可持续参与。否则，社会工作机构嵌入社区治理仅为"一厢情愿""剃头担子一头热"。当前我国社区治理面临何种需求呢？进入新时代，美好生活需要的满足成为社区治理的核心元素和重要议题。因此，推进美好生活建设、不断满足人民对美好生活的期待，成为社会工作机构新的价值使命和功能定位的"航标"。如何推进美好生活建设？提供高质量公共服务是满足人民美好生活需要的必然要求。社会工作机构能够充分发挥专业优势，提供精细化、精准化、个性化服务，满足人们对美好生活的期待。此外，社会工作机构要解决社区关系原子化、个体化带来的社区治理难题，进行社区关系修复，推进社区治理共同体建构。伴随传统社区向现代社区转型步伐的加快，我国社会关系呈现出离散化、疏远化、原子化和个体化状态，这种状态已经成为社区治理的重要阻碍。社区共同体意识逐渐淡薄、社区公共性式微，人们对社区公共事务异常冷漠，造成多元主体参与缺位。总之，根据社区治理需求，需要发挥社会工作参与社区治理的功能。

在功能定位明晰的基础上，社会工作机构的"专业供给"关键在于专业实践能力。为什么强调是"专业实践能力"？一方面，作为一种舶来品，社会工作专业理念、理论知识和方法技能都带有浓烈的西方色彩。社会工作要想在中国生根发芽，就面临着本土化的议题。然而，社会工作的本土化，既不是对西方社会工作的全面否定，也不是对中国本土经验的照单全收，而是在借鉴、吸收西方社会工作经验的基础上，进行调适和适应性的改变，建构适合本土情境的社会工作模式。在专业实践中，社会工作者要立足于社区文化、居民具体需求以及居民愿意接受的工作手法和方式开展服务。例如，西方的案例咨询在我国社区服务中难以开展，这缘于居民的"家丑不可外扬""面子"以及亲疏关系信任等传统文化和思想影响。同时，社会工作可以吸收社会服务中基层工作人员经验中合理的部分，形成专业社会工作与本体实践的相互建构。聚焦社区治理场域，社会工作机构的专业能力需要与社区治理现实需求相匹适，以解决现实问题为导向，持续完善和提升专业能力，否则，当社会工作机构专业性受到质疑和否定时，社会工作机构将面临实践合法性危机。

（三）基于交往理性的互动与治理网络建构

在社区治理场域，社会工作机构为"后进"和外来主体。一方面，社会工作机构作为外来者，社区和居民不甚了解其身份和作用，社会工作机构在进入社区前，缺乏社会基础；另一方面，正是由于社会基础薄弱，社会工作机构才需要政府支持，以获得进入社区的合法性和资源，而这又在一定程度上加深了对政府的依赖，与政府建立不对等关系。如此，社会工作机构要想嵌入社区治理，不仅需要凭借其价值理念和专业优势获得政府、企业、社区和居民的认同，更需要与多元主体建立基于交往理性而非工具理性的互动关系。交往理性突破了工具理性的桎梏，由主客关系走向主体间关系，进而实现了对工具理性的超越。交往理性强调主体间的交往是建立在平等对话的基础上的，因而无须强制就能彼此交往，并达成共识，避免了工具理性的单向度的强制[①]。交往理性是一种互为主体的理性，

---

① 张云龙. 从韦伯到哈贝马斯：论现代性批判视域中的哲学范式转换［J］. 社会科学家，2006（2）：13－16.

行动者借由其蕴藏于内在的结构规则，进行相互理解的理性沟通、彼此协调、认知与对话①。在社区治理实践中，治理主体间的交往，不是强势治理主体以自身目的和理性逻辑凌驾于其他弱势主体之上，企图征服和利用对方，而是在尊重其他主体的基础上，通过以言行事的商谈达成规则共识，通过多元的沟通互动重构同一性，保持社会一体化、有序化和合作化，进而重构治理的理性关系②。基于交往理论的多元主体互动，推动社区治理共同体的建立，并在这一过程中实现政府、市场、社会主体性的相互建构，即"主体性互构"。可以说，基于交往理性的互动与治理网络建构形成的"互构域"对社会工作机构的成功嵌入和主体性成长具有重要意义。

三、"主体性嵌入"视域下的社会工作机构主体性的建构路径

通过对"主体性嵌入"内涵、"行动者"假设和"主体性嵌入"条件预设的深入探讨，笔者进一步厘清了"主体性嵌入"理论分析框架（见图2.3）。接下来，本研究将以"主体性嵌入"为理论分析框架，分析社会工作机构主体性缺失的深层次原因，寻找社会工作机构主体性的建构路径。

首先，根据"主体性嵌入"的"行动者"假设，探讨社会工作机构主体性缺失的内在逻辑。"行动者"假设认为，任何一个行动主体，无论采取何种策略都会受到其所处社会结构的影响，因此要在社会结构中考察行动者的行动策略。因此，探讨社会工作机构主体性缺失和主体性发展困境，需要考察机构所处的社会结构和关系对其产生的影响。为此，本研究将微观和宏观相结合，从结构和关系维度出发，探讨社会工作机构主体性缺失的内在逻辑。从宏观社会结构来看，"国家与社会"关系的大调整，促进了社会工作机构的成长。不过，也需要看到的是，国家的工具性制度安排和社会基础薄弱对社会工作机构主体性发育造成了制度性和结构性约

---

① 黄瑞琪，陈闵翔．审议民主与法治国理想：哈伯马斯的民主观［M］//黄瑞琪主编．沟通、批判和实践：哈伯马斯八十论集．台北：允晨文化实业股份有限公司，2010.

② 高鸿钧．走向交往理性的政治哲学和法学理论（上）：哈贝马斯的民主法治思想及对中国的借鉴意义［J］．政法论坛，2008（5）：3-21.

束。在微观社区治理场域，多元主体间的互动构成一个关系场域。社会工作机构的进入，面临的是原有体制及相关主体的碰撞和交互，会产生一种结构性张力，促进或阻碍社会工作机构嵌入社区及主体性建构。

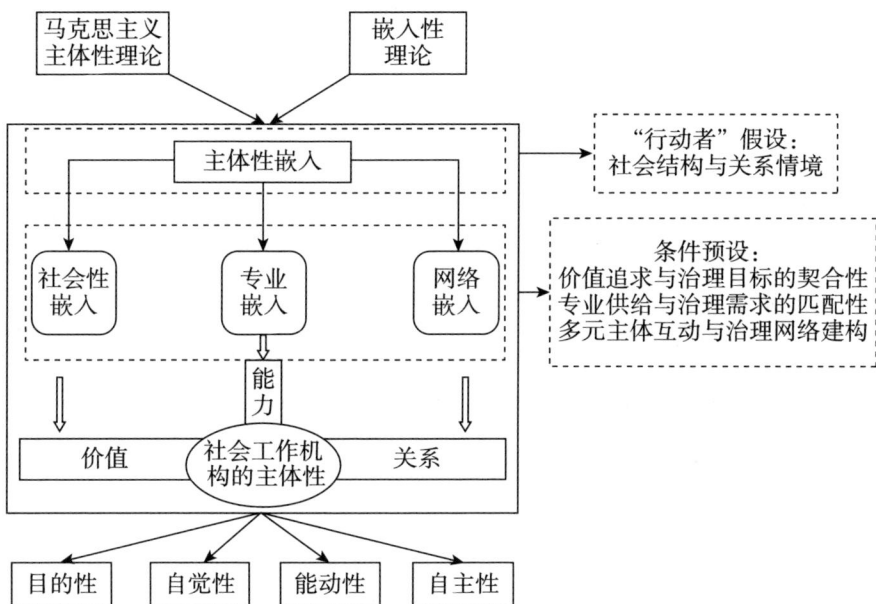

图 2.3　"主体性嵌入" 理论分析框架

其次，根据"主体性嵌入"的条件预设，提出社会工作机构主体性建构路径。正是尚未具备实现"主体性嵌入"的预设条件，社会工作机构才出现了主体性缺失的问题和发展困境。建构社会工作机构的主体性，需要满足"主体性嵌入"的预设条件——社会工作机构价值追求与社区治理目标的契合性、专业供给与社区治理需求的匹配性以及基于交往理性的主体互动与社区治理网络的建构。依据这一认识，笔者提出以社区为实践平台，立足社区治理现实情境和需求，基于主体性"价值－能力－交往"三维整合模型，遵循"社会为本、专业为用、关系为基"的嵌入逻辑，推动社会工作机构的价值嵌入、专业嵌入和网络嵌入。社会工作机构在"主体性嵌入"中实现由浅层无效嵌入向深层有效嵌入转变，社会工作机构在有效嵌入过程中建构其主体性。

第三章

主体性缺失：社会工作机构参与社区治理的现实困境

根据马克思主义主体性理论，社区治理中的社会工作机构主体性是指机构在社区治理实践与其他治理主体的交往中，所体现出的主体地位、能力、功能作用等，具体表现为机构在参与社区治理实践中表现出来的目的性、自主性、自觉性与能动性。笔者立足社会工作机构主体性"四大维度"——目的性、自主性、自觉性、能动性，对社会工作机构参与社区治理进行了实地走访、访谈及观察，以了解社会工作机构参与社区治理的主体性表现和状况。

第一节　参与目的性迷失

跟企业参与社区服务的目的肯定是不一样的，社会工作机构是不能营利的。(ZC1 - S - 05)

机构参与社区治理的目标是践行机构的使命价值，服务好社区和社区居民。(HX1 - S - 09)

社会工作机构的公益取向，就是机构参与社区治理和社区服务的独特价值，可以说是其"魅力"，这也正是政府和社会"特殊"待之的原因。(YGTS - H - 13)

社会工作机构参与社区治理有其价值取向和行动目的，具体来讲，社会工作机构参与社区治理的目的分为终极（价值）目的和工具性目的。终极目的是为实现机构的价值和使命，强调社会工作机构作为一种专业性与变革性的社会力量,在参与社区治理时坚守为他人、为社会的"公益性"和"社会性"价值追求,坚持"需求为本"。需求为本是社会工作机构在社区治理中区别于其他组织(主体)、彰显其独特身份和价值的重要标志。以社会工作机构与政府为例,相较于任务为本的行政部门的"以政治任务为中心""行政主导""资源主导",需求为本的社会工作机构坚持"以人为中心""服务对象需求主导""专业主导"①。需求为本的价值理念在社会工作机构参与社区治理过程中,体现为以居民需求为本和以社区需求为本,前者主要包括居民生活与发展需要,后者主要包括社区秩序和发展需要。居民需求为本的价值取向要求社会工作机构在提供专业服务时,将满足居民多元化的需求放在首要位置。同时,机构要坚持"助人自助"的专业价值理念,通过居民自决与赋权增能,充分挖掘居民潜力,形塑居民的主体性。社区需求为本要求社会工作机构秉持"社区本位"原则,整合社区资源、协调社区关系,预防和解决社区问题,促进社区和谐有序,并在此基础上,通过对社会资本和社区公共精神的培育,建设互惠性网络和共同行为规范,促进社区公平与可持续发展。工具性目的则可以保证机构生存和发展。社会工作机构追求工具性目的是必要和必需的,它是机构实现终极目的的手段和工具。然而,如果社会工作机构过度追逐工具性目的,则会"本末倒置",将导致机构面临危机。

一、让"资助方满意"与"随项目而动":终极目的的弱化

(一)让"资助方②满意"的行动指南

社会工作机构在社区治理中坚持需求为本原则,遵循居民和社区利益最大化行动逻辑。具体而言,社会工作机构要坚持以居民需求和社区需求为本,助力提升社区居民的生活品质,促进社区公平和可持续发展。为

---

① 彭华民.需要为本的中国本土社会工作模式研究[J].社会科学研究,2010(3):9-13.
② 注:"资助方"主要是指项目资助方(项目初始委托方)和项目管理方(项目中间委托方),由于受地域的限制,项目资助方(出资方,如民政厅/局)会将项目管理权赋予项目落地辖区职能部门(乡镇/街道政府),以更好地监督和跟进,一般而言,项目管理方拥有项目监督、成效评估、项目款拨付等权力。

此，社会工作机构需要在项目设计和项目执行中，紧紧围绕居民和社区的需求满足和相关问题的解决开展工作。在项目设计前，社会工作者要进入社区，观察和了解社区居民的生活环境，并通过与社区居委会、社区社会组织、居民的深入访谈以及必要的入户访视，了解居民、社区的真实需求和相关问题。在精准把握真实需求和问题的基础上，社会工作者设计项目服务方案，有效回应居民和社区发展需要，解决社区问题。在项目执行中，社会工作机构还会根据居民新需求的产生、社区新问题的出现，对项目内容进行必要的更改和调整。

当问到机构的社区治理和服务项目的设计、执行和管理遵循什么原则，项目落地是否遇到阻碍时，机构给出了如下回答。

理论上，社会工作机构在项目设计、执行、管理中拥有较大的主动性和自由。在项目设计时，社会工作者会进行调查，如展开问卷调查，了解居民需求，尤其是了解老年人、儿童、残疾人的需求，实地走访社区，观察和掌握社区环境等。然后是设计项目，制订服务方案，回应居民服务需求，解决社区问题。现实效果如何呢？恐怕要大打折扣。（追问：为何会打折扣？）机构在项目设计时会进行走访，但访谈对象发生了变化，此时机构关注的对象往往是项目的购买方政府，至于访谈的目的，了解政府项目购买的意图，他们的关注点，想要项目达到什么样的效果等。然后，机构针对政府需求和项目意图，进入社区进行相关资料的收集。比如我们现在开展的社会救助服务项目，就是前期在跟街道的对接中，了解到他们想要开展残疾人培训和就业服务，我们就进入社区收集残疾人的相关数据资料，然后设计项目服务方案。（追问：会担心服务方案不能有效回应其他救助群体吗？）当然会，但是机构项目要想获得街道的"青睐"，就需要把街道的需求放在首位，毕竟资助方最大。（HX - PM - 06）

不同于西方社会工作机构先进行项目设计，再寻找基金会和政府资助的模式，我国更多的是政府和基金会发布项目，机构申报项目。一般而言，机构很难申请到基金会项目，因为对专业要求比较高、资助的规模也小，大多数机构得不到基金会的资金支持，争取不到有限的资源。政府才

是我们主要甚至唯一的资助方。所以我们不敢"任性"，机构当然要想尽办法让他们满意啊。（XJ－H－09）

　　项目主管开会时，会一再强调我们要获得"甲方爸爸"①的认可，不是说百分之百让他们满意，至少要让他看到我们的态度。同事间也会吐槽甲方，吐槽的内容主要是甲方对社会工作一知半解，要么觉得社会工作完全无用，要么觉得社会工作是万能的，随意变更项目方案、服务内容！（CXWL－S－04）

　　由于对项目资助方资源的严重依赖，社会工作机构在项目设计和执行中"不敢任性"，将项目资助方和项目管理方的需求放在首位，让"资助方满意"。大多数社会工作机构有意弱化了项目申报前期的社区调研工作，把更多的精力放在与项目资助方及项目管理方的交流沟通上，收集和了解他们对项目的要求、对项目服务内容的侧重以及对项目成效的期待上。在此基础上，社会工作者进入社区，有针对性、选择性地收集相关资料，设计服务方案与内容。如此，社会工作机构实际上是以资助方需求替换了居民和社区需求。

　　为让项目服务供给和居民需求一致，部分社会工作机构会作出努力，向资助方提出更改项目服务方案。然而，当资助方"固执己见"、不肯作出项目内容调整和改变的时候，社会工作机构也只能进行妥协和让步。正如一位机构负责人所感叹的：

　　作为社会工作者，谁不怀抱美好的希望呢？服务困难群体、服务好社区居民，让他们满意，这是我们社会工作者的美好愿景和理想情怀。然而，现实是，要开展项目，就得从实际出发，不然就华而不实了。（追问："实际"具体指什么？）最大的实际就是资助方想要做什么。如果不做他们想做的事、不能让他们满意，机构连项目都拿不到，更不要说服务群众了。（HX－H－06）

---

　　①　注：这里的"甲方爸爸"主要是指项目资助方和项目管理方。

让"资助方满意"、获得持续承接项目的机会，对于社会工作机构而言，紧迫且首要。为此，他们往往将资助方的需求而非居民的需求放在首位。

（二）"随项目而动"的策略行动

社会工作机构参与社区治理是需要明确服务定位和发展规划的，如此，机构才能在社区治理和服务中最大限度地发挥自身优势、提升社区服务效能。同时，清晰的发展规划和精准的服务定位，有助于社会工作机构明确行动目标和发展方向，凝聚员工向心力，提升机构的社会认同度，进而聚合机构内部和外部力量，实现组织目的。

然而，在调研中，笔者发现，大多数社会工作机构"随项目而动"，有什么项目就开展什么服务，以 CY 社会工作服务中心为例：

我们抱着为学生提供专业实践平台、促进专业发展的初衷，创办了 CY 社会工作服务中心。基于专业背景和自身优势，提供医务社会工作服务成为我们机构的服务定位和发展方向。现有的社会工作机构真正开展医务社会工作服务的不多，加上我们自己有专业优势，机构朝这个方向发展，肯定会不错。如果我们在实务领域沉淀数年，说不定会成为医务社会工作领域的"明星"机构呢。然而，现实却事与愿违。学生在医院开展社会工作服务，医生和护士是认可和欢迎的，但对于推动服务项目购买，医院领导却是沉默的，总认为此事有"风险"，还觉得增加了他们的工作量。此外，在医院开展服务是需要经费的。刚开始，我们使用机构发起资金提供服务。可是，这样下去也不是办法。后来，经过考量和权衡，机构理事会决定参与社工站项目竞争，因为只有让机构先"活"下来，才能想办法回到医务社会工作领域。（CY - H - 04）

CY 社会工作服务中心由高校社会工作专业教师发起成立，基于医学院校的背景和医务社会工作的专业优势，机构最初专注于医务社会工作服务的提供。然而，机构在参与医务社会工作服务中面临经费困难。为了维持机构运作，CY 理事会不得不作出参与社会工作服务站项目竞争的决定，机构转而进入社区服务和社区治理领域。CY 机构的想法是"先'活'下来，再想办法回到医务社会工作领域"。然而，一年以后，笔者对 CY 进行再调研时，CY 创办人表示社会工作服务站项目因地方财政压力已无法提供资金支持，机构不得不考虑竞标司法局的司法社会工作服务项目，以获得项目经费维持机构运转，不然，机构刚培养起来的专职社会工作者就会流失。

我们的残疾人服务案例获得了市级奖励，在专业期刊上发表了学术论文，项目评估也获得了省级一等奖。刚积累了一些经验，输出一些成果，马上又要转换"战场"，在司法社会工作领域我们真的是零基础啊。没有办法，通过外出观察学习，我们也了解了其他机构的做法（司法社会工作服务）。我们也担心做不做得好的问题，毕竟相较于其他领域，司法社会工作对专业性要求更高。（CY - PM - 03）

从医务社会工作服务到社区综合服务，再到司法社会工作服务，服务领域和场域的不断转变，让项目负责人和社会工作者感到"措手不及"和压力巨大，可能会严重影响机构参与社区治理和服务的功效发挥。CY 社会工作服务中心不是个例，大多数社会工作机构存在"随项目而动"的情况，即根据项目承接机会"确定"机构服务领域、服务人群和服务内容。

社会工作服务包括青少年、儿童、老年、妇女、残疾人等人群，学校、社区、家庭、医院、企业、监狱等场域，教育、健康、文化、金融等服务领域和内容。服务领域和服务人群的广泛性，决定了社会工作机构需要明确自身的服务定位，即聚焦特定服务领域和服务人群，进行深耕细作和专业积累。这就要求社会工作机构根据自身的服务定位，有选择地承接项目，在项目执行中积累服务经验和组建成熟的工作团队。只有进行专业的积累和沉淀，社会工作机构才能具备更强更高的专业性，进而为居民提供精准精细和高质量的服务。然而，目前大多数社会工作机构与 CY 社会工作服务中心一样，陷入了"全域化"的服务陷阱。所谓"全域化"服务，是指社会工作机构对自身的服务领域、服务人群进行策略性的全面覆盖。社会工作机构采取"全域化"服务策略往往不是以更好地服务居民、服务社区为目的，而是为了拓宽项目申请范围，获得更多的项目承接机会。

上文所阐述的让"资助方满意"和"随项目而动"，集中体现了社会工作机构参与社区治理的终极目的的弱化。

二、"拿项目""创亮点"与控成本：工具目的的强化

工具或手段是实践的内在特质，是实践的属性因素。社会工作机构作为实践主体显然具有工具性特征，主要表现为：机构通过工具性生产，包括拓宽组织资源渠道获取更多资源，通过节约成本提升项目效益，通过低偿服务收费增加机构收益等，以满足机构生存和发展的需要。在社区治理中，社会工作机构的工具策略行动是必要和必需的，它是机构实现终极目的的中介。

（一）竭尽全力"找项目""拿项目"

资源是组织生存发展的基础。社会工作机构获取资源的渠道包括企业、政府和社会捐助，各类服务项目承接、服务收费等。然而，社会认同度低、社会基础薄弱的现实境遇，让社会工作机构难以获得来自社会的资金支持。因此，社会工作机构将承接政府服务项目作为资金来源的重要甚至唯一途径。当问到机构是否打算承接新的服务项目时，机构负责人给出了如下回答：

> 说实话，我更愿意做一名一线社会工作者，而不是机构负责人——压力太大了，最主要的压力就是争取项目。两年前机构就我和明月姐姐（机构另外一名社会工作者），我们做点基金会小项目，守护农村事实无人抚养儿童和困境儿童。去年机构开始承接社工站项目。为了项目，机构招聘了新人，现在机构人数增加到了9人，如果人数的增加意味着机构的发展，那成果是喜人的，但是机构面临巨大的养人压力。眼下有两个示范（社工站）项目面临结项，区民政局明确不会进行资金资助，我只能申请新的项目。（ZJ-H-05）

随着乡镇（街道）社工站的建设，民政部门购买社会工作服务的资金和项目数量不断增加。看起来，社会工作机构的"春天"来了，有机会争取更多的项目。然而，社会工作机构承接项目的难度不是降低了，而是提高了。因为越来越多的社会工作机构登记注册了，结果就是越来越多的机构来抢项目。你问我有没有承接新项目的打算？我的想法是尽量维持项目存量、拓展项目增量。（CXWL－H－08）

拿不拿得到项目，对机构来说，是生存大事，机构管理层都会为了"拿到项目"这个目标努力。（LQ－H－12）

访谈中，机构负责人大多表达了项目承接和竞争的压力，机构往往会想尽一切办法稳住项目存量，尽可能地拓展项目增量。然而，更多的项目数量，并不能同步地深度推动社会工作机构参与社区治理和提升社区治理的质效，相反，可能会带来项目的无序竞争和服务质量降低的风险。

政府购买公共服务的初衷是充分发挥市场机制，实现公共服务市场化供给，减轻政府公共服务供给压力，降低服务成本，提升服务质量。政府购买服务项目，强调公平竞争原则，公平竞争不仅有利于保障服务供给质量和降低成本，更有利于激发社会组织活力，促进其专业成长。在竞争中，那些拥有良好声誉、专业人才队伍、特色服务品牌的社会工作机构会脱颖而出，获得项目承接机会。然而，目前政府购买服务充分竞争的行业环境尚未建立起来。

有研究者发现，部分机构竟然不惜通过走关系、贿赂等违规操作获取项目，造成"无序竞争"①。在调研中，有机构反映存在部分社会工作机构"攀关系"拿项目的情况。

我们机构人数去年是730人，今年是430人，明年可能就只有300多人了。（追问：为什么机构员工数量缩减如此多？）因为项目数量大大减少了。机构现在拿项目越来越难了。（追问：为什么项目越来越少？）不像以

---

① 陈天祥，郑佳斯．把政府带回来：政府购买服务的新趋向［J］．理论探索，2019（6）：13－19．

前，项目发包方主要是各级民政部门，现在街道、社区都在购买社会工作服务。相较于民政部门购买项目看重机构实力和专业性，街道和社区更倾向于选择他们熟悉和信任的机构。而且，我们比较"清高"，不像其他机构会努力跟政府"攀关系"。（CH－PM－13）

由于社会工作专业人才紧缺，社会工作机构在获得新项目后难以同步招聘到社会工作者，专业人员的缺失会大大影响机构参与社区治理和服务的效果。以 SS 社会工作服务中心为例，机构现有员工 7 人，目前承接了 3 个街道（乡镇）社工站项目、1 个省级社区治理示范项目。因为机构难以招聘到合适的员工，机构的人力资源严重不足。然而，机构负责人明确表示机构的项目承接不会止步于此，现下正在全力竞争 2 个街道的社工站项目。

问：你觉得机构项目运作存在人员困难吗？

答：困难肯定有啊，有时候我感觉自己都快疯了。因为招不到合适的项目负责人，一线社会工作者大多不是专业出身，缺乏专业基础，所以我需要负责（管理）所有项目，我真的把自己逼成了"超人"，很累啊！

问：想过放慢脚步吗？比如暂时不承接新的项目。

答：不行，项目资源是有限的，抓不住机会的话，机构就没有发展前景了。你看其他社会工作机构哪个不是在努力承接项目？之前，盼星星盼月亮也得不到一个项目，现在社工站建设给了我们机会，怎么能错过？人不够，就等项目申请到了再招人，经验不够就慢慢培养嘛。（SS－H－07）

调研中，也有社会工作机构负责人对机构不断承接新的服务项目、被项目推着往前走的状态，表达了无奈及担忧。

前几年，政府没有什么项目，我们就申请基金会的项目，钱少，但没有那么大的工作量，机构也没有养人（员工）的压力。现在我们机构规模扩大了，员工多了，也就意味着机构需要更多的项目，现在我主要的任务是"跑项目"。但是我越来越迷茫，怀念最初的那份"美好"。（追问："美好"指什么？）守护好农村事实无人抚养儿童。现在感觉是被项目推着上、撵着走。说实话，我们已经很难保证每一个项目的服务质量了。这样下去是不行的。当然，也有可能是我多虑了，或许对机构的管理不能过于理想化和追求完美吧。（ZJ－H－05）

总之，多数社会工作机构负责人将承接更多的项目和壮大机构规模（资金和员工数量）作为组织的发展目标，他们并未从更长远的、实现机构价值使命的角度思考和规划机构的发展。而当社会工作机构将多"拿项目"和壮大机构规模作为发展目标时，这种"摊大饼"式的发展策略，造成的后果就是项目服务质量的降低。

（二）"盆景化"亮点服务

在项目成本和人力资源有限的情况下，为了项目获得更好的评估结果，社会工作机构往往会选择"集中力量办大事"，采取"盆景化"的服务策略，即将大部分甚至全部资金、人力和精力用于项目亮点和特色的打造上。

无论是"甲方爸爸"政府，还是第三方评估专家，都看重项目的特色和亮点服务。市民政局对全市示范社工站作出了要求，要"一站一品牌、站站有特色"，如果机构找不到、找不准特色，市民政局会邀请（市社会工作）指导中心的老师协助，帮助我们规划和梳理站点的服务亮点和特色。项目评审时，第三方评估会要求在评估报告中呈现项目特色。（SS－H－07）

无论是资助方还是第三方（指项目评估方）都强调项目的特色和亮点。（ZC－PM－01）

你想想，项目服务周期一般是一年，而机构光与社区和居民建立关系都需要一年哪。站点的特色和亮点服务是需要在完全掌握和了解社区的人、事和资源的基础上才能进行的。但是，特色服务的打造是获得项目评估高分的重要部分。能怎么办呢？机构只有不断弱化社区部分群体的服

务，仅完成项目任务书规定的指标，而将剩余精力集中在服务亮点的打造上。（RZ－H－03）

"亮点"往往成为获得项目评估高分的重要内容。因此大多数机构会选择对部分居民的真实需求视而不见，集中所有的财力、人力和精力在所谓"亮点"的打造上。怎么让人眼前一亮呢？物理空间的改造与可视化的场景营造，成为众多机构的选择。（XL－PM－10）

社会工作机构的"盆景化"服务具有较强的功利性，即获得项目评估方和项目资助方的认可。然而，服务"盆景化"却在一定程度上"伤害"了社会工作的专业化发展。一般而言，社会工作亮点和特色服务的打造在于其成功经验和服务模式的宣传和推广，然而，大部分"盆景化"服务策略却不具备这样的条件，难以进行服务的推广。同时，"盆景化"服务太过注重视觉的呈现和服务空间的营造，而这对服务对象和居民而言，实际价值并不大，相反，可能会因场景营造花销减少了在社区居民服务上的投入。

（三）严格控制项目成本

项目管理追求效益，以达到降低成本、提升服务质量的双重目的。社会工作机构在进行项目管理时同样需要计算服务成本和收益，以提升项目效益。不过，追求项目效益的前提是保障社会工作服务质量。

机构是拼了命地省钱，办公室纸张不允许浪费，要求双面使用；不到"极致"热的时候，不允许使用空调，因为电费需要从管理费中列支；办公室任何物品的购置，都要经过项目负责人、机构管理者的审核。（ZC1－S－05）

招聘时老板说，机构注重新人培养，会给新人更多的机会和专业成长空间；入职时老板说，会定期开展培训，带大家出去参访。结果呢，老板果真是擅长"画饼"的，项目结余才是最重要的。（HX－S－03）

访谈中，笔者发现，社会工作机构将项目效益尤其是经济效益作为项目管理的主要目的。为了降低项目成本，部分社会工作机构会尽力减少项目的行政花销，减少项目人力成本支出，如招聘低学历、非专业出身的兼职员工，在员工专业技能培训、外出参访学习上尽量少投入乃至完全不投入。在社区服务中，个案和小组工作方法较少运用，更倾向于以"活动"代替个性化的专业服务。一方面，一线社会工作者专业性弱，缺乏独立开展个案和小组工作的能力；另一方面，规模大、人数多的大型社区活动，更利于应付项目对服务人数、人次的指标考核，且更便于开展机构宣传，扩大机构影响力。

值得注意的是，社会工作机构疯狂"拿项目"以及严格控制项目成本在一定程度上也是"无奈之举"。一是目前社会工作机构承接的项目都是分段拨付项目资金的，一般按照项目立项、中期、结项期分比例（3∶3∶4、4∶4∶2、5∶3∶2、5∶2∶3）进行拨付。项目资助方采取分段拨付方式，其出发点是对项目进度和质量进行有效监管。然而，项目资助方延迟拨付项目经费太过常见，甚至项目结项后都未拨付经费也不少见，导致社会工作机构垫付资金开展项目。在调研中，笔者了解到几乎所有机构都有为项目垫付资金的经历，其中5位机构负责人谈到了自己贷款垫付项目资金的经历及巨大压力。控制成本开支和多"拿项目"进行资金调度，成为大多数社会工作机构维持组织运作的重要策略。二是政府对项目人员经费支出作出了明确的要求，一般要求人员经费支出占项目资金的60%～85%。剩下的15%～40%项目经费作为服务活动经费、志愿者补贴、行政管理、税费、财务咨询费（小型社会工作服务机构通常会进行财务外包）等。服务活动经费是社会工作机构可自由支配经费中的最大开支。在项目评估指标的导向下，服务活动尽可能多地覆盖服务对象，成为机构的"明智之选"。

可以说，社会工作机构在项目执行和管理中追求"效率优先"而非"效能至上"。效能强调组织价值和终极目标的实现程度，效能至上意味着社会工作机构坚持为服务对象提供最优质服务，实现服务对象利益最大化。效率是指以最少的投入换取最大的产出，效率优先体现在社会工作机构减少资源利用、降低服务成本、缩短服务周期、扩大服务人群等方面[①]。理想状态下，社会工作机构兼顾平衡效率和效能。然而，强大的生存压力，让社会工作机构的效能和效率目标产生了冲突。在此情形下，社会工作机构放弃"效能至上"，选择"效率优先"的行动原则，不愿意倾注更多的时间、精力和经济成本来满足服务对象多元和精细化需求、解决服务对象深层次问题，而是严格控制成本，将成本集中用在有助于项目评估量化的事项上。如前文所述，机构倾向于开展广覆盖、搏热度的社区活动，而不愿意开展高投入的个案服务，倾心打造所谓"亮点""特色"，而无暇关注居民的真实需求，开展"注水"和"缩水"服务。

总之，面对巨大的生存压力，社会工作机构强化了其工具性目的，丧失了自身的批判性和超越性。机构更多思考的是"如何做"而不再想"应该做"，强调"效率优先"而非"效能至上"。机构终极目的的弱化和工具性目的的强化，使社会工作机构参与社区治理的价值目标受到威胁，难以真正做到以需求为本、服务好居民和社区，甚至部分社会工作机构可能全然放弃专业价值理念，产生价值异化。例如，营利动机下的机构工具理性行动取向：社会工作机构动机不纯，抱有强烈的营利想法，放弃了对专业价值和伦理道德的坚守，在行动中具有强烈的工具理性取向，希望降低服务成本，实现项目收益的最大化。而一旦社会工作机构产生价值异化，就会全然消解机构参与社区治理的价值和意义，彻底失去参与社区治理的合法性和机会。

第二节　参与自主性缺失

为居民和社区提供专业服务是社会工作机构参与社区治理应承担的主要责任。但是服务居民和社区的前提是机构具备自主性，拥有行动的权利和条件，也就是说，机构拥有对自身活动进行自我控制和自我调节的能力。具体来说，在社区治理中，社会工作机构具备独立主体资格、主体权

---

① 李培林，王春光．当代中国社会工作总论［M］．北京：社会科学文献出版社，2014.

利和主体地位，能够自主决定服务内容、服务方式和服务领域。

萨拉蒙概括的非营利部门的"民间性"和"自治性"特征，体现的就是组织的"自主性"。国内学者在探讨社会组织的自主性时，对"独立性"和"自主性"两个概念进行了区分。在西方语境下，独立性和自主性具有内在的逻辑连贯性，独立性是自主性的前提与保障。然而，在中国语境下，社会组织的独立性和自主性的关系面临经验解释困境。陆依依认为，中国社会组织一方面在资源和制度上高度依赖国家，另一方面又体现出较高的组织运作自主性①。如此，中国社会组织出现了"低独立性高自主性"的现象。如何解读"强国家"背景下的社会自主行动空间？王诗宗、宋程成从结构和能动两大理论入手，深入辨析了独立性和自主性的概念内涵。他们认为，独立性是一个结构性概念，强调组织在生存、发展方面主要依靠自身资源；自主性是一个能动性概念，指的是组织可以按照自身的意愿行事②。由此，社会组织能够在缺乏独立性的前提下，实现组织运作的自主性，即"依附式自主"。在独立性和自主性二分的基础上，学者们进一步提出了社会组织"非独立的自主"③"嵌入式自主"④的特征。总之，当下中国社会组织呈现出来的独立性和自主性并非完全一致，而是受到了调节变量（如政府态度、组织策略等）的影响⑤。

然而，不得不承认，缺乏独立性的社会组织，其自主性呈现出"不稳定"和"工具性"特征，如当下高度依赖政府资源支持的社会组织，在失去政府资源时，又谈何自主性呢？同时，社会组织进行自主性生产时出现了工具主义导向，即为获得资源，在组织目标和价值追求上作出调整、妥

---

① LU Y Y. Non‐Governmental organizations in China：The rise of dependent autonomy ［M］. New York：Routledge，2009.

② 王诗宗，宋程成. 独立抑或自主：中国社会组织特征问题重思 ［J］. 中国社会科学，2013（5）：50－66＋205.

③ 何俊志，钟本章. 非独立的 NGO 何以自主？：以 L 县 C 组织为例 ［J］. 岭南学刊，2017（1）：115－122.

④ 宋丽娜，李伟. 嵌入性自主：社会工作发展路径的经验阐释：以党群社会工作的运作为例 ［J］. 国家治理与公共安全评论，2020（2）：187－225.

⑤ 王诗宗，宋程成，许鹿. 中国社会组织多重特征的机制性分析 ［J］. 中国社会科学，2014（12）：42－59＋206.

协乃至放弃，不断强化组织的工具主义发展逻辑。因此，可以认为，独立性是组织拥有真正自主性的重要前提。同时，在当前中国国家–社会关系框架下，对社会组织采用独立性与自主性分离的策略，势必会造成自主性与独立性成为一种此消彼长的关系①。因此，有必要对社会工作机构的独立性和自主性进行综合考察和分析。

一、过度外部依赖与政府的"脚"：组织独立性缺乏

社会工作机构的独立性强调的是机构与其他治理主体进行互动时所秉持的自由、独立和地位平等原则。它是机构在社区治理中主体身份和地位实际获得的彰显。在社区治理中，政社关系成为社会工作机构要处理的重要关系，这也是考察机构独立性的重要维度。理论上，社会工作机构由社会人士发起和创办，属于社会组织，独立存在于政府系统之外。在社区治理中，社会工作机构与政府部门合作的理想状态是双方职能明确、边界清晰、各自独立，建立一种平等合作关系，共同致力于社区公共事务的治理。

（一）组织合法性与资源高度依赖政府

社会工作机构参与社区治理建立在两大基础之上：一是机构参与社区治理合法性的获得，二是机构参与社区治理的资源支持。现实中，社会工作机构是否具备参与社区治理的基础条件呢？

前些年，社会工作进入社区开展服务很难啊！居民不了解什么是社会工作，也不愿意接受社会工作服务。我们进入社区时，居民总是用怀疑和警惕的眼光看我们。记得有一次，我们入户探访一名重度残疾的儿童，在向孩子家长耐心解释什么是社会工作和社会工作者后，孩子母亲仍是满脸狐疑，孩子父亲更是要轰走我们，说我们是骗子，让我们赶紧离开，不然他要报警。当时我们真有一种"秀才遇到兵，有理说不清"的无力感和挫

---

① 费迪，王诗宗.中国社会组织独立性与自主性的关系探究：基于浙江的经验［J］.中共浙江省委党校学报，2014，30（1）：18–26.

败感。有些居民虽然不会如此极端，但是会回避和委婉拒绝我们的服务。没有办法，我们只能采取"迂回战术"，联系当地民政部门，向民政部门说明来意，获得他们的认可和支持，并让当地民政工作人员带我们入户，这时我们才能敲开居民的门。（RZ-H-03）

单凭社会工作者和社会工作机构自身努力获得参与（社区治理和服务）的机会，那真的太难太难了。政府不重视，你就做不了，你说你有价值和意义，单纯依靠专业性开展宣传和推广，几乎是不可能的。逻辑上，首先是政府重视，然后你有专业技术，二者"合拍"，才能进行（服务和治理）。（AXTS-H-10）

在向居民介绍我们的身份和服务时，我们一定会给他们强调我们获得了民政、街道政府的支持。居民听到这里，就会认为我们是政府派来提供服务的，对我们的防备就会放下，就愿意接受我们的服务。（XL-S-07）

访谈中，社会工作者反映由于缺乏社会知晓度和认同度，社会工作机构难以凭借自身的力量进入社区开展服务，在此情况下，社会工作者只能向政府求助，依靠政府的合法性、官方性、权威性，获得居民的信任和认可。

组织合法性要求社会工作机构不仅要得到组织内部的承认，还要得到组织外部的支持。社会工作机构参与社区治理的合法性强调人们对机构参与主体地位的承认，对机构及其开展的活动给予支持和响应。然而，西方社会的社会工作机构成长于民间，具有社会和民间基础，能够获得民众的承认和支持，我国社会工作机构则缺乏这种社会基础，普通民众对社会工作和社会工作机构较为陌生，缺乏基本的了解和信任。因此，社会工作机构难以凭借自身力量获得充足且广泛的社区治理参与机会。在此情形下，社会工作机构严重依赖政府这一权威主体，由政府赋予他们参与社区治理和服务的实践权与合法性。正如其中一位被访者强调的"政府重视"的重要性，自上而下的权威体制，让中国政府具备推动社会改革的基础，政府拥有强大的行政权威和资源动员能力，并在民众心中拥有权威形象。由此，社会工作机构参与社区治理，首先要得到政府的承认和认可，以获得参与的合法性和实践权，然后凭借专业服务获取民众的认可和信任。

合法性是社会工作机构生存的必要前提，获得资源是社会工作机构实现可持续发展的重要保障。那么，机构是否拥有足够的资源参与社区治理呢？被访者给出了如下答案。

我们去年在社区开展的治理创新项目做得挺好的，结项评估也获得了优秀等次，但是今年街道财政吃紧，不打算继续购买项目。街道的意思是让机构自己整合社会资金，他们提供场地支持。但是我们机构是刚成立的小机构，专业性和机构影响力都不够，缺少社会资源整合实力。最终，机构只能退出社区服务。（HY-PM-09）

大家心里都清楚，项目资金全部来自政府，这对机构的长远、可持续发展不利。但就目前公益慈善氛围和社会基础而言，社会工作机构要拓宽资源渠道不太现实。还有一条市场化路径可以选择，但是这条路风险太大，一是公众能否接受，二是缺乏明确的政策支持，三是机构是否具备市场竞争的实力。（HX1-PM-12）

在西方，社会工作专业和社会工作机构获得了公众的认同，因此能够从社会公众和市场获取资源，而我国社会工作机构则缺乏这样的基础，难以获得充足的资金支持。在此情形下，社会工作机构严重依赖政府资源，如果没有财政资金的支持，机构很难做到财务独立。对政府资金的过度依赖，损害了社会工作机构的独立性，从长远来看并不利于机构的可持续发展。一方面，政府的项目购买和资金资助可能是暂时的，政府资助停止后，社会工作机构就会面临生存困境；另一方面，造成社会工作机构对政府资金的过分倚重以及对维护政府关系的全心投入，进而忽视资金来源渠道的拓宽以及机构专业性的进一步提升，机构"造血"能力不足。

笔者调研的17家社会工作机构中，超过90%的机构的项目经费来自政府，其中3家机构获得了少量的基金会支持，2家机构有微量的公益性服务收费，12家机构项目经费全部来自政府。可以说，社会工作机构参与社区治理所需的资金、技术、场地等资源，皆直接或间接地来自政府。在合法性和资源上对政府的严重依赖，深刻地影响了社会工作机构在社区治理中的地位与职责履行。

（二）政府的另"一只脚"和社区的"兵"

不同于社会管理依赖单一行政主体完成，社区治理有赖于政府、市场、社会和居民等多方主体的共同参与，强调多元主体通过平等协商达成行动共识。在社区治理合作框架内，政府与社会工作机构之间是一种平等的合作伙伴关系，双方具有平等的权利和义务。当问到社区治理中机构与政府的关系时，被访者谈道：

> 我觉得街道（办事处）是缺少职责边界意识的，或者说从来没有在意过这一点，将我们默认为街道的另"一只脚"，以弥补社区（居委会）这只"脚"无暇顾及或解决不好的事情。所以协助街道和社区处理行政事务成为"理所当然"。对于机构而言，协助社区处理行政事务虽然在一定程度上会使社工机构与街道、社区搞好关系，但过多的行政事务会让社会工作者无力开展更多专业服务，更不用说保证服务质量了。（XL-PM-10）

在社区治理中，政府凭借资源、权威和合法性优势，希望社会工作机构成为其基层社会治理和服务的帮手，作为政府的另"一只脚"下沉社区。与此同时，社会工作机构在社区治理中还不得不处理与"准政府部门"——社区居委会的关系。

> 入驻社区，居委会认为我们就是它的"兵"了，社会工作者应该由居委会自由调配，即便项目出资方是民政局，可是居委会认为自己出了场地，而且认为社会工作者在社区就是协助居委会工作的。最开始，居委会领导要求社会工作者全力配合居委会相关工作，我们尝试和居委会沟通和协商。但居委会领导说，你们社会工作者不就是为居民服务的吗？居委会的工作就是为居民服务，本质上是一致的。就这样，我和小西被安排在社区服务中心处理行政工作，几乎没有时间和精力开展专业服务。后来，机构将这个情况向民政局进行了反馈，民政局与社区协商后决定，"送"一

名社会工作者为居委会处理行政工作，另一名社会工作者则开展专业服务。（CY－PM－04）

社会工作机构参与社区治理后面临的最直接、最根本的问题就是专业主体地位能否得到保障。专业主体地位的保障直接关系到社会工作机构能够持之以恒地遵循专业价值观和理念，并且通过专业的方法和技巧为社区居民提供服务。从访谈材料可以看出，社会工作机构和社会工作者成了乡镇（街道）政府的"脚"、社区的"兵"，承担了大量的基层行政事务，进而在专业服务上"力不从心"。主体权利和职业边界不清，使社会工作机构和社会工作者的专业主体地位难以获得保障。实际上，社会工作机构在社区治理中面临着成为政府的附属、专业主体地位缺失的现实困境。

项目评估要求以及市（民政）局领导多次强调，机构要向乡镇（街道）和社区多汇报、多走动，做到周周汇报、月月总结，建构起良好的沟通机制。多沟通、多汇报确实有助于机构获得当地政府和社区的支持和认同，但是也在不断打破组织边界，使机构成为他们的一部分，准确地说，是成为其下属机构。（CY－PM－03）

在社区治理中，社会工作机构与政府之间的地位是不对等的，表面上，政府和社会工作机构签订了合同，建立了平等合作的契约关系，实际上，政府把社会工作机构当作"伙计"和"下属"。不过，也有被访者反映，部分社区能够较平等地对待社会工作机构和社会工作者，会真诚地就社区存在的问题与项目负责人讨论商议，寻求问题解决的办法，也会给予场地、资金和人员等方面的支持。然而，这不是社会工作机构参与社区治理的常态，正如一名资深社会工作者感叹的：

这要看"运气"，社会工作能在社区中发挥多大作用，需要"天时地利人和"。（CH－PM－13）

这里的"人"，就是强调社会工作机构进入社区能够遇到懂社会工作、想有作为的社区"一把手"，不然"一腔热血"和专业性都是徒劳。

笔者调研发现，在社区治理中社会工作机构并未真正实现平等参与。一方面，由于专业性不足、人员流动性高以及进入社区时间不长，社会工作机构稳定性和组织优势并不凸显，进而未能获得基层政府和社区居委会的充分认可与信任；另一方面，基层政府和社区居委会习惯运用传统"命令－服从"的行政模式进行社区治理，认为社会工作机构是命令的执行者和配合者，而非平等的合作者。总之，社会工作机构在社区治理中并没有同基层政府和社区居委会建立起平等协商、互助合作的主体间关系，而是主动或被动地成为"附属"，组织独立性丧失。

二、参与领域受限和决策权能不足：组织自治性不足

萨拉蒙概括非营利组织的特征之一是自治性，具体指非营利组织拥有独立的决策与行动能力。社会工作机构的自治性强调，机构在社区治理场域有进行自我决策和自我行动的能力。无论在理论层面，还是在实践层面，社会工作机构都需要拥有自治性。

（一）参与社区治理和服务领域受限

社会工作是一种以价值为本的专业，它具有独特的价值观，是一套有关人的尊严、权利、公平、正义等的价值追求。社会工作的价值观和服务理念，使社会工作机构在社区治理中服务领域广泛。从微观上看，社会工作机构无差别、公平、公正地服务社区所有居民，尤其是关注社区的特殊和困难群体，如困难老人、留守儿童、残疾人等群体。从宏观上看，社会工作机构秉持公平公正的理念，聚焦社区不同群体权益、进行政策倡导，推动社区环境的改善和社会制度的完善。

项目的购买方是市民政局，主要是希望为社区高龄困境老人、儿童、残疾人等群体开展服务。但是项目落地街道后，街道希望我们围绕他们的重点工作和特色工作开展服务。今年街道申请在社区建设长者食堂，解决社区老年人的用餐问题。街道相当重视这个项目，为了集中更多的资源、

取得更大成效，几乎整合了所有落地街道的项目，我们社工站便是其中之一。（街道）领导要求我们围绕老年人用餐需求、送餐服务和社会资源链接等方面开展工作，必要时还需要向社区居民和新闻媒体进行宣传、推广，提高食堂名气，最重要的是，展示街道和社区工作成效。这样一来，项目中拟服务的对象，老年人还能在一定程度上进行兼顾，但是儿童、残疾人等群体的服务就受到了影响，我们的工作内容可能会弱化或者难以关注他们。（YY-S-02）

站点拟开展的服务和活动都需要给社区负责人汇报。当时，我们打算为一名出院不久的精神患者小孙开展个案服务。社区负责人强烈要求我们放弃这个项目。他的理由是："这家的'刺儿头'，小孙的父亲曾经是上访户，告社区'黑状'，这种人，为他服务，他也不会感恩社区和政府，所以做了也是白做。"还有就是风险太高了，一旦在服务中出了问题，社会工作者负不起这个责任，社区和街道也负不起这个责任。（CY-PM-04）

"压力型体制"和基层治理风险防控任务，让基层对"风险"尤为敏感，会尽一切努力遏制风险的产生，以维护地方社会秩序和稳定。如此，政府和社区可能会对社会工作机构的服务内容、服务对象进行审查，要求机构取消部分有风险的服务和活动，尽管这种风险客观上并不存在，但是一旦被社区和政府领导认定，机构就不得不放弃。

（二）自我决策权能不足

社会工作机构参与领域的受限，反映出机构自我决策权能的不足。自我决策主动性和权能是社会工作机构自治性的重要表现。社会工作机构作为独立的法人组织和社会行动者，虽然可以从政府、经济组织和社会捐助者获得资助和支持，但是绝不能因此听从资助方的安排，而是应坚持机构价值理念和行动目标，自主决定服务领域、服务人群和服务内容。然而，调研中笔者发现，社会工作机构的自我决策和项目执行受到了项目资助方和项目管理方较严重的干预，机构的项目运作、项目管理与服务决策权能不足。

政府购买服务的政策实践，促进了社会工作机构的快速发展，但与此同时，政府的主导地位和压力型体制，也会导致提供服务过程中社会工作机构天然地迎合政府，而不是接受服务的居民①。社会工作机构承接项目后，按照合同条款的约定，可以在法律许可范围内自主选择服务对象、服务方式，自主支配资源，而不受其他组织，特别是政府部门的干预。然而，社会工作机构的项目运作受到了项目委托方、项目实施地辖区政府和社区的干预，他们会直接或间接干预社会工作机构的内部管理事务与具体工作安排。

笔者在对项目落地社区进行访谈时发现，社区负责人和工作人员的项目合同履约意识较弱，他们坚持认为社会工作机构和社会工作者是社区的"助手"，社区进行项目干预是"必需"和"理所当然"的。

（提问：谁应该主导社区服务活动?）关于谁主导（活动）这个事，肯定是居委会主导。我们虽然没有具体组织实施，但（社会工作者）在社区开展服务就是来协助我们的。（N 市 SJP 社区罗书记）

（提问：怎么看待机构按合同约定开展工作?）那怎么可能呢? 合同的内容不可能将所做之事写得完完全全的。有些内容没有办法用合同去约定。而且我们社区工作人员会帮助机构进行活动宣传、搭场地等。机构在社区开展活动，需要我们进行居民动员、宣传、场地协调等。而且机构帮我们开展工作的相关内容也是他们了解社区、熟悉社区、进入社区的重要方式。我也知道国外的方式（按照合同约定开展工作），但这种方式太僵化了，不适合中国社会，它"有一次，无下次"（指合作的不可持续性）。（C 市 LN 社区陈主任）

（提问：怎么看待社区介入社会工作机构的工作?）介入也是必要的，我们需要掌握机构进入社区的真实动机，否则如果机构工作内容偏移了党的方针政策，开展一些不合时宜的社区活动和服务内容，怎么办? 另外，说得直白点，如果机构取代了我们，不能凸显社区居委会的主体地位怎么办?（G 市 CX 社区张书记）

---

① 蔡礼强. 政府向社会组织购买公共服务的需求表达：基于三方主体的分析框架［J］. 政治学研究，2018（1）：70－81＋128.

在调研中，笔者发现几乎所有的社会工作机构都会或多或少地承接与项目无关的行政工作。项目资助方和项目落地辖区管理方往往会要求社会工作机构和社会工作者协助开展行政事务。

为了有效推动乡镇（街道）社工站建设、获得乡镇（街道）以及社区的场地和资金支持，民政部门明确了社工站的定位，明确要求社工站站长由乡镇（街道）分管领导担任。如此，机构和社会工作者就"消失"了，我们成了乡镇（街道）或社区的工作人员。（LQ－H－12）

当社会工作机构单方面嵌入和被吸纳整合进政府架构时，其便成为政府的"嘴"和"脚"，遵循政府意志进行项目运作和服务决策。这种"意志"一方面指分担行政任务，运用行政逻辑推动项目开展；另一方面指满足政府政绩打造愿景。可以说，正是出于行政任务分担和政绩打造的动机，基层政府才大力支持社会工作机构参与社区治理，也正因如此，政府才对项目进行高强度干预，以控制项目进程，实现项目预期。

在项目运作中，街道对我们的干预力度是比较大的，活动开展前必须向他们报备，再根据他们的要求进行活动内容和规模的调整。有时，他们要求机构多开展大场面活动，以提升宣传效果，同时能作为特色和亮点工作向上级汇报，至于为老百姓提供了什么具体服务、服务效果如何，他们不是特别关心。（XJ－H－09）

如果只会开展项目不会宣传，等于白做。如何让上级（部门）看到，获得肯定？项目成果"可视化"就是项目购买方对我们的首要要求。（ZC－PM－02）

同时，项目落地社区在评估和考核的压力下，也会对机构的服务活动、项目执行进行"积极"干预。

　　我们社区面临着公共服务测评压力，测评内容包括社区宣传、开展的活动。测评结果会直接影响社区的年终考核。而社会工作机构能够负责这些工作内容，提高测评分数。（C市LN社区陈主任）

　　社区对我们有"高期待"，要求我们有创新、有亮点，以此获得上级（街道领导）的认可。他们认为既然我们是专业的，那就应该协助解决他们自己不能完成或难以完成的棘手事。社区还会根据当下工作任务，强制要求我们修改、调整项目方案。（ZC-S-01）

　　社会工作机构在社区治理中自主性的缺失，实质反映的是机构在社区治理中主体的失位。从制度层面看，社会工作机构获得了社区治理中的参与主体地位。然而，制度层面主体地位的获得仅仅为社会工作机构参与社区治理提供了合法性和机会。社会工作机构需要成功嵌入社区治理体系，以实质获取在社区治理中的主体地位。在这里，社区治理体系是指由党、政府、企业、社会组织等主体构成的有机整体，各主体各有分工、互相依存、协调一致，推进社区治理效益最大化。理想状态下，社区治理体系的运作具备民主性、协商性和合作性特质，它强调各治理主体之间的互动，是基于一种平等关系的沟通和合作。也就是说，社会工作机构嵌入社区治理体系，并与其他治理主体建立平等合作关系。然而，社会工作机构在嵌入社区治理体系的过程中，因身份和专业优势不显以及制度环境不完善，难以与其他治理主体建立一种平等合作关系，主体地位被边缘化，在社区治理中缺少话语权和决策权。话语权与决策权的缺失，挫伤了社会工作者的积极性和主动性。在社区治理中，社会工作机构成为被动的行动者，配合基层政府和社区居委会开展相关工作，依据其意愿进行社区治理。如此，社会工作机构参与社区治理的行动目标就面临偏移风险。

第三节　参与自觉性缺乏

　　作为社区治理参与主体，社会工作机构需要对自身的主体身份、价值使命和行动逻辑进行理性认识和把握，进而确保机构发展计划和行动策略的"合目的性"和"合规律性"。然而在调研中，笔者发现，在社区治理实践中，社会工作机构缺乏对其身份、组织使命和行动理性的自觉。

一、主体身份质疑与专业角色矮化：缺乏身份自觉

社会工作机构要有"身份的自觉"，能明确自身在社区治理中的主体地位，并能够自觉区分机构与其他治理主体（政府、市场）的差异以及清晰认识机构在社区治理中的专业优势。

（一）对机构治理主体身份的质疑和不认同

社会工作机构作为社区治理的重要参与主体，得到了国家的承认和制度的确认。然而，在访谈中，笔者发现，大多数社会工作机构负责人和社会工作者并不认为机构是社区治理的主体，他们强调社区治理的主体是政府、居（村）委会和居民，而对机构治理主体身份予以质疑乃至否认。长期以来，单一行政主导的社会管理和社会福利模式，让政府深度嵌入社区，在民生保障、公共服务、秩序维护方面发挥了重要作用，社区居民对政府高度依赖，"有困难找政府"就深刻说明了这一点，政府在社区治理中的主体地位受到人们的高度认同。社区居民委员会在社区公共服务、社会治安维护、公共卫生、计划生育、优抚救济、青少年教育、居民意见收集和反映、公共事务治理等方面发挥着重要作用，其社区治理主体的身份已"深入人心"。社会工作者承认政府、社区居委会和居民在社区治理中的主体地位，但是否认自身的社区治理主体身份。

社会工作怎么可能是社区治理的主体呢？它是配合政府和社区开展社区治理工作的，这个位置首先要摆正，社区治理的主体是政府、居委会和居民。（YGTS－H－13）

强调我们的主体地位有什么用呢？参与机会和资源都需要政府提供，我们空谈主体地位没有半点益处，只会使我们同社区（居委会）的合作不愉快，认为我们抢了风头。所以做好自己的本职工作就好，为居民服好务，让社区满意、街道满意、资助方满意，不比什么都强吗？（RZ－H－03）

　　除了受传统认知观念的影响，参与社区治理的实践进一步强化了社会工作者对自身"非主体"身份和地位的认知。

　　从党和国家的政策中，我们确实可以找到社会组织和社会工作机构社区治理参与主体的说法。可是，一旦进入社区，和街（镇）、居委会和居民打交道，就可以发现理想和现实是有差距的。政府和居委会会用他们的方式明白地告诉你，谁才是社区的"主人"。居民也不认可你是社区治理主体，对居民而言，你是外来者、是陌生的。为了不增加社会工作者的困惑，我们不会过度宣传机构的主体身份，因为这对推进项目和团队建设没有帮助，反而会打击士气。（CXWL-H-08）

　　上述访谈内容道出了社会工作者对治理主体身份质疑和不认同的部分原因。在社区治理实践中，街（镇）政府和社区居委会是社区治理的绝对主导者，社会工作机构则缺乏话语权，成为被动的执行者和配合者，难以彰显其主体地位。

　　（二）对专业角色和组织功能的自我矮化

　　社会工作机构因其专业性而被社区治理结构吸纳，即能够进入社区扮演相应角色开展专业化服务满足社区需求。社会工作机构参与社区治理所扮演的角色主要为服务提供者、协同参与者和政策倡导者。

　　一是服务提供者。专业服务提供者是社会工作机构参与社区治理最基础和最根本的角色。社会工作机构通过发挥专业优势，可以有效弥补市场和行政主体在社区公共服务供给中的不足，为居民提供精细化、精准化和个性化的服务，实现效率和公平的兼顾和统一。具体为：社会工作者在深入调研的基础上了解居民和社区需求、运用专业理论精准地界定问题，有效地运用社会工作实务方法，并通过多元资源的有效链接和整合为社区内有需要的人提供专业服务。

　　二是协同参与者。社会工作机构社会协同角色的定位，一方面缘于其社会主体的身份优势，另一方面则是因为机构具备调动多方主体、协调多方利益和促进功能整合的专业能力。在社区治理转型尤其是在打造共建共治共享社会治理格局的背景下，社会工作机构需要进一步发挥协同功能，激发多元主体参与社区治理的热情，实现社区多元主体的协同共治。具体为：通过宣传动员和培训，提升居民、社区社会组织的社区参与意愿和能力；与企业合作，激发其参与社区治理的积极性；搭建多元主体参与平台，为多元主体参与提供渠道和机会。总之，社会工作机构能够与其他社会组织和居民发生广泛互动，激发社会活力，营造积极参与的社区治理氛围。

三是政策倡导者。政策倡导是社会工作机构参与社区治理的另一重要角色定位。相较于其他社会组织，社会工作机构为社区个人、家庭、组织提供专业化服务，政策倡导产生的影响和效果更大。它以群体为服务对象，希望通过政策的制定和调整，给予某一群体以整体性的关注，给他们以制度性扶助和合理待遇。

笔者在调研中发现，大多数社会工作者具备服务提供者的角色自觉，在进入社区后积极采用不同的实务方法为辖区内的各类对象提供多元化的综合性服务。以 CY 社会工作服务中心为例，机构努力扮演好服务提供者的角色，针对贫困独居老年人和低龄老年人，不定期开展入户照料、送医陪护服务，解决高龄、独居老年人生活困难、无人照料的问题；针对部分老年人情绪低落、生命意义感与自我价值感缺失的问题，以生活回顾和叙事治疗方式，重构老年人生命故事，让老年人看到自己生命中更多的积极部分，增加他们对自身生命的认可与满意度；联络社区卫生院，开展健康义诊，宣传健康的生活方式，并通过慢病管理小组活动提高老年人慢病自我管理能力。针对精神残疾人和肢体残疾人，社会工作者联动身心医院和康复医院，为残疾人评估病情及用药情况，并制订康复计划，促进其精神或肢体康复；联动当地书法家协会，开展书法义卖活动，为残疾人筹集就业创业资金。针对困境儿童和留守儿童，社会工作者开展个性化帮扶工作，开办寒暑假课堂，进行作业辅导以及开展防拐骗、防溺水、防性侵系列安全教育活动；联系爱心企业、慈善组织，为家庭贫困的儿童提供经济和物质援助。

　　然而，社会工作机构和社会工作者主动弱化了自身协同参与的角色职责。部分社会工作者表示不清楚协同参与者的角色定位与职责；部分社会工作者虽表示知晓，但是认为在实践中面临诸多困境，机构往往难以在社区治理中扮演好协同参与者这一角色，不能有效发挥社会协同功能；甚至有社会工作者对机构的协同参与者角色定位质疑。

　　目前社区居委会的行政性任务过多，服务职能被弱化，可以说他们已没有时间和精力开展服务。社会工作机构就应该发挥好协同作用，大力进行社区动员，孵化和培育社区社会组织，进而实现共同参与，补齐社区（居委会）服务短板。然而，这方面社会工作机构做得并不好。（XL－H－11）

　　说到"协同"太难了，或者说社会工作者只能做到有限的协同。社会工作者自身在社区就是"弱势群体"，在社区要地位没地位、要资源没资源、要关系没关系，怎么能做好参与动员、利益协调，还有平台搭建工作呢？所以，我们的定位就是尽力为社区居民做好服务，能帮到几个（指服务对象）是几个。（CY－PM－04）

　　我时常反思机构参与社区公共事务治理的必要性和可行性，社会工作擅长的是服务，运用个案、小组、社区三大方法服务居民，至于居民动员参与、利益协调等，社会工作机构能介入吗？难！所以不要盲目地追随政策热点，"土地都没有踩热"（指进入社区，熟悉社区环境），谁信任你，不信任何来动员和利益协调。我认为踏踏实实做好人群服务才是最重要的。谈"服务"，莫谈"治理"。（YY－H－02）

　　从YY机构项目负责人的访谈内容，可以看出其将社区服务和社区治理进行了严格区分，社区服务聚焦的是社区人群（老年人、儿童、残疾人、妇女等）服务，社区治理则强调政府、市场、社区自组织和居民围绕公共事务开展民主协商、协同合作的过程和机制。根据社会工作的专业基础和社区治理情境，YY机构项目负责人认为社会工作机构能够在居民服务中发挥重要作用，而社会工作机构介入社区公共事务治理、发挥协同参与作用是盲目追随政策热点的错误做法，否认了社会工作机构在社区治理中协同参与的角色定位和功能发挥。

至于社会工作政策倡导者的角色定位，大多数社会工作机构认为，那是大型机构和"明星"机构该考虑的事情，自己确实"爱莫能助"。因为政策倡导带有极强的价值倡导（如社会公平正义）以及改变现状的期待（相关制度的改变和相关群体现状的改变），而这可能为当地政府所"不喜"。因此，在访谈中，被访者表示那是"专业美好愿景而已"，社会工作者往往"无能为力"。

当政策倡导成功后，它改变的是一个群体的现状！但是，在当下，政策倡导更多的是专业美好愿景而已，因为不得不面对当前政策倡导的社会环境不是很理想这一现实。目前来说，我们不鼓励进行政策推动。一来其上升到政策层面，对一些社会工作者来说是有一定挑战的；二来如果盲目追求所谓政策倡导，可能会导致对抗。（CH－PM－14）

乡镇（街道）社工站项目评估中，将项目执行中是否产生政策影响作为考核指标之一。然而，大多数项目此处的评分为"0"。机构普遍认为，指标难度系数过大，唯有放弃得分。（ZJ－PM－05）

社会工作者对机构专业角色和组织功能的"自我矮化"，既反映了机构参与社区治理角色和功能定位的不清晰，也在一定程度上体现出受发展、能力、人才、资源等要素的限制，在社区治理包容开放的氛围尚未真正形成的背景下，社会工作机构在社区治理中的主体作用发挥有限。

二、使命定位与组织内部建设脱节：缺乏使命自觉

社会工作机构具有"使命优先"的组织特征。组织服务宗旨和使命，反映出组织之所以存在的理由或价值，是制定组织目标、战略规划、组织行动及获取社会认同的基础，是组织绩效评估的依据及衡量标准。不同于企业以追逐利润为行动导向，社会工作机构的使命是承担社会责任、服务居民，具有非营利性、社会性和公益性特征。为了强化机构员工对机构服务宗旨和使命的认同，也为了更好地践行机构服务宗旨和使命，社会工作

机构需要进行相应的内部建设，包括组织结构的设计、组织管理方式的采用和组织文化的建设。

（一）两极分化的组织宗旨和使命认同

调研中，笔者发现，所有的社会工作机构都在机构简介中对机构的服务宗旨和使命愿景进行了表述和阐释。从调研的社会工作机构的服务理念和宗旨使命表述中（见表3.1），可以发现，社会工作机构坚持服务个人、家庭、组织和社区，增进社会福利，追求实现社会公平正义与和谐发展的价值目标。

表3.1　部分调研机构服务宗旨与使命愿景的表述

名称	服务宗旨与使命愿景
AXTS 社会工作服务中心	向困难群体提供培训、教育、资金等社会援助、创业服务、心理咨询服务，从而让他们享受社会发展成果，帮助他们自尊、自立、自强，让每个生命充满向上的力量，促进湖北经济社会和谐发展，为社会和谐作贡献
CH 社会工作服务中心	服务社区居民，促进社区发展，构建和谐深圳，为个人、单位、广大民众提供专业化的社会工作服务
HY 社会工作服务中心	以"平等、仁爱、敬业、信实"为核心价值，以"助人自助、专业服务、让爱走动、创造奇迹"为服务理念，以"真诚博爱、接纳包容、以人为本、共创和谐"为服务宗旨，为有需要的个人、家庭和社会各类群体提供专业服务，促进社会公益发展与社会和谐
LQ 社会工作服务中心	秉承让生命充满爱、让生活更精彩的使命，践行用心服务理念，依托专业的社会工作人才队伍，实现助人自助，为增进社会福利、建设和谐社会贡献力量
CY 社会工作服务中心	秉持助人自助、扎根社区、服务社群的服务理念，为个人、家庭、组织、社区提供长期有效的专业服务

笔者在调研中发现，社会工作机构创办者及负责人对机构的服务宗旨和使命认同度极高。调研的17家机构中，7家机构创办者具有社会工作教育背景，他们表示成立社会工作机构就是为了践行专业使命和价值情怀。机构的服务宗旨和使命愿景，对他们而言，不仅是从事社会工作的根本动力，更是自己应对机构发展困境的强大精神动力和支撑。

从事社会工作行业，其实压力挺大的，社会工作者往往面对来自项目、服务对象、社会认可等方面的压力和困境，职业倦怠、跳槽经常出现。面对这种现象可以从两个方面来看，一方面是社会工作者的工资待遇确实不高，从业者面临着较大的经济压力；另一方面就是所在机构对社会工作者而言，没有形成较强的凝聚力和向心力。其实，主动选择从事社会工作行业的，都明白社会工作者不会有高薪酬高待遇，但仍坚定选择做一名社会工作者，那就是具有强烈的专业情怀，对社会工作极度认同。比如说我自己，研究生毕业后，我进入民政部门工作，虽然与社会工作也有联系，但是我觉得从事行政事务不是我想要的，我就想做社会工作实务。心中的那股冲动让我在入职一年后选择了辞职，进入社会工作机构成为一名社会工作者。现在，我拿着不高的收入，面临着不小的工作压力，但我仍在坚持，因为我坚信社会工作会越来越好，机构发展也同样如此。（ZC1 - PM -08）

然而，对社会工作机构价值使命的高度认同却未能在机构普通员工和一线社会工作者身上得到体现。当问到一线社会工作者是否认同机构的服务宗旨和使命时，部分社会工作者给出了肯定的回答，部分社会工作者则回答不太清楚，几乎所有的社会工作者都表示，机构的服务宗旨和使命都挺好，但是感觉跟自己没有多大关系。

相较于机构负责人对机构宗旨和使命的高度认同，并将之作为自我驱动的力量，普通员工和一线社会工作者对机构的宗旨和使命则较为"无感"，认为它仅仅是机构"外宣"的手段和方式。究其原因，对于机构负责人而言，机构的服务宗旨和使命愿景是他们从事社会工作的价值目标和自我表达；而对于机构的普通员工和一线社会工作者而言，机构的服务宗旨和使命愿景是被植入的"外物"，需要在组织教育、组织管理和文化建设中去体会和感受，进而"买入"组织宗旨、认同组织使命。因此，社会工作机构需要注重和加强组织使命教育、组织管理和文化建设。

（二）组织科层化与组织文化建设不足

扁平化组织结构设计、民主式组织管理、机构使命宣传和组织文化建设及氛围营造,对于提升员工的机构使命认同、增强团队建设和提高团队凝聚力具有重要价值。对于机构管理者,为了更好地践行机构的价值和使命,其在组织架构设计、文化建设和管理上,应有相应的自觉。

　　笔者向机构负责人了解机构内部治理结构及治理基本情况时发现,机构重要决策一般由机构负责人和管理层决定,项目负责人和一线社会工作者几乎不了解机构的发展规划,也不参与机构的重要事项决策。同时,笔者发现中等规模以上的社会工作机构出现了科层化现象。从管理层级来看,社会工作机构管理层级不断增多。调研发现,社会工作机构的管理结构一般包括总干事、副总干事、部长、项目总监、助理总监、一线社会工作者等层级(见图3.1)。有的机构甚至将一线社会工作者分为社工和社工

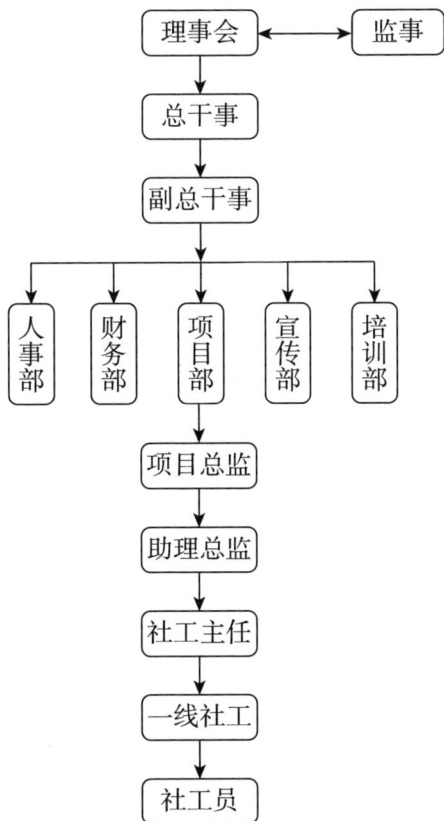

图3.1　某社会工作机构组织架构

员，社工员主要为入职不满一年的新人或未考取社会工作职业资格证书的员工，他们需要接受专业指导和监督。

组织结构是组织内部的构成或各个部分间所确立的关系。进入现代社会后，建立在理性行动基础上的组织管理体制——科层制——受到追捧。按照韦伯的观点，科层组织结构可以用以下特征来衡量：专业化与劳动分工；等级制的指挥体系；成文性的程序运作；非人格化的职位具有专长特征；普遍主义的用人标准①。总之，科层组织结构强调稳定性、规则化和非人格化，设置专人专岗，"一颗钉子一个眼"，要求组织成员依据程度、规则和制度办事，不得涉及个人情绪。然而，社会工作机构的组织使命决定了其组织体制和运行方式需要具有较大的弹性和适应性，以便对服务对象需求作出快速反应，找到提供相关专业服务的适宜途径。这就要求社会工作机构的组织层级不宜过多、组织运行不宜僵化以及采取民主的管理方式。

从积极意义上说，社会工作机构的科层化，在一定程度上促进了机构的管理规范化、职责明确化、项目运作高效化。但是，多层级也带来信息传递缓慢，管理形式化、行政化和僵化风险。最终可能带来的结果是，社会工作机构将机构的管理和运作置于首位，专业服务成为维持机构运作的支撑而非主要价值追求。社会工作机构科层化带来了层级过多、管理僵化、一线社会工作者压力过大的情况。一线社会工作者处于金字塔团队的底层（见图3.1），需要逐层级地向上流动。然而现实是，只有极少数的社会工作者能够实现逐级晋升，大多数社会工作者则选择了离开。

访谈中，部分一线社会工作者表示自己在工作中面临着专业能力和心理压力，而机构往往难以给予充分的关注和支持。

社区要亮点和特色，但是，我们却不能从项目督导那里得到更多更详细的专业支持。这个项目的前期申报，我和小方没有参与，对项目背景、理念和设计方案都不太清楚。所以在项目执行过程中，督导应该跟我们一

---

① 韦伯.经济与社会（上）［M］.北京：商务印书馆，1997.

起深入地讨论一下，让我们理解和加深认识，以及指导我们怎样更好地开展服务。然而并没有，督导太忙了，负责了好几个项目，所以相对于指导，更多的是给我们布置任务，明确时间节点，要求我们完成项目指标。比如下个月 16 日之前要求我们必须完成最后一次社区协商议事会议，不管之前工作做得如何。（ZC－S－01）

一位从规模 400 多人的超大型社会工作机构离职的社会工作者感叹：

我本科毕业进入机构，当时工资到手 2000 多元，在新一线城市，这点收入连温饱都不能解决，所幸我吃住在家里。我彻底放弃这个行业，还是因为感觉自己看不到前景。机构层级特别多，分为一线社会工作者、主管、中心主任、助理总干事、总干事、部长、总监、理事长，除了一线社会工作者和主管，其他层级待遇还是不错的，所以班子人员相对稳定。（追问：从一线社会工作者到中心主任大概需要多长时间?）两年到三年吧，主要还是看有没有机会。对于机构而言，只要中高层稳定了，机构就稳定了，底层社会工作者最不重要，随时可以更换新人和使用实习生，成本还低。

调研中，笔者还发现，社会工作机构缺乏对组织文化建设的关注。组织文化是指组织成员共有的价值观、态度、情感、习惯、行事方式等方面，它表现在组织日常运行中的各个方面。组织文化不仅是组织的灵魂和推动组织发展的不竭动力，它也以看不见的形式支持或阻碍着组织的建设或发展[1]。如前文所述，如何让机构员工"买入"组织宗旨、认同组织使命并在具体工作中展现出高质、有效的服务行动，是组织能力建设乃至整个社会工作行业健康发展的重要决定因素之一[2]。访谈中，在谈到机构的服务宗旨和使命认同时，就有被访者认为机构要强化组织文化建设。

---

① KOTTER J P. Leading change［M］. MA：Harvard Business Review Press，1996.
② 张冉，顾丽娟. 社会组织员工品牌内化的价值和建构［J］. 新视野，2018（3）：104－109.

我个人认为，机构在组织文化建设方面要"补课"，现在都是项目制，各项目的社会工作者和机构总部的行政工作者较为陌生，对机构更是缺乏整体了解。这都可以通过组织文化建设来解决，强化机构员工心理、情感上的联结和互动，让大家意识到我们共同在开展一项有意义、伟大的事业。我觉得这很重要。（LQ－PM－11）

然而，调研中笔者发现，大多数社会工作机构的组织文化建设不足，进而影响了一线社会工作者尤其是不具备社会工作专业背景的社会工作者对机构宗旨和服务理念的认同。

总之，机构的服务宗旨、使命和规划与机构的现行结构、管理方式、组织文化建设存在着较大的偏移，进而导致一线社会工作者难以"买入"和认同机构的服务宗旨和使命。整体而言，社会工作机构尚未建构起"使命驱动型组织"的架构和组织文化，而是逐渐走向多层级、依靠制度规章约束员工完成工作任务的科层制，进而造成机构使命定位与组织内部建设的脱节，缺乏使命自觉。

三、工具主义与专业实践反思不足：缺乏理性自觉

社会工作机构参与社区治理的理性自觉，具体包括：一是能够清醒地区分价值理性与工具理性，认识到工具理性行动是机构的手段而非目的，避免为了获取机构利益而弱化和偏移机构终极目的；二是在实践中进行专业反思，不断提升专业实践能力，满足治理需求。

（一）价值理性与工具理性的"割裂"

在实践中，社会工作机构需要实现价值理性与工具理性的内在统一。社会工作机构使命和价值的内在统一离不开其价值理性行动，也离不开其工具理性行动，因为工具理性行动是实现其价值的手段和条件。需要做的就是，让工具理性行动从属于其价值目标。然而，社会工作机构在实践中出现了生存高于需要的价值迷失和偏移，将工具理性行动置于首位，最大化获取经济效益，进而导致"手段"成为"目的"，失去了对机构价值的深层次反思。

关于社会工作机构价值理性行动与工具理性行动的冲突,既有来自机构和社会工作者因价值理念不强烈、不坚定"不自觉"而为之,也有面对机构生存压力"不得已"而为之。

当笔者问到在面对专业价值使命和项目执行管理的矛盾冲突时,会如何做选择时,有项目负责人这样回答:

> 作为项目负责人,我挺矛盾的,我知道要践行专业使命,要让一线社会工作者有更多的时间和精力开展服务,而不是忙于写宣传稿、进行服务记录、整理文档这些工作。然而,从项目管理上看,后者又是必需的,让项目评估获得好的名次,获得"甲方爸爸"的认同,是我作为项目负责人的职责。(LQ-PM-11)

可以看出,项目负责人的困惑和纠结,但是在现实中,工具理性"战胜"了价值理性。调研中,一线社会工作者常感叹从事社会工作行业的压力很大,不能有效得到机构专业督导和负责人专业知识和情感的支持,因为机构专业督导往往身兼数职,他们没有过多的时间和精力。同时,一位身兼专业督导和机构管理者的访谈者,谈到自己时常在专业和行政之间进行"拉扯"。作为专业督导,他需要将社会工作者和服务对象需求置于首位,但是作为机构管理者,他需要将机构效益和组织利益放在第一位。这二者可能存在冲突,如要高效执行项目和获得更好的项目评估结果,就可能难以真正坚持以服务对象需求为本位的行动原则,也难以在情感、心理和专业上给予一线社会工作者充足的支持。

调研中,一位机构负责人谈到了社会工作机构相较于一般社会组织在参与社区治理中的价值和专业优势。

> 我感觉社会工作机构与社会组织的最大区别和优势,就是价值理念,至于个案、小组、社区三大方法都是从经验中提炼出来的。缺乏社会工作价值理念的指引导致目前某些社会组织走偏了,为了生存,它们可以轻易放弃公益性和专业性,成为附属品。社会工作机构应坚持社会工作价值理

念，体现专业性。当社会工作专业性被挤占时，社会工作者就成了廉价劳动力，短时间内机构可能会有所收益，但其可替代性强，没有发展前景。（ZC-H-01）

然而，一年后的回访，ZC社会工作机构创办人更加"务实"。这种"务实"，反映出机构弱化了其终极目标，转而追求现实利益。

之前，机构员工只要有想法、有创新，我就会鼓励员工撰写项目方案，然后我去寻找相关部门进行项目申请。现在我想的是项目怎么落实、是否满足相关部门领导的需求，他们支持项目的可能性有多高。同时，为了机构及社会工作者的生存发展、关注项目效益，我们成立了广告公司、开设了超市。这样项目中的广告、物资购买的资金就不会"外流"了。（ZC-H-01）

（二）专业实践反思与创新意识不足

反思是衡量社会工作专业性的重要指标[①]。当社会工作者运用专业方法和技能为服务对象提供服务时，他们的专业理论知识与实践也会产生互动，而实践情境的本土性、变动和不稳定性对社会工作者的实务能力提出了更高要求，要求社会工作者具备高度的文化敏感性以及对环境与场域的敏感，实现理论与实践的整合，促进个人与环境的交融，进而获得本土实践知识，提升专业实务能力。然而，从访谈中，笔者了解到社会工作机构和社会工作者缺乏这种反思能力。

为了推动项目的标准化执行，更好地迎接省民政厅的项目评估，市县民政局邀请专家制作了个案、小组、社区标准流程，记录模板，相关表格。这些所谓模板确实能够帮助社会工作者以最快的速度开展服务，也确实在一定程度上让社会工作服务记录和资料存档更加规范。但是在督导

---

① 卢玮. 社会工作实践中的反思：现状、成效与困境［J］. 探索，2019（6）：183-191.

中,我们也发现了它的"副作用",即导致社会工作者在开展实务中缺乏反思意识,机械地按照步骤开展服务。让我印象深刻的是,有一家社会工作机构承接的 3 个站点(社工站),个案服务都是标准的 7 天开展一次,详细记录服务过程,然后 35 天就结项。(CY-H-04)

可以看出,社会工作实务存在去政治化和技术化的实用专业主义倾向。机械的工具性知识传授以及批判性反思教育的缺位,让社会工作者缺乏实践反思能力。在社会工作实务中,大多社会工作者机械地按照个案、小组、社区工作的"标准"流程开展工作,而不会追问是否合适。

同时,社会工作机构在社区治理中创新能力不足。社会工作机构的创新能力,集中体现在机构以创新增强竞争力方面,促进机构发展。社会工作机构要想获得竞争优势,就需要在项目设计、资源链接等方面积极创新,为居民提供同市场和政府具有差异的"产品"。然而,社会工作机构实践反思能力的不足,也导致社会工作机构创新能力不强。

总之,社会工作机构参与社区治理面临着自觉性缺乏的困境。自觉性缺乏集中体现了社会工作机构对自身参与社区治理的角色定位和组织功能发挥的迷茫,对强化组织建设、提升机构专业能力、增强组织创新意识积极性不高。这会直接影响社会工作机构参与社区治理的组织功能的发挥和治理效果的提升。

第四节　参与能动性式微

能动性是社会工作机构主体性发展良好的外在表现形式。社会工作机构参与社区治理的能动性,是指机构自觉主动地参与社区治理,并通过自身能力提升、组织行为调整和方式方法创新,满足社区治理需求。社会工作机构的能动性建立在机构具备参与意愿和参与能力的基础上,其中参与能力决定了机构在社区治理中的功效发挥。

根据访谈资料与相关制度文件,社会工作机构参与能力体现在服务供给和协同参与两个方面。服务供给能力强调社会工作机构的公共产品和服务提供能力。在社区治理中，社会工作机构主要是提供社会服务和公共服务，以弥补政府提供服务的刚性和不足。协同参与能力强调的是社会工作机构的"协同性"。党的十八大以来，多个政策文件对社会组织参与社区治理，发挥其协同功能作出了明确要求（见表3.2）。社会工作机构在社区治理中的"协同"功能，主要体现为对其他治理主体功能的辅助与支持以及治理主体间关系的协调。可以说，社会工作机构参与社区治理，既发挥了社会力量的协同性，又发挥了专业力量的支撑性，对社区治理机制创新具有十分独特和关键的作用[1]。

表3.2 有关社会组织发挥协同功能的部分政策

时间	会议/政策文本	内容
2012年11月	党的十八大《坚定不移沿着中国特色社会主义道路前进 为全面建成小康社会而奋斗》	加快形成党委领导、政府负责、社会协同、公众参与、法治保障的社会管理体制；发挥基层各类组织协同作用，实现政府管理和基层民主有机结合
2017年6月	中共中央、国务院《关于加强和完善城乡社区治理的意见》	健全完善城乡社区治理体系，需要统筹发挥好社会力量协同作用
2017年10月	党的十九大《决胜全面建成小康社会 夺取新时代中国特色社会主义伟大胜利》	加强社会治理制度建设，完善党委领导、政府负责、社会协同、公众参与、法治保障的社会治理体制；加强社区治理体系建设，推动社会治理重心向基层下移，发挥社会组织作用，实现政府治理和社会调节、居民自治良性互动
2019年10月	党的十九届四中全会《中共中央关于坚持和完善中国特色社会主义制度 推进国家治理体系和治理能力现代化若干重大问题的决定》	必须加强和创新社会治理，完善党委领导、政府负责、民主协商、社会协同、公众参与、法治保障、科技支撑的社会治理体系

---

① 方舒. "三社联动"中社会工作的双重协同及其内在机理 [J]. 中州学刊, 2021 (2)：85－91.

笔者在调研中发现，因主客观因素的影响，社会工作机构在社区治理中面临着服务供给和协同参与能力不足的现实困境，机构能动性式微。

一、人才短缺与资源链接困难：服务供给能力不足

社会工作机构的服务供给能力是社会工作机构参与社区治理的"基础能力"。而专业人才拥有情况和资源链接能力在一定程度上决定了社会工作机构的服务供给能力。

（一）专业人才"难招""难留"

专业人才是指机构中接受过社会工作专业教育或通过（初级、中级、高级）社会工作师职业资格考试的员工。专业人才的数量是社会工作机构专业能力的基础和保障。现实情况却是，社会工作机构面临着专业人才紧缺的现实。一方面，社会工作机构难以招聘到专业人才。访谈中，大多数机构负责人就专业人才招聘问题向笔者"大倒苦水"。AXTS 机构负责人无比感慨地说："你看我们市的社会工作机构，365 天恨不得 365 天都招人，可是社会工作专业学生来吗？人家不来啊！"

在访谈中，有机构负责人对不同背景员工的专业能力进行了排序。她认为，一般而言，首先是社会工作专业毕业的大学生，其发展潜质和专业能力是最好的，他们认同社会工作价值理念，掌握社会工作专业方法，并且有一定的文字功底；其次是拥有社区服务经验的工作人员或志愿者团队领头人，他们拥有丰富的当地资源，知道如何与社区和居民搞好关系，但机构需要对其专业理念、专业知识及文字写作能力加以培训；最后是已考取社会工作师资格证的员工，他们对社会工作的价值理念、基本概念和方法有了一定的认识。对于机构而言，对第一类专业人才"求贤若渴"，却难以招聘到和留得住，为此，只能选择"退而求其次"，将希望放在第二类、第三类人才的招聘上。但现实是，招聘第二类和第三类人才也不容易，机构在人才招聘上只能抱着"随缘"的心态。

面对社会工作机构对社会工作专业人才的"求贤若渴"，社会工作专业的学生却是"异常冷静"。

我大概率不会成为一名社会工作者，工资待遇、职业晋升空间和行业的不稳定性，都让我"望而却步"，我想先投入所有的精力报考国家、省级公务员和事业单位岗位。不过，现在考公考编的压力实在是太大了，所以我也做了第二打算，考虑明年报考社会工作专业硕士研究生。（追问：考社会工作专业硕士研究生的原因和毕业后就业意向？），因为社会工作专业硕士相对于其他专业更好考。提升学历再考公考编，会更具竞争力。（HX 社会工作服务中心实习生陈同学）

实在找不到合适的工作，我会先进基金会或社会工作机构，但我也不知道是否能坚持下去。（ZC 社会工作服务中心实习生张同学）

据相关统计，全国 348 所高校开设了社会工作专业本科教育，82 所高校开设了社会工作专业专科教育，155 所高校开设了社会工作专业硕士研究生教育，每年社会工作专业毕业生近 1 万人[①]。然而，每年社会工作专业毕业生从事社会工作职业的人数却极低。有学者对全国 911 家社会工作机构专业人才拥有情况进行了调查，结果显示，具有专业背景的人员在全部专职工作人员中的平均占比为 34.27%[②]。

以笔者所在城市（中西部三线城市）为例，社会工作机构普遍面临专业人才招聘难的现实困境。实际上，笔者所在城市的有两所高校开设了社会工作专业（其中一所高校 2003 年开设，但因学生就业对口率低，已经暂停招生），每年社会工作专业毕业生 110 人左右，除去成功考取研究生的（占比 25% ~ 50%），真正在民政局、基金会、社会工作机构及其他社会组织中从事社会工作服务的不到 10 人。随着全国各地乡镇（街道）社工站建设的推动，提高了社会工作专业人才需求的紧迫性和必要性，社会工作机构开始"抢人大战"，主动联系高校，要求推荐优秀的社会工作专业毕业生。相较于社会工作机构的"热情"，社会工作专业毕业生则显得

---

① 民政部 348 所高校开设社工专业本科［EB/OL］.（2019 - 07 - 30）［2022 - 05 - 30］. https//tv. cctv. com/2019/07/30/VIDEFC0lfvu5qfXgqpIdpfWK190730. shtml.

② 梁昆. 中国的社会工作机构：问责、绩效、能力与专业性［J］. 华东理工大学学报（社会科学版），2021，36（3）：9 - 29.

过于"冷静",他们表示,是否从事社会工作行业,"等国家、省级公务员和事业单位招考结束后","实在找不到,可以考虑"。面对此情形,社会工作机构不得不降低要求:

不一定是学社会工作专业的,有专科学历,认同社会工作价值理念就行,至于社会工作职业资格证,可以边工作边考。(CY-H-04)

从 17 家调研机构看,13 家社会工作机构的专业社会工作者占比超过 50%,但对这个数据不能盲目乐观,因为这些专业社会工作者的主要教育背景为社会工作及相关专业(如心理学、社会学、社会保障、社区管理等专业)或考取社会工作职业资格证书的机构员工,真正社会工作专业毕业的员工占比并不高。同时,调研机构的专业化程度具有较大差异。这与各地社会工作人才储备、项目方对专业人员配置要求高度相关。不过,调研机构负责人一致反映了社会工作专业人才难寻、人才难留的问题。

此外,社会工作机构面临专业人才流失的问题。CH 机构负责人表示,即便是深圳(社会工作从业者薪酬待遇水平国内最高),社会工作行业仍然面临超 20% 的员工流失率。员工流失率较高的主要原因包括如下三方面。

一是社会工作者尤其是一线社会工作者薪酬待遇普遍偏低。在调研中,笔者发现社会工作者薪酬待遇普遍不高,即便是东部相对发达的城市(如厦门),一线社会工作者到手工资只有 3000 元左右,较低的薪酬待遇让社会工作者几乎难以维持生计。社会工作机构为什么不提升薪酬待遇呢?机构负责人的回答是,确实是项目经费太有限,比如 X 项目经费 10 万元,要求配备两名专业社会工作者,购买方的想法是机构以此撬动其他部门资源,补充项目经费,但不是每个机构或者每个项目都能撬动资源和找到资金补充的。另有机构负责人以 20 万元项目经费为例,且多次强调这是机构承接的高经费项目,项目购买方一般都会要求配置两名以上专职社会工作者,而机构实际的人力投入要"两个半","半个"主要是机构的专业督导或项目负责人。而对于机构而言,项目执行不仅包括人力成本,还包括服务活动经费（广告宣传、活动物资购买、专家授课费、志愿者补贴等）、行政管理、财务、税费等。由此，社会工作机构实属难以通过项目提升社会工作者的薪酬待遇。

二是社会工作职业社会地位低。普通民众由于对社会工作缺乏了解和认识，常常将社会工作者等同于志愿者，即便是社会工作服务实践开展较早的东部一线城市，居民也很难认可社会工作是一门正式的职业，社会工作从业者难以获得较高的社会声誉和地位。同时，行政力量的强势，让社会工作者面临着被指挥、被支配乃至被否定的困境，进而对专业价值和自我能力产生怀疑。这些因素都在一定程度上降低了社会工作者的职业认同度。

三是社会工作服务项目不稳定。目前，政府向社会工作机构购买服务项目的周期一般为一年，第二年是否购买取决于财政资金、项目评估效果、领导决策等多种复杂多变的因素，而当机构第二年不能获得项目资金时，就意味着项目的终止，这样机构就需要承接新的项目以实现原项目人员的"转移"。然而，当社会工作机构面临项目缩减、原项目工作人员又不愿意从事新项目时，社会工作者就会选择离职。可以说，项目购买的不稳定性和不连续性，在一定程度上加剧了社会工作机构员工的流失。

社会工作机构经费不足、相关购买政策不具体，导致目前社会工作行业整体生存困难，不良的就业环境、不公平的对待以及较低的社会认同，都在一定程度上加剧了社会工作者的流失。机构留不住人才，项目的服务延续性也就成了大问题。（XL - H - 11）

对我们来说，当前最大的一个挑战是项目购买的持续性，项目的终止可能让我们流失掉刚"带上路"的员工，机构总是在带新人，甚至连新人都招不到，怎么谈专业服务、怎么进行品质服务的输出呢？（HX1 - PM - 12）

薪酬待遇低、社会地位低和项目的可持续性低，导致社会工作机构专业人才严重紧缺。社会工作机构在招聘人员时，只能降低学历层次要求以及不作专业限制，还有部分机构倾向于招聘当地年轻妈妈，以降低机构员工的流失率。然而，这些都在一定程度上造成了专业弱化的问题，严重制约了社会工作机构的服务能力，导致机构服务水平下降。

(二) 资源链接与整合能力不足

社区服务供给是一个复杂的过程，它对社会工作机构和社会工作者的能力有较高的要求。当被问到为了扮演好社区服务角色，机构和社会工作者应具备什么样的能力时，被访者给出了如下答案。

在服务中，我是深刻地感受到资源链接和整合对做好社会工作服务的重要意义的。上学的时候，同学们经常会在一起谈论心理学和社会工作的差异，有同学觉得心理学专业性更强。有同学坚持认为心理学和社会工作介入的视角和策略是不一样的，社会工作坚持"人在情境中"，从环境入手，从外至内介入去帮助服务对象。作为社会工作者，我深刻地感受到了社会工作从关系情境和系统中分析服务对象问题的魅力，也更加深刻地体会到了社会工作者资源链接和整合能力的重要性和必要性! (HY - PM - 09)

机构和社会工作者具不具备资源整合能力，不仅影响服务效果，甚至关系到机构参与社区治理的机会，因为长期依靠政府支持不太现实，机构最终要靠自己的实力开展服务。(LQ - H - 12)

现在，政府在大力推动社区基金，机构都在所在社区成立了社区基金。成立基金不难，政府开通了绿色通道，3000 元就够了，但是如何让社区基金增值，这就考验机构的资源链接能力了。(RZ - H - 03)

资源不仅是社会工作机构有效公共服务供给和社区自治的重要保障，更是社会工作机构正常运作与发展的关键要素。正如杰弗里·菲佛所说:"组织生存的关键就是获取维系资源的能力。"[1] 因而，资源链接与整合对社区治理和组织发展都具有重要的意义。在社区场域，多元治理主体往往因主体责任不明、利益诉求不同，而以分散的、非合作的方式在社区治理

---

① 杰弗里．菲佛，杰勒尔德·R．萨兰奇科．组织的外部控制：对组织资源依赖的分析 [M]．北京：东方出版社，2006.

中各自发挥作用，这导致社区治理内部资源呈现散、小、细、碎的分布状态，社区资源难以被整合和充分利用，而常常处于被闲置、被浪费的状态，进而大大影响了社区治理效能。而社会工作机构可以利用"第三方"的身份优势，联合社区外部与内部资源，避免资源的分配不均、资源闲置与资源浪费，同时推动社区多元治理主体在协同系统中汇聚和整合，实现资源统一、优化配置。总之，社会工作机构要善于充分利用政府资源、调动社区内部现有资源、开发社区潜在资源以及进一步拓展社区外部资源。

项目资助方非常看重机构的资源整合能力，甚至"逼迫"机构加强资源链接。他们常挂在嘴边的话就是"你们不能光靠我们，我们只是扶你们上马一程，剩下的你们要靠自己"。资源整合对于做好项目和促进机构前期发展的重要性，我们肯定知道，也知道有些机构确实做得不错，但是对我机构来说，资源整合确实难，能力不够啊。（CXWL - S - 04）

访谈中笔者发现，在社区治理中，社会工作机构及社会工作者资源链接和整合能力较弱。大多数社会工作机构调动、开发、拓展社区内外部资源的能力极其有限，机构将主要精力集中在争取政府政策和资金的支持上。一是社会工作机构资金来源单一，主要来自政府项目经费支持，而资金来源的单一，严重影响了机构的独立自主性。正如萨拉蒙所说，承接政府购买服务的社会工作机构可能面临"卖方主义"的潜在危险，即社会工作机构在寻求政府资金时扭曲了自己的使命。在基层政府工作人员为了追求政绩，倾向于扶持短期的、见效快的、显性的公共服务项目时，社会工作机构选择依从政府的意愿，公共服务内容、供给的范围、对象与方式都听从政府的指令，而非来自居民需求的驱动。这严重地削弱了社会工作机构的公共服务能力。同时，社会工作机构形成了对政府资源依赖的惰性，机构筹资能力、挖掘和链接多方资源的动力和能力严重不足。另外，政府项目购买数量和金额有限，社会工作机构无法为社会工作者提供好的薪酬待遇，导致机构难以"招得来"和"留得住"高素质的专业人才，而专业人才的缺乏会进一步影响机构的资源筹集能力。

二、合作网络建构与利益协调不足：协同参与能力欠缺

协同参与能力是社会工作机构参与社区治理的"高阶能力"，它是推动形成共建共治共享社区治理格局、推进社区治理社会化的重要支撑。社会工作机构协同参与能力包括在社区治理中合作关系网络的建构和多元关系的协调。

（一）合作治理网络建构能力不足

社区治理的关键要务是打破多元主体孤立、零散的状态，实现多元主体共同参与、协同共治。在社区治理中，社会工作机构能够充分发挥专业和身份优势，促进多元主体合作共治网络的建构。然而，现实是，社会工作机构在发动多元主体参与中"力有不逮"。

发动社区居民、周边商户参与着实有困难，他们对社区的事情普遍不感兴趣，对于自己切身相关的事情呢，他们又不太愿意相信我们。(ZC-S-01)

其实我们社会工作机构、社会组织完全可以联动起来，实现力量整合，发挥更大的价值，但是社会工作机构间、社会工作机构和一般社会组织间还是存在一定隔阂的，把彼此当作竞争对手，而不是合作伙伴，主要是资源有限，觉得如果对方得到了资源，自己就失去了资源。大家没有看到合作的价值。(AXTS-S-06)

从访谈中可以看出，社会工作机构与企业协同不足。企业作为社区治理参与的另一重要主体，其在社区治理和服务中能够充分发挥资源和效率优势，因而成为社会工作机构合作协同的重要对象。然而，从现实看，社会工作机构与企业在社区治理中缺乏有效协作。双方的沟通渠道尚未建立，缺乏互联互通的话语、动力、平台与路径，更缺乏必要的信任，互动动力不足。社会工作机构与其他社会工作机构（社会组织）协同也不足。这缘于现有制度的不完善与不规范。如政府购买服务制度建设的不足，导致部分社会工作机构间出现了恶性竞争的现象。为了获取有限的资源，部分社会工作机构以商业领域"适者生存"的丛林法则恶性竞争，这降低了

社会工作机构的公信力。在一定程度上对社会工作机构作为社会力量提升社区治理与服务能力造成了负面影响。

同时，社会工作机构与政府协同运作不足。社会工作机构与政府以项目为联结，实现主体联结和资源整合。社会工作机构与政府的合作建立在良好和充分沟通的前提下，然而现实是，社会工作机构与政府之间缺乏有效的沟通和协作机制，政府与社会工作机构的协同常常处于信息不对称、地位不对等的局面，致使社会工作机构在与政府合作中处于弱势地位，只能被动地执行政府仅以传统行政命令方式传达的决策，而根本无法企及政府行政咨询决策层面。

（二）多元主体利益协调能力不足

理论上，社会工作机构在社区治理中发挥着协同功能，充分发挥"第三方"身份的作用，有力地协调政府、社区居委会、居民、企业、社会组织等主体间的矛盾，促进多元主体合作共治。由于利益诉求、行动目标的差异，在社区治理中，政府与公众、政府与企业、企业与公众之间容易形成各种各样的矛盾，而作为"缓冲剂"和"润滑油"的社会工作机构可以缓和社会主体间的矛盾。首先，作为政府和公众的中间环节，社会工作机构"游走"在双方之间，促进矛盾双方信息的沟通和利益关系的协调。一方面，社会工作机构可利用与公众近距离接触的优势，向公众解释政府决策的动机和目的，从而提高其对政府的信任度；另一方面，社会工作机构能够将群众的意见和建议反映给政府相关部门，促使政府提高决策的正确性和适用性。社会工作机构作为政府和企业之间的桥梁，能够促进双方的沟通和磨合，使国家对市场的宏观调控的度和手段更符合共同发展理念。访谈中，被访者谈到了利益协调工作的难度。

机构要协调好社区和居民之间的关系，可是实际上，居民不熟悉我们、社区不了解我们，关系协调成为停留在书本上的东西。现在我们是有事找书记，让书记"撑场子"，以便于居民认识、相信我们。协调工作背后涉及的利益主体很多，社会工作和机构远离群众，机构自身实力不强、能力不够。（ZJ－PM－05）

利益协调工作不要轻易去触碰。我记得老师上课讲过,社区的老问题、难题一般都涉及多方主体、多重利益链,社会工作者要是不知轻重地掀开,又没有很好的处理办法,会引发社区居民情绪激昂乃至带来社区失序的风险。我们觉得我们机构,不,应该是大多数社工机构都不具备这种能力。所以我们选择"绕道"走。(ZC – PM – 01)

合作治理网络和多元主体利益协调能力的不足,体现了社会工作机构参与社区治理的协调能力的不足。

总之,服务供给和社会协同能力的不足,严重掣肘了社会工作机构在社区治理中能动性的发挥,社会工作机构面临能动性式微的困境。能动性式微实质反映的是社会工作机构在社区治理中的专业脱嵌,社会工作机构难以满足人们对其专业性的期待。它直接导致了社会工作机构参与社区治理功能的弱化和服务效果的"不显"。社会工作机构的治理功能与服务功能在实践中往往是彼此衔接或交织在一起的。社会工作机构为居民提供高质量服务,获取居民的认同,进而引导居民和动员居民参与社区公共事务,就是所谓以服务促治理,即服务型治理。因此,为社区居民提供高质量的专业服务具有重要的意义。然而,由于专业的脱嵌,社会工作机构专业服务效果并不显著,难以体现其专业优势。

本章小结

通过社会工作机构参与社区治理的实证考察,我们知道,当前社会工作机构在社区治理中面临着主体性缺失的问题。

一是目的性迷失。社会工作机构在社区治理中将"生存逻辑"置于首位,不断淡化"公益性"和"社会性"的终极目的,专注于"找项目"、服务亮点打造与项目成本控制,追逐机构的工具性目的。这种将(工具)手段作为(价值)目的的做法,导致社会工作机构参与社区治理的目标偏移。二是自主性缺失。社会工作机构在社区治理中面临着组织独立性和自治性严重不足的现实境况。一方面,由于组织合法性和资源的严重外部依赖性，社会工作机构在与社区治理主体尤其是强势主体的交往互动中，难以彰显主体的权利和边界，成为强势主体的附属，组织独立性缺失；另一方面，社会工作机构在社区治理场域中缺乏按照自身目标进行自我决策和自我行动的能力，组织自治性缺失。三是自觉性缺乏。自觉性缺乏指社会工作机构在参与社区治理中对自我身份、价值使命和行动逻辑的非理性认知，具体体现为社会工作机构成员对机构主体地位认知不清、对机构价值使命认同度不高、组织结构和文化建设不足、价值和工具理性行动失衡、专业实践反思与创新不足等。四是能动性式微。能动性式微主要是指社会工作机构在社区治理中服务供给和协同参与两大基本能力不足，导致机构参与社区治理时专业脱嵌，机构难以有效发挥组织功能。

社会工作机构的主体性缺失实质反映的是社会工作机构在社区治理中的价值偏移与目标错位、专业脱嵌与能力不足、多元主体交往困境与主体失位等深层次问题。主体性缺失带来的结果是社会工作机构参与社区治理的功能梗阻，以及社会工作机构参与社区治理的主体身份和实践合法性危机。

值得注意的是，从调研样本选择看，社会工作机构主体性缺失程度与机构的地域分布、成立时间、（专业）员工数量及所占比例具有一定的相关性，但不具有必然性。

从地域上看，东部沿海地区的社会工作机构，因完善的制度环境①、社会工作专业人才集聚、社会工作服务实践经验累积优势，更有助于机构主体性的彰显，然而，近年来中西部社会工作机构因地方政府对社会工作的重视和大力支持，获取了快速发展机会，地域分布已不是机构发展和主体性评判的基准。一般而言，成立时间早的社会工作机构因管理制度健全、内部管理规范、具备社会工作基本知识和素养的社会工作者数量及所占比例高，因此具备更强的专业能力。然而，并不能因此就认为成立时间早、社会工作者数量多的社会工作机构在社区治理中具备更强的主体性，制度执行环境、社区治理情境和多主体关系都会对机构主体性产生影响。

---

① 制度环境主要由正式制度和非正式制度构成，正式制度主要为"文本"政策，包括社会工作专业人才政策、服务项目购买制度等，非正式制度则包括行业规范、社会认同度等。

第四章

脱离与偏移：社会工作机构主体性缺失的内在机理

根据"主体性嵌入"的"行动者"假设，社会工作机构主体性建构受社会结构和关系情境的影响和形塑。本章将从结构和关系维度出发，探讨结构及治理主体间的交往互动对社会工作机构主体性的影响和形塑。宏观层面聚焦国家与社会关系格局对社会工作机构主体性先天发育的影响，微观层面则聚焦社区治理场域，分析社区治理结构尤其是政府、市场和社区主体的角色定位、行动逻辑对社会工作机构主体性后天成长的影响。

第一节　失衡的关系格局制约
社会工作机构主体性的"一阶发育"

社会工作机构主体性的形成并非"一蹴而就"，而是一个不断建构的过程。社会工作机构主体性"一阶发育"强调的是机构的"初成长"与主体性建构。分析社会工作机构主体性的"一阶发育"，应立足机构发展的宏观社会背景和社会结构，从社会工作机构的行业成长历程中寻找线索，国家与社会的关系便进入了我们的分析视野。

新中国成立后，在国家权力高度集中化与计划经济体制下，国家权力深深渗入社会的各个角落，对社会实行全方位的管理，国家与社会高度一体化，形成了总体性社会。政府处于绝对的主导地位，社会组织只是政府的附属，绝对服从政府的安排。随着社会的发展，高度一体化的国家与社会关系在一定程度上成了阻碍了中国社会进步与发展的结构因素。据此，国家首先进行了经济体制改革，破除计划经济体制，实行党企分离、政企分开，国家这只"有形之手"逐步退出市场，市场经济体制改革使社会获得了比较大的自由空间和自主权利，让经济生活充满生机与活力。市场经济的发展和社会生活的多样化，进一步推进了社会阶层的分化。阶层分化带来了新思想、新问题以及多元利益诉求，进而给国家的社会管理带来了挑战、困难和压力。在此形势下国家选择从一些社会领域逐步撤出，社会空间被逐步释放出来，社会的自主性不断增强，总体性社会逐步走向解体。在这一背景下，社会组织通过自上而下的政府发起和自下而上的自主成立两种方式蓬勃发展。社会组织广泛参与社会、政治和文化生活，在基层社会治理、社区建设和社会秩序维护中发挥着重要作用。

然而，总体来看，国家与社会的关系仍处于"失衡"状态，形成了"强国家－弱社会"的关系格局。这种关系格局成为社会工作机构发育成长的宏观社会背景，影响着社会工作机构的主体性发育。

一、"强国家"权利让渡与社会工作机构催生式成长

回顾社会工作机构的发展历程，2003 年上海乐群社会工作服务社的登记注册，标志着中国内地社会工作机构的兴起和发展。同年，在上海市政府的主导下，上海成立了 3 家社会工作机构，分别为自强社会服务总社、新航社区服务总站、阳光社区青少年事务中心，3 家机构分别为社区药物滥用、社区服刑人员和刑满释放人员、失足青少年提供社会工作服务。可以看出的是，这 3 家机构名称并未出现"社会工作"，当时专业社会工作机构在全国寥寥无几。直至 2006 年 10 月，党的十六届六中全会召开，作出了建设宏大的社会工作人才队伍的决策部署。在此背景下，社会工作机构获得了快速发展的机会。2007 年，在深圳市民政局的大力支持下，由深圳大学社会工作专业教师领办成立了广东省第一家社会工作机构——深圳市鹏星社会工作服务社。2007 年 10 月，深圳市委、市人民政府发布《关于加强社会工作人才队伍建设 推进社会工作发展的意见》，提出建立以"公办福利机构为基础，民间社会工作服务机构为主体"的社会服务运行

模式，支持社会工作服务机构的发展①。

笔者调研的机构中，成立于 2007 年的深圳 CH 社会工作服务中心理事长在机构缘起中写道：

在 2006 年之前，我从事的主要是房地产和社区物业管理工作，正是在那个时候，我接触到了基层社区，对社区居民的服务需求有了深入的了解和体会，社区居民的酸甜苦辣以及他们对幸福生活的渴望，给我留下了深刻的印象。也是从那时起，我暗下决心要为社区居民的幸福生活做一些力所能及的事情。

2007 年初，深圳市推行了"阳光妈妈"项目。从小我就对心理学非常感兴趣，我大学期间辅修了心理学。结合我自己的专业优势，希望能给单亲母亲提供一些心理咨询服务。于是，我主动申请参加了龙岗区妇联开展的"阳光妈妈"心灵港湾项目，成为该项目的志愿者并担任负责人。"阳光妈妈"项目旨在为面临困境的单亲母亲提供心理疏导服务，陪同她们走出风雨。这是我第一次从事社会工作实务工作，从此一发不可收拾。

……

幸遇天时地利人和！2006 年 10 月召开的中共中央十六届六中全会，作出了"建设宏大的社会工作人才队伍"的战略部署，社会工作迎来了新的发展契机。深圳市具有良好的社会工作发展土壤，特别是龙岗区在 2007 年入选了民政部社会工作人才队伍建设首批试点地区。同时，我的领导、朋友、家人们都支持我投身社会工作事业。

"有梦想就要马上行动"，我果断拿起笔给当时为"阳光妈妈"项目揭牌的龙岗区领导写了一封长信，表达了成立一个组织、从事社会工作事业的渴望，并希望能够得到政府部门的支持。

有信念就有方向，有爱就有力量。2007 年 12 月 29 日 CH 社会工作服务中心正式成立。2008 年 2 月，CH 首批社会工作者上岗。

---

① 关于加强社会工作人才队伍建设 推进社会工作发展的意见 ［EB/OL］．（2008 - 08 - 29）［2022 - 6 - 11］．https：//www. sz. gov. cn/cn/xxgk/zfxxgj/zcfg/content/post_ 9048540. html.

从 CH 社会工作服务中心理事长无比感慨的回忆中，我们可以了解到，CH 机构的成立离不开国家政策和当地政府的支持。

与西方社会工作机构自发生长于民间社会不同，我国社会工作机构是在国家的支持和"保驾护航"下发育起来的。也就是说，相较于西方社会工作机构"自下而上"的成长路径，我国社会工作机构走的是一条"自上而下"的路径。是什么导致了我国社会工作机构与西方社会工作机构成长路径的差异呢？正如前文所言，"弱社会"让社会工作机构的自然发育缺乏基础，"强国家"的推动和支持成为我国社会工作机构发展的重要支撑。查阅国家和地方政府出台的社会工作（机构）相关政策及制度文件能够发现，国家和政府通过"让位""赋能"的方式，强力推动社会工作和社会工作机构发展。

（一）国家强力推动社会工作发展

1. 治理权力与空间让渡

国家主动让渡部分社会空间，将自身不该做的和做不好的事情交由社会工作机构，在提升公共服务质量和降低公共治理成本的同时，也使社会工作机构获得了生存与发展的空间。

一是转移政府职能，让渡治理权力。伴随单位制向社区制的转型，原先由单位承担的社会服务、社会保障、社会管理、风险防控等事务都下沉至社区。一方面，由于治理任务过重、治理资源的不足、治理手段和方式的单一，基层政府疲于应对众多且繁复的社区事务，尤其是面对居民日益增长的社会服务需求和社区参与意愿，基层政府感到"力不从心"。基层政府亟须寻找得力"帮手"和专业力量，以应对当前社区治理的新形势、新变化和新要求。另一方面，转变社区行政化治理模式，推动社区治理社会化和自治性本质回归成为社区治理创新的重心和基本面向。由此，基层政府加快职能转变，部分职能向社会组织移交，激发社区活力，提升社区治理水平。其中，社会工作机构因专业性和社会优势，受到高度重视，政府将社会工作机构纳入基层社会治理体系，充分利用社会工作机构获取资源渠道的多元性、公共服务的专业性、公共利益诉求的代表性和治理方式的灵活性，让其在治理资源整合、公共服务提供、民众诉求表达、民众权益保护、公共政策制定等方面发挥重要作用。

二是深入推进政社分离分开，激发社会活力。政社分开即政府与社会组织分开，强调政府的事情政府管，社会的事情社会管。政社分开是为了"激发社会组织活力"，激发社会组织参与社会治理的主动性和能动性。实际上，地方政府在此之前就在积极探索政府与社会组织的分开和脱钩。2005年，广东省开始尝试社会组织管理体制的改革创新，开启了行业协会去行政化之路。北京紧跟其后，明确规定四类社会组织（协会商会类、公益慈善类、城乡社区服务类、科技类）"脱钩"政府部门①。总体而言，通过人员、场所、利益、资产、职能等方面的脱离，实现了社会组织与政府的分离。政社分开实质上是修正政府职能的越位、错位，实现政府职能的回归，政府主动从社会组织中退出，给予社会组织发展的主动权。

三是强势建构"契约化＋项目化"机制，推动社会工作参与基层社会治理。通过政府购买社会工作服务的方式，让社会工作机构以项目嵌入的方式参与社会服务和基层社会治理。我国政府购买社会工作服务实践探索始于地方。2003年，上海市通过政府购买服务的方式，让社会工作机构为社区药物滥用、社区服刑人员和刑满释放人员以及失足青少年提供专业服务。2007年，深圳确定了"以政府出资，民间机构运营"的新型社会工作服务模式②。2012年，广东省在全国率先推出《政府向社会组织购买社会服务暂行办法》③。地方政府的积极探索，推动了国家相关制度的出台。2012年，民政部、财政部印发《关于政府购买社会工作服务的指导意见》，明确了政府购买社会工作服务的主体、对象、范围、程序与监督管理，促使社会工作在提供公共服务上发挥重要功能④。"契约化＋项目化"机制的建构，为社会工作机构参与基层社会治理创造了条件和机会。

---

① 张雪苂．《北京市社会组织直接登记管理办法》4月出台［N/OL］．公益时报，（2013 - 10 - 17）［2023 - 01 - 11］．http：//www. gongyishibao. com/html/zhengcefagui/3241. html.

② 关于加强社会工作人才队伍建设　推进社会工作发展的意见［EB/OL］．（2008 - 08 - 29）［2022 - 05 - 16］．https：//www. sz. gov. cn/cn/xxgk/zfxxgj/zcfg/content/post_ 9048540. html.

③ 印发政府向社会组织购买服务暂行办法的通知［EB/OL］．（2012 - 05 - 31）［2022 - 05 - 16］．https：//www. gd. gov. cn/gkmlpt/content/0/140/post_ 140791. html#7.

④ 关于政府购买社会工作服务的指导意见［EB/OL］．（2012 - 11 - 21）［2023 - 01 - 11］．https：//xxgk. mca. gov. cn：8445/gdnps/pc/content. jsp？mtype = 1&id = 14680.

2. 合法性与资源的双重赋能

合法性和资源对社会工作机构的生存和发展具有基础性意义。国家通过一系列政策文件的发布，资金、技术、场所等资源的支持，推动社会工作机构发展。

一是合法性赋予。对于组织而言，合法性是组织存在的前提。作为舶来品，社会工作和社会工作机构不为中国老百姓所熟知，因此合法性的获得，对于机构的生存和发展至关重要。它是社会工作机构获取生存资源、开展服务实践的前提。为了推动社会工作机构获得合法性，国家出台了一系列政策文件和制度，不断优化社会工作机构的制度环境。

表 4.1　部分社会工作专业人才政策文件

年份	发布部门	文件名称
2006	中共中央	《关于构建社会主义和谐社会若干重大问题的决定》
2006	人事部、民政部	《社会工作者职业水平评价暂行规定》
2006	人事部、民政部	《助理社会工作师、社会工作师职业水平考试实施办法》
2009	民政部	《社会工作者职业水平证书登记办法》
2010	中共中央、国务院	《国家中长期人才发展规划纲要（2010—2020年）》
2011	中央组织部、中央政法委、民政部等18部门	《关于加强社会工作专业人才队伍建设的意见》
2012	中央组织部、中央政法委、民政部等19部门	《社会工作专业人才队伍建设中长期规划（2011—2020年）》

其一，为社会工作专业人才"正名"。社会工作专业人才是社会工作机构存在和发展的重要支撑。国家相继出台了一系列社会工作专业人才政策，推动社会工作专业人才队伍建设。首先，社会工作专业人才培养规划正式纳入国家顶层设计，党的十六届六中全会首次提出要"建设宏大的社会工作人才队伍"，从宏观上确认了社会工作的政治意蕴。其次，制定社会工作者职业水平评价制度，推动社会工作职业化发展。自此，社会工作

成为一种职业,从事社会工作的人员即社会工作者不同于一般志愿者。同时,为强化社会工作人才建设的战略地位,国家将社会工作人才认定为国家重点培养的六类人才之一①。

其二,给予社会工作机构"特殊关照"。民政部先后出台了《关于促进民办社会工作服务机构发展的通知》《关于进一步加快推进民办社会工作服务机构发展的意见》,强调促进社会工作机构发展的重要性,提出推进政府购买社会工作机构服务、完善促进社会工作机构发展的激励和保障措施②。同时,文件对"民办社会工作服务机构"进行了界定,强调了其具有的专业性和民间性。其实,国外一般将吸纳社会工作专业人才的组织称为"社会服务机构"或"社会福利机构",而我国为了凸显其专业地位和优势,冠名为"社会工作服务机构",这足可以见国家对社会工作机构的重视。为此,国家出台了一系列政策制度,并给予资源支持,推动社会工作机构快速发展。

其三,推动社会工作机构获取实践权。以购买服务方式推动社会工作机构参与社会服务和基层社会治理。最初,国家对社会工作机构角色定位和功能的期待仅是协助基层政府做好社会救助和困难人群服务工作,发挥好"安全阀"作用,维持社会秩序。随着对社会工作机构专业性和功能优势的认可,政府进一步拓展了社会工作机构参与基层社会治理的实践空间。在相关政策的推动下,社会工作机构的服务领域、服务对象和服务区域都得到了拓展。从服务领域看,已然突破了传统的社会救助和社会福利领域,进入公共卫生、教育辅导、残障康复、司法矫正、基层社会治理以及公共应急管理等领域;从服务对象看,其不局限于贫困人群、城市流动人口、农村留守人员、困难和受灾群众,而是延展至广大社会民众;从服务区域看,从城市社区进入更多农村家庭,从东部沿海扩展至中西部内陆地区。

二是资源支持。组织的资源一般包括人力、物力、财力、信息等要

---

① 国家中长期人才发展规划纲要(2010—2020 年)[J].四川劳动保障,2010(8):36–39.

② 民政部关于促进民办社会工作服务机构发展的通知[EB/OL].(2009–10–12)[2022–05–16]. https://xxgk. mca. gov. cn:8445/gdnps/pc/content. jsp? mtype = 1&id = 14293.

素，它们是组织生产与发展的基础。可以说，资源获取是社会工作机构实现服务有效递送、基层社会治理参与的前提和基本保障。社会工作机构的非营利性、公益性与自愿性等特质，决定了社会工作机构的发展需要国家制度与政策的支持。

一方面，政府创造良好与宽松的制度环境满足社会工作机构在专业人才、经费筹集、信息技术、物质资源等方面的需求。为了支持社会工作机构的快速发展，部分地方率先调整了机构成立的注册资金，由原来的 10 万元注册资金减少到 3 万元①。购买社会工作专业服务成为政府支持社会工作机构发展和服务实践的重要举措。2003 年以来，上海、广州、北京等地探索了政府向社会工作机构购买公共服务的实践。2012 年，中央首次通过建立公共财政资助机制加强对社会工作服务组织的培育和扶持。地方政府向社会工作机构所投入的资金规模不断增大，以 2017 年为例，全国各地社会工作投入资金量达 51.1 亿元，9 个省（自治区、直辖市）的投入资金超过 1 亿元，其中广东投入资金超过 18 亿元、上海投入资金超过 13 亿元②。可以说，相较于其他类型的社会组织，政府对社会工作机构的"偏爱"是毋庸置疑的，社会工作机构在资金、场地和政策上所获得的支持，是其他社会组织不可比拟的。

另一方面，政府保障社会工作机构在公共资源配置与公共服务提供上的主体地位。对社会资源的整合与配置是社会工作机构的重要功能，它使社会工作机构在公共服务的提供上具有独特的优势，弥补了政府与市场在提供公共服务上的失灵，更好地满足了公众多元化的需求。政府出台相关政策文件促进社会资源的开发配置，促使政府从儿童照顾、老年人服务、精神病人服务等公共服务领域退出，将其交由社会工作机构承担。

（二）社会工作机构催生式成长

在国家的强力推动下，社会工作机构经由自上而下的路径快速发展起

---

① 社会工作专业人才队伍建设中长期规划（2011—2020 年）［EB/OL］.（2012 – 04 – 26）［2022 – 05 – 17］. https：//www.mca.gov.cn/article/gk/ghjh/201204/20120415302325.shtml.
② 王勇. 去年各地社会工作投入资金量达 51.1 亿元［EB/OL］. 公益时报，（2018 – 02 – 28）［2022 – 05 – 17］. http：//www.gongyishibao.com/html/yaowen/13448.html.

来。从全国范围来看，2011 年之前，社会工作机构数量处于有限增长阶段，主要分布于深圳、广州、上海等一线城市，到 2010 年底，全国社会工作机构只有 500 多家。2012 年后尤其是 2015 年后，伴随国家政策的大力支持，社会工作机构在精准扶贫、抗震救灾、基层社会治理、司法、医务等领域拥有了更多的参与机会，社会工作机构进入快速增长阶段，机构数量年均增长 1000 余家。社会工作机构不再局限于东部沿海或一二线城市，在中西部区域的三四线城市也得以创办和发展。2015—2021 年，社会工作机构数量处于稳定增长阶段。2015 年政府工作报告首次提出"发展专业社会工作"，将发展专业社会工作作为加强和创新社会治理的重要任务明确提了出来。之后，2016 年、2017 年、2018 年政府工作报告均提出了发展社会工作的任务目标。2015—2018 年，我国社会工作机构从 4500 多家增长至 9793 家，数量增长了 1 倍多（见图 4.1）。2021 年全国共拥有 1.3 万家社会工作机构，广东省、浙江省、四川省的社会工作机构数量突破 1000家。以四川省为例，2016—2021 年，社会工作机构数量由 611 家增长至1300 家。

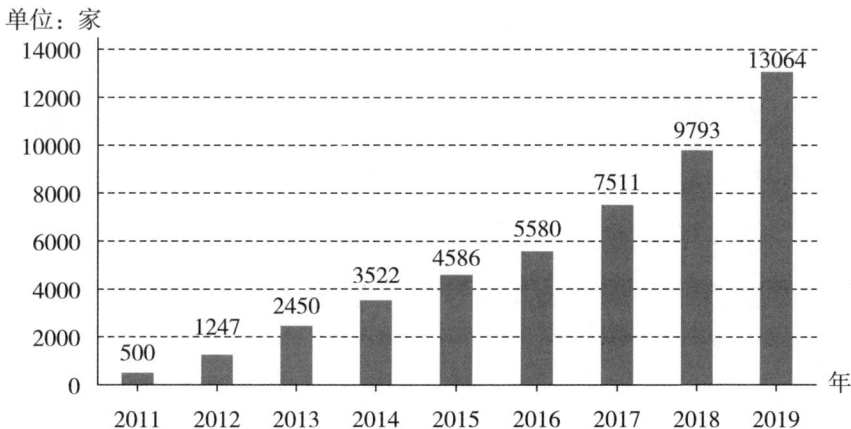

图 4.1 2011—2019 年全国社会工作机构的数量

我国社会工作机构的快速发展，离不开国家和地方政府为社会工作机构的创办、培训和发展提供的政策和资金支持。为了推动社会工作机构的快速发展，国家和地方各级政府首先进行了社会工作机构等级注册制度的改革，进一步放宽登记注册条件，简化登记注册程序，鼓励和支持社会工作机构的创办。其次加大了财政资金投入力度，推动社会工作机构发展。以广东为例，2007—2013 年，全省各级政府财政支持社会工作发展资金总额达到 11.1109 亿元①。国家和地方政府的支持带来的结果是喜人的，以广东省为例，2007 年成立了广东省第一家社会工作机构——鹏星社会工作服务社，2016 年广东全省的社会工作机构数量达到了 1163 家，年均增长超 100 家②。

笔者调研的社会工作机构也充分印证和说明了这一点。调研的 17 家机构，从注册时间来看，最早成立于 2007 年，其创办背景是 2006 年党的十六届六中全会对社会工作专业人才发展的战略部署，社会工作人才发展和服务实践受到地方政府的高度重视，在地方政府的推动和支持下，社会工作机构开始创立。CH 社会工作服务中心理事长的一封恰逢其时的信，让 CH 在短短两个月的时间内得以创办。同时，从调研机构来看，大多数机构成立于 2012 年后，尤其是 2020 年（调研机构中 4 家机构成立于 2020 年），而这些都可以从我国社会工作发展政策脉络与政府购买社会工作服务项目资金投入中找到线索，如中央政府 2012 年首次通过建立公共财政资助机制加强对社会工作机构的培育和扶持，2020 年社会工作机构"井喷式"的发展，则缘于乡镇（街道）社会工作服务站的建设在全国范围内的开展，而作为社工站运营主体的社会工作机构则得到了政府的"青睐"和项目资金支持。

二、脱离本土实践与能力不足：催生式成长的隐患

社会工作机构获得了快速的发展，并获得了越来越多的机会参与社区治理和社区服务。正当政府和社会对社会工作机构的"专业性"满怀期待时，社会工作机构却显得"力不从心"。访谈中，当笔者询问被访者认为

---

① 罗观翠. 广东社会工作发展报告（2014）［M］. 北京：社会科学文献出版社，2014.
② 民政部：深圳市社会工作十年发展报告［EB/OL］.（2016 – 11 – 07）［2022 – 05 – 18］. https：//mzzt. mca. gov. cn/article/sggzzsn/jlcl/201611/20161100887275. shtml.

社会工作机构参与社区治理是否满足了其专业期待时，他们给出了如下回答。

首先要看满足了谁的专业期待，是服务对象还是政府？对服务对象而言，我觉得他们对机构和社会工作者是零期待，但我们确实帮政府解决了一些问题，服务对象开心了。对政府而言，其对机构和社会工作者的专业性有较高的期待，这种期待是能够为政府所用，为政府分忧解难，最好能够为政府创造成绩。我认为，整体而言，社会工作者还是难以凭借专业能力获得政府和服务对象的满意的。一般而言，服务对象对社会工作者的满意不是建立在专业能力评价上的，而是认为社会工作者是在做雷锋办好事，是一种出于道义的感激和满足。至于政府，机构在与他们的合作中，挨批受训的情况多了，经常被批评专业能力差。（XJ-H-09）

我觉得，目前社会工作机构参与社区治理发挥的作用不大，也不能说是完全没有作用，但是作用比较微弱，多数机构的专业能力不足。参与社区治理需要极强的专业能力，为服务对象提供专业服务是基本能力，除此之外，还得拥有多元资源链接整合能力、项目管理运作能力、多方关系协调处理、公关能力等。然而，多数机构呈现的专业能力是不足的。（CY-PM-03）

社区治理对社会工作者的专业能力要求是极高的，社会工作者面对的是各种各样的难题，需要去应对、去解决。很多时候，我们自己都很无力，能力不够啊。每当这个时候就后悔上学时没有努力学习。（HX-S-03）

访谈中，被访者普遍认为社会工作机构参与社区治理的专业能力不足。这种感受同样从政府和社区工作人员的访谈中得到了确认。笔者询问政府和社区工作人员，社会工作机构参与社区治理有哪些优势、存在哪些问题时，他们大多认为社会工作机构是"专业的"，对于机构参与社区治理存在的问题，他们的回答则是"不够专业""专业优势不明显"。

我们为什么要向A社会工作机构而不是B社会组织购买服务呢，因为社会工作机构是专业的。但是通过这一年的合作，我觉得，社会工作机构专业能力还远远不够，甚至在我看来，还不如之前合作的 B 社会组织"灵光"。（追问："灵光"是什么意思？）B 社会组织善于挖掘和链接资源，募集了近 10 万元的服务经费。重要的是，B 跟我们关系也处得好。（N 市 G 区民政局张局长）

他们都说社会工作机构和社会工作是专业的。专业不专业我不好评判，但是就解决问题的结果来看，社会工作机构的专业优势不明显，我觉得他们（指社会工作者）未必强于我们社区的工作人员。（N 市 SJP 社区罗书记）

我觉得机构和社会工作还不够专业。我还是懂社会工作的，之前考取了证书（社会工作者职业资格证书），所以还是知道社会工作的价值理念、服务方式及方法的。但是，就社区入驻的机构来说，我觉得他们可以做得更好，准确地说，就是要和老百姓打成一片，同时根据当地实际情况开展工作，不能生搬硬套。（G 市 CX 社区张书记）

被访者强调的社会工作机构参与社区治理的专业能力，具备极强的"实践"取向。社会工作机构专业能力的不足，实质反映的是机构的"专业实践能力"的不足。社会工作是一门注重实务的应用型学科，具有强烈的实践关切，因此专业实践能力成为检验社会工作专业性的重要指标。社会工作机构的专业实践能力是指社会工作者基于专业知识的学习，在专业实践中利用、协调各种知识资源解决问题、完成任务，体现社会工作者在达到目标过程中对社会工作知识的理智选择和有效运用。具体而言，社会工作机构实践能力的主要专业价值理念、专业服务和反思能力，强调的是社会工作机构的行动力、反思力和创新力。

社会工作机构实践能力的不足，反映出社会工作机构催生式成长背后存在隐患。在社会工作机构迅速发展的同时，其专业能力和组织效能的表现并未令人满意。为什么呢？因为"外生"的社会工作，其价值伦理、理论知识和技巧方法都深深烙印着西方文化和政治意识形态，而这可能导致社会工作专业服务和本土情境之间存在较大的差异，因而需要根据本土文化进行选择、调适、融合和创新，以推动社会工作本土知识体系建构。换言之，社会工作要融入中国文化、制度体制、治理情境，实现本土化。然而，从社会工作发展缘起、专业教育和社会工作机构服务实践的表现来看，社会工作和社会工作机构的本土融入不够，相反，出现了专业理念与本土实践脱离的现象。

一是专业化的"权威主义"和"工具主义"色彩浓厚。追溯我国社会工作专业教育的发展，可以发现，民政部对我国社会工作专业教育重启起着直接推动作用。1984—1987 年，民政部组团分别前往我国香港、美国、加拿大、北欧考察社会服务制度、社会服务机构和社会工作教育。通过系统考察学习，提出了发展社会工作的建议，认为发展社会工作教育是推动社会工作发展的重要抓手。一方面，针对民政系统的干部开展教育培训。改革初期，面对民政干部的能力、素质普遍较低的情况，民政部通过在干部专修科和举办的各种短期培训班中开设社会工作课程，提升民政干部的专业能力。另一方面，积极推动高校社会工作专业的重建，培养社会工作专业人才。

民政部门推动社会工作专业恢复和发展是市场化改革"问题倒逼"所致[①]。中国社会现代化转型过程中所产生的社会风险和社会问题，对民政工作提出了新的要求和挑战，民政工作需要找到新的方法和路径进行有效应对，"专业化"便是民政工作的选择。一方面，通过"专业化"解决民政系统工作人员学历层次低、能力综合素质不足的问题，提升其工作能力和工作效率；另一方面，进行"专业化"则是出于提升民政部门地位和话语权的竞争性思维，即通过社会工作专业服务形成一套有别于其他部门的工作思路，提升民政工作价值和民政部门地位。可以说，当时的社会工作专业化略带一些"权威主义"和"工具主义"色彩，也即将有别于其他行业的理论知识和工作方法视为专业权威，提升自身的合法性地位，而并没

---

① 刘振，徐选国. 从专业性、社会性迈向学科自主性：新时代我国社会工作学科建设的内在逻辑与发展转向 [J]. 学习与实践，2020（1）：100 – 107.

有太多关注"实际效果"①。这导致当时的社会工作的学科建设对专业实践关注相对较少，不免出现了简单照搬西方理论的问题。

二是高校教育的"西式移植""专业本位主义"及实践训练的不足。中国社会工作的发展是"教育先行"。"教育先行"意味着社会工作本土实践的滞后性，而对西方社会工作教育模式的移植，导致了教育与实践的脱节。同时，"教育先行"虽为我国社会工作发展提供了专业人才支撑，但也给高校带来了"自证专业性"的急迫性和压力。然而，高校对专业化的过度追求和推崇使社会工作发展陷入了"专业本位主义"的陷阱。

进入21世纪以来，社会工作教育快速发展。由于缺乏专业知识积累，高校几乎照搬了西方社会知识体系，包括价值理念、理论知识和实务模式。而西方知识体系又成长于西方历史、政治制度和文化土壤中，因此，难以完全与中国实践相融，需要进行调适、选择和创新。然而，最初开设社会工作专业的高校缺乏拥有社会工作专业教育背景的教师，专业老师都是从哲学、心理学、社会学、管理学等相近学科转入，且本土化实务经验严重不足，难以进行理论修正和知识补充。西方社会工作知识体系的植入式教育，其弊端显而易见。由于西方社会工作知识体系建立在西方文化、经济、社会和生态基础之上，不同于中国实际，因此，运用西方知识体系回应中国社会工作本土实践产生了巨大的张力。

同时，高校还面临着社会工作专业合法性和学科地位获取的压力。同西方社会工作教育发展一样，我国高校社会工作教育也面临"自证专业性"的压力，需要获得专业合法性和学科地位。社会工作是一门"组装"而来的学科，从概念到理论，充分借鉴了心理学、社会学、政治学等人文科学的知识。对其他科学知识的汲取和吸收，在推动社会工作专业快速发展的同时，也让其处于专业性不足的尴尬地位，不利于社会工作进行专业和学科定位。为了获得专业合法性地位，高校推动了社会工作向医学、生物科学、管理学靠拢，借鉴其实证主义方法论，强调以"证据为本"的社会工作实践模式和干预技术，以此证明社会工作的科学性和专业性。由

---

① 王婴. 中国专业社会工作的非均衡、非协调发展：历史社会学视角下国家、学术和社会的互动过程 [J]. 华东理工大学学报（社会科学版），2018，33（1）：31-41.

此，加剧了高校教育的专业本位和技术理性主义。高校教育强调社会工作终极目的和价值追求的崇高性，强调专业方法的科学性和介入的有效性。然而，专业本位和技术理性也带来了专业霸权隐患，社会工作者过分专注机械客观工具性的知识而忽视了专业实践反思，导致社会工作实践脱离日常生活。

此外，高校教育普遍存在重理论轻实践的现象。大多数高校的实践教学方式主要是设置部分实践课时、专业见习、专业实习等。以笔者所在 C 高校为例，出于安全和风险的考虑，老师很少带领或鼓励学生进入社区、学校、医院以及社会工作机构等实践场域，而是通过场景模拟、角色扮演等方式开展实务训练。专业见习形式多样，由学生自由安排和选择。专业实习主要针对大四学生，学生需要进入专业机构或岗位进行为期 4 个月的专业训练，然而，大部分学生因选择考研或其他原因，并未严格按照要求进行专业实习，或严重压缩实习时间。高校教育中实务训练的不足，直接影响了社会工作学生专业能力的提升。一旦学生进入实践场域，他们往往收获的不是专业成就感和价值感，而是感到挫败、压力和迷惘，发出"所学专业用不上""所需能力不具备"的喟叹。

问：您认为，学校所学的知识能够满足社区治理的现实需求吗？

不能，学校学习的专业知识过于理论化，缺少社会实践经验。（HX 社会工作服务中心本科实习生）

在学校，强调个案、小组、社区三大方法的训练，我曾经以熟练掌握了三大专业方法"引以为豪"。然而到了机构，我才发现，参与社区治理，需要具备资源筹措、政策分析、交往沟通、文字写作等能力。比如资源筹措的能力就是最主要的，因为机构本身提供服务的资金不太充足，所以资源显得尤为重要。而这些知识，学校教育是缺乏的，至少不是最重要的。不过，也不得不承认社会在发展，对社会工作专业的需求也在发生变化。（HX1 社会工作服务中心社会工作专业实习生陈同学）

可以看出，社会工作教育的理论和实践的脱节导致社会工作者面临专业实践能力不足的困境，尤其是"社区治理"的转向，对社会工作者的专业能力提出了新的要求，社会工作者需具备政策分析、社区社会组织培育、居民协商技能培训以及社区、社会组织、慈善力量、志愿者的连接、联动和整合等能力。对社会工作机构的人员构成与知识结构进行审视，可以发现，社会工作者的专业素养与知识结构和社会服务内容的多样性、综合性、复杂性之间存在较大的差距。这些能力又是难以通过课堂学习或者短暂培训深入领会和掌握的，它需要社会工作者在实践中反复总结、领会、理解和掌握。

三是社会工作机构"主动放弃"与策略选择。社会工作是"做出来"的。社会工作者在不断参与、内化专业实践的过程中提升自身看待专业发展的反思性对话能力。社会工作机构需要督促社会工作者保持和提升实践反思能力。这种实践反思能力能够帮助其应对专业化工具主义、专业教育本位主义和技术理性。正如有学者指出，当社会工作陷入治疗主义、工具理性主义、技术化泛滥等困扰时，正是依靠社会工作者们的专业反思，有力回应质疑，才走出了专业陷阱，把专业重新带回正轨①。

然而。当问到如何理解专业反思时，被访者给出了如下回答：

我知道专业实践反思有助于提升专业性，但行业环境冲突还在，那么，反思是否有意义呢？又能改变什么呢？（HX－PM－06）

谈什么反思？我们的全部精力用在了与资助方、管理方的沟通上，满足他们的要求；推动项目进展，完成合同指标；做好文字材料工作，提出服务框架和工作模式，迎接专家评估等工作上。工作快把我们给"榨干了"，哪里有时间反思。实践反思这个事，得专门做研究的专家来。（HX1－PM－12）

在调研中，笔者发现社会工作者在专业实践中缺乏"一边做、一边反思"的意识或能力。部分社会工作机构主体甚至主动放弃了批判反思。一方面专业实践反思对社会工作专业知识储备和能力具备一定要求，另一方

---

① 汪鸿波，费梅苹. 话语结构、实践本位：我国社会工作本土化的逻辑再审视 [J]. 学习与实践，2019（8）：73－80.

面目前社会工作具有去政治化的实用专业主义倾向。因为在社会工作机构负责人看来，专业反思必然会涉及制度环境、主体地位、权力关系的评判，这不仅不利于项目的推动，还会增加社会工作者的无力感和挫败感，最终让他们愤世嫉俗、态度消极，乃至放弃社会工作职业，"不反思"和"放弃反思"是明智之举。然而，社会工作的"不反思"和"放弃反思"是危险的。作为舶来品，中国社会工作必须经历本土化这一历程，而专业实践反思是社会工作本土化最重要的支撑要素。

简言之，在国家的强力推动下，社会工作机构迅速发展起来。然而，在社会工作机构取得快速发展的同时，专业"权威主义"和"工具主义"、高校教育"专业至上主义"和实践教育不足以及社会工作机构的策略行动，加剧了社会工作机构的本土实践脱离。社会工作机构的本土实践脱离造成机构缺少本土文化滋养、缺乏服务实践淬炼和实践反思，进而导致机构专业能力不足。

三、"弱社会"支持不足与社会工作机构依附式发展

如前所述，改革开放以后，国家通过简政放权、主动退让和权力让渡方式，为社会组织和广大社会力量参与社会服务、基层社会治理创造了机会和条件，并给予资源支持，培育壮大社会力量，激发社会活力。但是，不可否认的是，总体而言，国家与社会的关系仍处于"失衡"状态。"强国家－弱社会"的关系格局导致社会工作机构难以从"弱社会"中获取维持机构生存、服务实践所需的合法性和资源。

（一）双重弱化：公益慈善与行业支持不足

根据 WINGS① 的研究，一个强大的公益支持生态系统（philanthropy support ecosystem），能够帮助行业提升专业性、提高捐赠金额并树立行业标准，从而帮助公益行业中的组织和个人充分发挥他们的潜力。社会工作机构公益支持生态系统主要由公益慈善体系和社会工作行业组织构成。在

---

① 全球资助者支持计划（WINGS）是一个由遍布全球 40 个国家和地区的约 100 家慈善协会和支持性组织组成的网络，其目的是加强、促进和引领慈善事业和社会投资发展。

西方，良好的公益生态系统，使社会工作机构能够获得来自社会的大力支持，进而获取实践权和充足资源。然而，国家的主动退让与权力让渡，并未从根本上改变我国"弱社会"的现实状况。我国社会工作机构面临公益慈善体系和社会工作行业"双重弱化"的现实困境。

一是公益慈善生态系统尚且薄弱，社会工作机构难以获得充足的社会捐赠。受儒家、佛教、道教等的影响，中国具有互助互济、扶弱济困的慈善理念和传统。新中国成立之后，公益慈善事业逐步转化为政府主导的济贫帮困行为，民间慈善组织和力量受到抑制。改革开放后，政府开始借鉴国际经验，充分利用社会慈善资源的自主性、灵活性弥补政府制度化资源供给上的不足，进而推动了中国公益慈善事业重回正轨。然而，公益慈善相关制度和体系建设不完善，民众的现代慈善理念①尚未完全建立起来，投身公益慈善的内在动机不强烈，都在一定程度上影响了我国公益慈善生态系统的发育和成长。

薄弱的公益生态系统难以为社会工作机构的生存、发展及服务实践提供充足的资源支持。例如，社会工作机构难以从企业和民众中获得充足的资金捐赠。近年来，公益捐赠资金数量虽逐渐增长，但整体规模偏小。首先公益捐赠资金数量大致呈现逐年上升趋势，从 2007 年的 223.16 亿元到 2020 年的 2253 亿元，资金规模增长超 10 倍（见图 4.2）。总体而言，我国社会慈善捐赠金额数量和增幅是"喜人"和令人振奋的。然而，慈善金额快速增长的背后，仍然存在总体金额规模偏小和个人捐赠不足的困境。从慈善捐赠总额占 GDP 比重、人均捐赠量来看，我国落后于西方发达国家。从捐赠主体来看，企业成为社会捐赠主力，捐赠金额达到 908.20 亿元，占捐赠总额的 65.2%，个人捐赠金额为 293.77 亿元，占捐赠总额的 21.09%，其中个人捐赠金额中有 79.73 亿元为 35 人（夫妻和家族）所捐赠，这充分说明，我国目前仍处于传统的精英慈善阶段，公益慈善尚未进入广大公众的日常生活、成为一种公民行为和社会责任。同时，社会捐赠资金真正流入社会工作机构的并不多，《2011 年度中国慈善捐助报告》显

_____

① 我国传统慈善建立在血缘、地缘及业缘基础上，即慈善惠及对象与自身"有关系"；而现代慈善理念强调慈善行为是一种个人行为和社会责任，惠及对象覆盖全社会。

示，2010 年我国的慈善捐助只有 1.3% 的捐款到了慈善会之外的社团、"民非"和福利院[①]。

单位：亿元

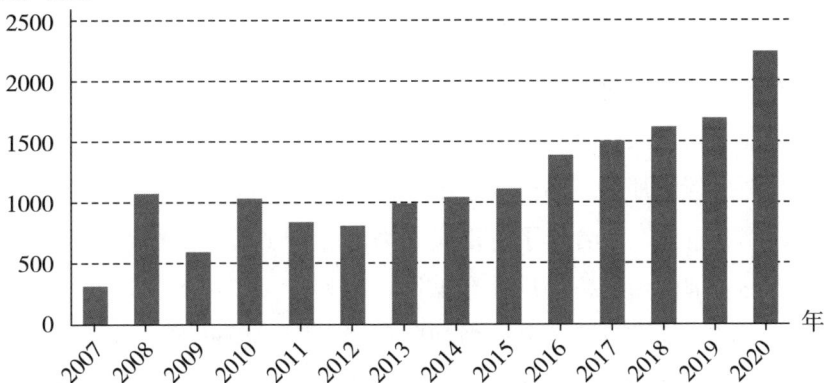

图 4.2　2007—2020 年我国社会慈善捐赠规模

二是社会工作行业生态尚未形成，难以对社会工作机构提供充足的支持。社会工作行业组织作为连接政府、社会公众与社会工作者的中介和核心纽带，在社会工作专业伦理规范、服务质量管理、专业能力提升和影响力提升等方面发挥着重要作用。然而，社会工作行业组织却面临着发展进程缓慢、组织功能发挥不足的现实困境。社会工作行业组织发展十分缓慢，据统计，1991—2011 年的 20 年间，尽管各地积极响应民政部开展社会工作探索的号召，成立的社会工作行业组织仍不到 70 家。党的十八大以来，社会工作行业组织进入了快速发展阶段，据统计，到 2015 年底，全国共成立 455 家社会工作行业协会，比 2014 年增长了 57.4%。然而，在社会工作行业组织数量不断增长的同时，社会工作行业组织面临着组织功能发挥不足的问题。更确切地说，对于社会工作机构的发展，社会工作行业组织未坚持和发挥好"领路人"的角色功能定位[②]。

其一，经济资源整合不足。对于广大社会工作机构而言，资金问题的

---

① 孙雯. 微公益时代［N］. 钱江晚报，2012 - 02 - 12（1）.
② 冯元，丁思雨. 社会工作协会功能角色研究［J］. 社会工作，2014（3）：120 - 127 + 140 + 156.

解决是生存和发展的"头等大事"。社会工作行业组织可充分利用其组织优势和社会影响力，链接与整合政府、市场、社会等多方资源，进而构建起资源支持网络，解决社会工作机构的资金及资源问题。然而，目前社会行业组织面临着资源整合能力严重不足的问题。多数社会工作行业组织是从政府职能部门转化或推动而来，行政色彩浓厚，且严重依赖政府，依靠政府职能部门拨款和项目购买，社会化经济资源挖掘、整合的意识和能力弱，甚至出现了社会工作行业组织与社会工作机构"抢食"的不良现象。

其二，行业交流合作平台搭建不力。社会工作行业组织需要扮演好行业内部黏合剂的角色，促进社会工作机构和社会工作者的沟通交流、关系协调与团结，提升行业的凝聚力和归属感，同时积极搭建沟通、交流与合作平台，协调社会工作机构与政府、市场、服务对象、社会组织的关系，构建社会工作发展共同体①。然而，目前多数社会工作行业组织在行业交流合作平台搭建和社会工作关系网络建构方面功能发挥有限，社会工作机构之间缺乏资源共享互用机制，也缺乏交流、学习和互动的机制，导致机构之间、机构与其他社会组织之间的横向关系较脆弱。

其三，对社会工作机构的培育力度不够。对社会工作机构尤其是初创机构进行技术、能力培训等的支持，促进社会工作机构规范发展、提升机构专业服务和发展能力是社会工作行业组织的重要职责之一。然而，目前多数社会工作行业组织的领导，多以退休党政领导为会长或秘书长，进而导致机构鲜明的行政化思维模式和行事风格，同时一线社会工作者多为缺乏专业实务经验的"新兵"，这导致社会工作行业组织在专业人才培训、实务技能训练和内部治理能力提升等方面对社会工作机构的支持不足。

总之，社会支持的"双重弱化"导致社会工作机构能获得的社会捐赠、人力资源和行业支持极其有限，为了获得生存资源，社会工作机构转而向体制求助，努力嵌入政府结构网络，以获得实践权与资源。

（二）单一依附：嵌入政府结构网络

简·奥伊认为，在资源相对稀缺的情境下，资源的配置与分配权力的

---

① 冯元. 社会工作行业组织的功能定位［J］. 重庆社会科学，2015（04）：56-65.

垄断促使资源分配者与利益追求者之间产生了庇护与依附的关系模式①。社会支持网络的不足,导致社会工作机构难以从社会获取足够资源。同时,社会工作机构不能像企业一样以市场方式获取足够的生存和发展资源。在此情况下,社会工作机构不得不寻求政府的支持,努力嵌入政府结构网络。

1. 合法性依附

合法性是一个组织存在和发展的前提,缺乏合法性的组织将难以生存。根据韦伯和哈贝马斯的观点,合法性与社会权威、政治制度高度相关。有学者将社会组织的合法性分为政治合法性、行政合法性和社会合法性②。不同于西方社会工作机构生长于民间社会、社会认同度高,在获得社会合法性的基础上可以赢得政治合法性和行政合法性,我国社会工作机构面临社会认同度低、社会合法性不足的困境。社会工作专业的外生性与机构自上而下的发展路径以及发展时间不长,使社会公众对社会工作缺乏了解和认知,社会工作机构难以获得民众的认可。然而,社会工作机构需要获得国家和政府的承认、获得政治合法性和行政合法性。在社会合法性缺乏的情况下,社会工作机构只能高度依赖政府以获取合法性,获得参与社会工作服务的实践权。在访谈中,笔者了解到,有部分社会工作者尝试"单枪匹马"进入服务场域为居民提供帮助,结果遭遇了严重的认同和信任危机,在此情况下,社会工作者只能转向政府求助,以政府合法性去获得居民的信任。

2. 资源依附

不同于互益性社会组织,组织资金源自组织成员的会费,社会工作机构作为公益性社会组织,其资金来源于外部支持。在西方,社会工作机构凭借其公益性和专业性能够获得来自社会公众和企业的大量资助。而在我国,社会合法性的不足,导致社会工作机构难以获得来自社会公众和企业

---

① 夏少昂. 中国乡村政治中的庇护主义:读戴慕珍的《当代中国的国家与农民:乡村治理中的政治经济学》[J]. 中国研究,2014(1):198-207.

② 高丙中. 社会团体的合法性问题 [J]. 中国社会科学,2000(2):100-109+207.

捐赠的充足资金，以维持机构的运转和社会工作服务的开展。实际上，能够获得社会公众和企业捐助的社会工作机构少之又少。而伴随政府对社会工作专业服务的重视，社会工作机构已然成为政府建构的社会服务与社会福利体系中的一大主角，政府购买社会工作服务的资金投入不断增加。政府已然成为社会工作机构资金来源的主要乃至唯一主体。

一是社会工作机构的注册资金由政府资助。根据社会组织登记管理相关规定，成立社会工作机构发起资金为 3 万 ~ 10 万元，同时需要配置固定的办公场地，而这让部分想要成立社会工作机构的创办者"望而却步"。为此，部分地方政府主动提供注册资金和办公场地，扶持社会工作机构发展。二是服务项目经费由政府支持。目前我国公益捐赠的大环境还没有形成，社会工作机构吸纳社会资源的能力有限，同时机构缺乏市场化运作的意识和实力，难以从市场获取足够的资源。依靠政府项目和资金支持保证机构生存成为我国社会工作机构的"常态"。笔者在调研中发现，17 家社会工作机构 90% 以上的资金来自政府支持。

3. 组织关系依附

政府与社会工作机构的关系模式主要分为三类。一是父子关系模式，即社会工作机构与政府之间关系极度亲密。社会工作机构自成立伊始，便受到了政府的"特殊关照"，如同政府的"亲儿子"，在资金和政策上得到最大帮扶，同时获得了参与社会治理的广阔空间。但是，政府也对社会工作机构运作给予指导，导致机构组织自主性不足。行业协会类组织和枢纽型社会服务类组织与政府之间就是父子关系模式。二是依附关系模式。社会工作机构并非产生于政府内部，但是受到了政府的关注和政策资金扶持，社会工作机构主要承担政府赋予的某些社会公共服务职能。在运作上，社会工作机构获得了一定的自主性，但是由于对政府资源的依赖，因而脱离政府后其能否独立生存仍存在不确定性，同时难以获得与政府平等合作的机会，与政府形成了非对称关系。三是独立关系模式。社会工作机构与政府关系相对松散，组织具有较强的独立性和自主性。相较于依附关系模式，社会工作机构经费来源多元化，同时社会工作机构与政府在平等互惠的基础上建立合作关系。

理想状态下,政府与社会工作机构之间应是独立关系模式,组织双方边界明晰、各自独立,在此基础上,双方围绕共同目标展开平等的互动和合作。然而,我国社会工作机构与政府之间的关系,更多是一种依附关系。正如前文所述,社会工作机构在合法性和资源上高度依附政府使双方形式上的平等演变成实质上的不平等。社会工作机构与政府之间并非平等合作的"伙伴关系",而是雇用与被雇用的"伙计关系"。在以项目方式开展的合作中,作为资助方的政府以"我出了钱,你就必须办好事"的态度要求社会工作机构无限度地配合。

在项目书写作前进行实地调研时,我们会与当地政府、社区居委会干部进行详细座谈,除了解当地的基本情况,更重要的就是收集他们的诉求。为什么呢?一是获得他们的好感,提高增加中标概率;二是契合他们的需求有助于我们项目的执行。不过,在项目落地执行中,因资助方新的任务下派和诉求改变,我们常常面临临时增加服务内容的情况乃至被置换合同内容的情况。这让我们痛苦不堪,完成合同中的服务内容和指标已实属不易。我们也会尝试与资助方进行沟通,但是,这种商量并非都能奏效,政府反而会认为我们"态度"不好或业务素养不强。(HX1 - PM - 12)

访谈中,机构负责人普遍认为,"社会工作机构与政府之间地位是不对等的,政府把机构当伙计,为他们干活办事,为他们创业绩"。

资源配置的行政化和集中化,导致社会工作机构与政府部门之间的互动关系决定了其是否可以走向承认和获得资源。为此,社会工作机构负责人会尽最大努力与相关政府部门保持正式与非正式关系。

总之,"弱社会"的现实让社会工作机构不得不转向国家,依赖"强国家"给予的充分支持,社会工作机构进而走上了一条依附式的发展道路。所谓依附式发展是指社会工作机构对政府的依靠、偎依和寻求庇护的发展形态,它强调的是在"强国家-弱社会"的背景下,社会工作机构嵌入政府,获取合法性和资源维持机构生存和发展的模式。

四、脱离社会与价值抉择困境：依附式发展的挑战

面对"弱社会"的现实困境，依附式发展成为社会工作机构的理性选择。不得不承认，依附式发展为我国社会工作机构的快速发展和服务实践参与提供了强大助力。然而，也需要正视社会工作机构依附式发展面临的挑战。社会工作机构对政府的过度依附导致机构可能会脱离其本体即"社会"。社会工作机构作为社会主体，其联结的对象和价值取向是"社会"。这里的"社会"主要是指与政府、市场相分离的领域，其遵循不同于政府和市场的行动逻辑。社会工作机构的社会主体身份和社会性价值的取向，决定了其扎根社会、融入群众生活的行动策略和实现服务对象利益、社会整体效益最大化的行动目标。

笔者问被访者，当项目方要求与机构理念、社会工作服务理念相悖时，您将如何选择？

热血地说，机构的决策和行动必须坚持价值使命，但实际上，得看对象。如果是政府，我觉得还是稳妥点好。（追问：如何稳妥？）就是讲究方式方法和策略。所以面对政府时，机构的姿态要低、态度要诚恳，委婉地让他们知道专业的做法获得的效果更好。（追问：有效吗？）这个不好说，看遇到哪个领导了，有些领导会接受，有些领导未必会。（追问：不接受的话，您会有何反应？）能有什么反应呢？遵从领导意见罢了。（XJ－H－09）

我们其中一个站点（社工站），项目方案将社会救助定为工作重点和服务特色。可在项目执行中，我们发现由于站点所在的街道刚经历了城镇化，大多数居民获得了拆迁补偿费用和住房，不存在生活困难和救助需求。所以，将项目服务定位为社会救助显然是不合适的。我们向项目方反馈，要求变更服务方案，为此，我们根据调研情况撰写了详细报告。领导却不同意，让我们明年再作服务内容调整，因为他们已向市里汇报了社会救助是站点的特色服务。我们也没有办法，只能按照原来的方案执行。如果不这么做，就不能完成合同规定的硬性指标，不能完成指标就意味着项

目评估过不了,评估过不了,项目尾款拨付就会遇到问题。另外,明年可能会失去这个站点。(ZC1 – PM – 08)

可以看出,社会工作机构在实践中面临着价值决策困境,其中最大的挑战便是社会工作机构与政府在合作中的依附式关系。从 XJ – H – 09 的访谈中可以看出,在与政府交往的过程中,机构的"谦卑""低姿态""小心翼翼",而这一切缘于社会工作机构对政府的过度依附,社会工作机构不敢"得罪"政府,因为机构存活的关键即资源掌握在对方手中。可以说,在社会工作机构与政府的交往中,双方地位是不平等的,社会工作机构更多是遵从者,依据政府的意愿开展服务工作。

社会工作机构与政府之间是依附式关系。依附式关系导致社会工作机构与政府边界不清,政府进行权力渗透,强化了政府对机构的监管和控制,威胁到了组织的自主性运转。更为严峻的是在社会服务中,社会工作机构倾向于以行政需求代替民众需求,机构的使命和价值追求受到侵蚀。

在这里,我们需要了解政府对发展社会工作和社会工作机构的工具主义理性。从宏观层面看,发展社会工作基于社会稳定、和谐社会建构的现实需求。在政府部门看来,推动社会工作发展是基于工具理性和实用主义的考量。在应对社会问题和满足居民多元需求的过程中,政府出现了能力不足和效益低下等问题,为此,希冀通过适当让渡部分空间和资源,让社会工作机构和社会工作者参与以解决社会问题和维护社会秩序。比如,在社会工作服务初步开展时期,上海做出了大胆创举,在市政府主导下,成立自强社会服务总社、新航社区服务总站、阳光社区青少年事务中心 3 家机构,分别开展戒毒、矫治、青少年社会工作服务,其服务对象具有一定的"特殊性",是被司法机关认定为对社会秩序与稳定具有严重威胁的边缘人群,包括社区吸戒毒人员,刑释解教人员,失学、失业、失管"三失"青少年[①]。政府希冀通过社会工作服务,对这些特殊群体予以"安抚"

---

① 唐斌. 体制制约与社会工作的职业化:基于上海社会工作职业化进程的分析 [J]. 社会工作上半月 (实务), 2007 (10): 13 – 14.

和监管，防范社会风险、维持社会稳定。又比如，基层政府重视社会工作在信访和维稳等方面的作用。可以说，我国社会工作的本土化实践内含的是"政府为体、社会工作为用"的发展逻辑，其中政府利益是推动社会工作发展的隐性逻辑①。

在工具理性的推动下，政府政策的目标是让社会工作和社会工作机构更好地发挥功能协助政府工作。同时，政府在推动社会工作发展中追求工具效用而忽视了其价值诉求。社会工作作为一种技术被推崇，通过个体治疗、服务供给和居民教育等柔性方式，维持社会秩序的稳定。然而，社会工作价值诉求被弱化，比如社会工作的两大职能——公共服务供给和公共利益诉求表达，前者为政府接受并推动，而后者则受到政府的警惕和压制，因为后者可能会引发集体行动风险和威胁政府权威。总之，在工具主义逻辑下，社会工作被确立为一种技术，而非一种社会变革力量，即以社会工作价值理念引领社会创新、社会变革，追求公平正义的社会价值受到压制。可以说，政府选择回避西方社会工作的终极价值，他们强调和追求"政府为体、社会工作为用"，社会工作仅被视为一门有效解决社会问题的技术，服务于政府。在政府的政策话语体系中，社会工作被描述为一种有效解决社会问题的机制②。

在实践中，社会工作机构因严重依赖政府的资金和政策扶持，而对政府所不喜的理念倡导、价值宣传、集体行动和公共利益诉求表达进行主动回避。同时，社会工作机构扮演了政府的职能部门、附属组织或者延伸组织的角色。满足政府部门需求、让"资助方满意"成为社会工作机构的行动指南。然而，这可能与社会工作机构的价值诉求相悖。如公共行政管理主义盛行，视"效率"为公共行政的终极目标，为此设定了严格的绩效测量指标并且进行严格的绩效测量；强调产量的控制，对结果的重视甚于对过程的关注；引入竞争机制，降低服务成本。政府以项目购买的方式，赋予社会工作机构开展专业服务的资源和权力，并通过行政管理进行监督和控制。然而，政府部门可能会片面地追求项目指标，认为社会工作机构完

---

① 马志强.21世纪以来社会工作的本土化倾向［J］.中州学刊，2010（1）：120－124.
② 杨发祥，王杰.中国社会工作的话语体系构建［J］.学海，2018（3）：125－131.

成工作的指标数量和效率，说明了机构的能力和态度，进而对项目的评估完全建立在指标考核上，而忽视了对项目过程和专业服务质量的监督和评估。如此，机构沉迷于"做指标""写材料"之中，难以沉下心，深入居民日常生活中，根据居民需求提供专业服务。

总之，社会工作机构的"社会性"被"行政性"超越，行政目标逐渐取代组织本身的使命，服务项目目标偏移公益服务宗旨，难以彰显社会主体的"原色"。

第二节　错位的治理结构阻滞社会工作机构主体性的"二阶建构"

"强国家-弱社会"关系格局下的催生式成长与依附式发展，导致社会工作机构面临主体性"一阶发育"不足的困境。要摆脱这一现实困境，社会工作机构必须扎根本土，在本土实践和服务中寻找自身定位、增强价值使命感、提升社会认同度和专业实践能力。这就要求社会工作机构进入社区、扎根社区、服务社区。可以说，参与社区治理是社会工作机构进行主体性"二阶建构"的重要方式和路径。现代意义上的社区是社会的一个基本单元，是政府、市场、社会力量、社区居民等不同主体在这一场域存在关系的连接点①。多元主体间的互动，构成了一个关系场域。社会工作机构的进入，首先面临的是原有体制及相关主体的碰撞和交互，产生了一种结构性张力，促进或阻碍了社会工作机构成功嵌入社区及其主体性的建构。因此，分析社会工作机构主体性的建构，需要关注社区治理结构与关系情境。

社区治理结构是指政府、市场、社区等主体围绕社区公共事务治理形成和依赖的组织形式。它包含两层含义：一是整体结构的组成部分，具体

---

① 蔡斯敏.城市社区文化营造的主体关系调适及路向选择［J］.南通大学学报（社会科学版），2022，38（1）：79－89.

指参与社区治理的主体;二是结构的安排,主要是指治理主体以何种方式组合与搭配,反映的是主体间的关系。

一、"中心－边缘"结构与社会工作机构的边缘化

社区治理是基层政府、社区社会组织、企业、社会组织、居民等主体之间合作互动的过程,强调治理主体的多元化和地位的平等性。在理想状态下,各治理主体边界明确、职责清晰,进行平等沟通和分工合作,建构"多中心"治理模式。"多中心"治理模式打破了"单一中心"的治理结构,建构在政府、市场、社会三维框架下的"多中心"治理结构,能够克服单一主体在社区治理和服务中的不足,有效地激发政府、市场、社会等治理主体的积极性,提升他们参与公共事务治理的主动性和创造性。"多中心"治理理论强调的是社会自治,通过建构包括企业、社会组织和公民在内的综合自治主体,形成治理公共事务的行动系统。实现社区治理现代化转型,需要改变行政权力主导下的封闭性治理结构,促进治理主体多元化,建构自由开放的治理结构,使社区回归自治本位。

(一)"中心－边缘":不合理的社区治理结构

社区治理的现代化转型,意味着社区治理主体的转变和治理权力的调整。一方面,治理主体实现从政府单一主体向多元参与主体的转变。社区治理主体增量最为亮眼的表现,是(社区)社会组织、社会工作机构获得了参与的合法性和实践权,成为社区治理参与主体,参与社区服务和协商治理。同时,伴随参与意识的提升,以及在社会工作机构的动员和赋能下,社区居民对社区公共事务越发关注,参与社区文娱活动、公益服务、环境营造和治理活动。另一方面,治权发生转变。治权的转变主要强调行政权的收缩和社区自治权的扩容。伴随经济社会的发展,行政权主导下的资源配置方式已然难以应对复杂多变的基层社会环境、充满不确定性的基层社会风险以及群众多元化的公共服务需求。由此,国家推动基层社会治理重心下移,将权力下放、资源下沉,为基层放权、赋能,实现社区的自我管理、自我服务。总之,政府不断让渡治权,推动市场、社会及居民主体参与社区治理,发挥其主体性优势,以此将社会资源"注入"社区治理

体系,激发社区活力。

那么,从社区治理实践来看,社区治理结构发生了怎样的变化?

RX 社区创新性地开展了社区信访治理,对纳入"最多投一次"阳光信访机制处理的信访件,举行评理会议。信访评理小组由 RX 社区居委会主任任组长,评理小组成员包括社区居委会副主任、社区专职社会工作者、社区片警、小区业委会主任、业委会管理员等。

NL 开展的社区协商治理,主要内容包括党和政府的方针政策与重点工作部署在社区的落实、社区经济管理、社区基金资金使用和分配、社区环境治理、社区治安防范、为社区困难群体提供社区服务项目、针对当地居民反映强烈和迫切要求解决的实际矛盾纠纷以及其他各类协商主体提出的需要协商事项展开民主协商。协商主体包括基层党委、政府及派出机关、社区居委会、驻社区单位、物业、业主委员会、社区社会组织、社区集体经济组织、居民代表、股东代表及其他利益相关主体(楼栋长、网格员、居民群众等)。

从调研收集的文字资料、新闻宣传和文件政策中可以看出,参与社区治理和服务实践主体,不再局限于街(镇)政府和社区居委会,物业服务企业、社区企业和股东等市场主体,社会组织、社会工作机构、业主委员会等社会力量,都参与了社区治理。不过,以笔者参与的 NL 社区协商议事的 3 次活动来看,社区治理的强势主体和治权并没有发生根本的改变。

表面上,参与社区"微协商"的主体包括社区社会组织、居民小组、楼栋长、物业各方。但是,他们在社区治理中到底发挥了多大的作用还真不好说。他们参与社区公共事务的态度着实不积极,在我们的极力邀请下才勉强愿意参加。就比如说 A 公司负责人,我们邀请他参加,他都是以"忙"、没有时间拒绝,最后是社区书记打电话邀请,人家才来的。(ZC - S -01)

我们社区的协商议事,或多或少有些"作秀"的性质了,大家(其他社区）都在搞，我们只有跟着搞。做这个，还得努力把社区社会组织、居民小组、楼栋长、物业这些力量加入进来，得体现"共建共治共享"这一主题。（追问：多元主体参与效果如何？）至于效果什么的，有了形式就会有效果嘛。（NL 社区居委会工作人员）

从笔者的经验来看，企业、社区社会组织等新型治理主体参与社区治理的意愿和积极性并不高，不仅新型治理主体表现消极，社区居委会工作人员同样态度消极，他们往往将多元主体参与的社区协商议事看作一项不得不完成的政治任务，只要有多元主体"参与"即可，至于多元主体参与的实际效果如何，是否发挥了其主体性，社区居委会并不太关心。

以 NL 社区的协商议事为例，街道和社区书记主导 NL 社区的协商议事，他们决定协商议题、协商内容、协商成果的应用及执行，控制协商进程。最初，ZC 社会工作者拟针对 NL 社区的特殊性——搬迁集中安置小区，围绕社区居民矛盾调解开展协商内容。把方案报给街道分管领导后，被否决了，认为可能存在风险，加剧居民间矛盾，甚至"引火上身"，引发居民对社区居委会和街道的不满。最后，街道确定了小区人居环境整治协商议题。在街道领导看来，人居环境整治议题相对而言协商中失序的风险小，也是上级考核街道的重点工作。第一场活动，为了"热场"以及让氛围变得轻松，设置了"大家来吐槽"环节，让居民代表们大胆地谈"社区人居环境存在的问题"。开始，居民代表谈了部分居民不注重卫生、违规占用社区公共空间、不进行垃圾分类等问题。然后一位代表说到小区建设存在空间布局不合理、社区绿化不足等问题，小区建设没有按照最初的规划设计进行。这瞬间"点燃"了居民代表的讨论热情，引发了居民代表的不满，大家纷纷抱怨安置小区建设、占地补贴等一系列问题，社会工作者急忙化解了现场的紧张情绪和尴尬局面，并引导居民回到了人居环境主题上。事后，街道领导明确表示对活动设计不满，要求取消"吐槽"环节，并要求社区书记对议事主题、内容设计、讨论环节进行严格把关，如有必要，取消社区协商议事环节，禁止此种纰漏的出现。

为了维持秩序、规避可能引发的风险，基层政府会对社区协商进行严格的监管。基层政府很难做到真正的权力和资源下放，实现社区的自我管理、自我服务，可以说，社区治理的治权并未发生明显的变化。而基层政府的过度介入，在一定程度上弱化了多元主体参与社区公共事务的意愿和主动性，因为他们认为自己是参与的"工具人"。

综上，可以看出，社区治理结构并未发生根本性转变，多元主体共同参与、平等协商的社区治理"多中心"主体结构尚未形成，而是呈现出了"中心－边缘"主体的结构形态。

一是基层政府并未理顺自身在社区治理中的角色定位，强势主导社区治理，出现职权的"越位"和"错位"。社区治理现代化要求基层政府厘清自身在社区治理中的角色和功能定位。根据《中华人民共和国城市居民委员会组织法》，基层政府及其派出机关对居民委员会的工作给予指导、支持和帮助，但是不得干预依法属于居民自治范围内的事项。总之，现代社区治理强调基层政府要为社会参与预留足够的空间，从微观社区治理领域退出，以宏观间接主导者的身份参与社区治理，通过多维赋权方式把相应的事情交给社区。首先是统筹规划者的角色定位。政府不直接干预社区事务，而是通过公共政策、公共财政支持以及合理制度规范，为社区自治营造良好的外部环境。其次是引导培育者的角色定位。政府充分发挥其权威、制度和资源优势，通过政策引导和社会组织孵化培育，促进多元主体共同参与、协同共治格局的形成。最后是公共服务供给者的角色定位。政府仍是公共服务供给的责任主体，但不再是公共服务的直接提供者，而是主动赋予机会，让企业、社会组织、社会工作机构、社会工作者提供社会服务，提升服务质量和效率。总之，政府不再运用行政力量对社区公共事务进行直接管理，而是通过制度创制、政策手段、治理平台搭建、资源支持等间接方式，进行规范引导。

然而，从实践来看，政府在社区治理中存在职权"越位"和"错位"的现象。在社区治理中，行政干预与影响并不全然是负面的，比如，行政在治安、服务、环境建设方面的干预，可以保证公共产品的供给、基本秩序和基层社会安全稳定。又比如，行政主体能够发挥身份、权利和资源优势，在社区多元治理主体矛盾调停和利益协调中发挥重要作用。不过，基层政府不能由此抑制社会力量的壮大、延迟社区自治发展的步伐。相反，基层政府应积极认清自身在社区治理中的角色定位，清晰界定与分配自身与社区的各自权能，从不该管、管不好的公共事务中退出，放心地交由社区解决。然而，从当前的社会治理结构来看，政府仍是绝对的"中心"，在决策投入及组织行为方面占据绝对的主导优势，对社区人、财、物具有决定权，而行政权力的过度嵌入，导致社区自治权出现了很多问题。如社区经费结构和来源的单一性即社区经费完全由政府提供，让社区无法摆脱依附行政权力的困境；政府对社区治理和社区建设进行过度干预，甚至强制要求；社区年度考评中基层政府的评价权重过高过重，几乎成为决定因素等。这在一定程度上强化了基层政府对社区的管理，社区居委会变成执行机构后会导致自治权的流失和异化①。同时，受传统管理理念的形塑、基层治理风险"一票否决制"的行政考核压力以及相关利益束缚，使基层政府不愿意从社区中彻底退出。基层政府仍会通过行政命令的方式干预社区选举、社区公共事务，将居民委员会看作自身的"嘴"和"腿"，执行繁重的行政事务。

二是社区自组织、企业、社会组织、居民等在社区治理中不同程度地出现了"缺位"和"失位"现象。就本质而言，社区治理结构是不同治理主体依靠资源互动进行相互作用的权力模式。相较于传统社区管理模式行政权占绝对主导地位，社区治理则强化了社区自治权，所谓"简政权、扩民权"，真正实现社区自我管理和自我服务。然而，行政权力"越位"弱化了社区自治的功能，造成社区居委会"附属行政化"。社区居委会作为自治组织，在社区中拥有法定主体地位，在社区治理中充当着上级政府的"代理人"、居民权利的代言人和社区公益服务的提供者。长期以来，社区居委会陷入了"自治者"与"政府协助者"的角色矛盾中。居民委员会面临着行政事务过多、职能错位、脱离群众的困境，成为政府的附属机构，行政逻辑渗透其中，失去社会"原色"。为此，社区居委会需要进行去行政化改革，通过成立专门的社区（公共）服务中心，转移原有的行政事

---

① 袁博. 社区治理的多元转向与结构优化 [J]. 理论探讨，2018 (3)：170 – 176.

务、公共事务职能，从而使居委会从繁重的公共事务、行政事务中解脱出来，还原其社会本质，发展基层民主自治、提高社会自治能力和水平。然而，居民委员会的去行政化改革面临着观念、制度、资源和人力方面的困境，去行政化行动并未成功，居民委员会尚未回归自治本质。

此外，行政权力的"越位"致使市场经济组织、社会组织、居民自主性介入社区事务有限，民主协商、合作共治局面尚未形成。基层政府在社区治理中占据着绝对的主导地位。在这种情形下，多元主体之间的平等沟通和良性互动出现了问题，所谓的互动合作，实际上是政府主导的非对称合作，变成了政府自导自演的"独角戏"，其他主体是可有可无的配角①。参与空间受限、参与渠道不畅、社区公共性式微与个体理性膨胀，企业、社区居民、社区社会组织参与社区公共事务的积极性和参与度严重不足，出现了主体职能"缺位""失位"现象。企业履行社会责任意识不足，营利动机强烈，而对社区公共事务治理"不上心"。社区社会组织以娱乐性、兴趣类居多，专注于组织成员精神生活和文化需求，而对社区公共问题和公共事务缺乏关注。社区居民对社区公共事务冷漠，专注于个人及家庭事务。

（二）社会工作机构地位与角色边缘化

现实表明，以往基层政府单一的行政角色职能已难以满足社区治理的多样化需求，发挥社会组织尤其是社会工作机构的功能，有助于政府回归政策服务和执行角色。社会工作机构参与社区治理，可以为居民直接提供公共服务和产品，打通服务群众的"最后一米"，更重要的是，机构能够以"服务"促"治理"，助力社区自治本质的回归，进而发挥服务型治理功能。理想状态下，政府与社会工作机构就社区公共事务展开平等的合作，双方组织边界明晰、职能定位清晰，进而发挥各自主体功能。政府借助公共政策、资金支持，通过市场化、社会化的运作形式购买社会工作机构专业服务，并对社会工作机构项目运作和服务质量进行必要的监督，同

---

① 孙广厦. 地方治理主体的良性互动关系建构：在中国语境下的阐释与思考 [J]. 人民论坛, 2010 (32)：48 – 49.

时努力为社会工作机构的发展和治理参与创造良好的制度环境。社会工作机构则根据居民的需求表达，确定服务清单内容，通过专业方法、资源链接、多元主体合作，向居民提供服务。总之，社区治理功能的扩张以及核心功能的重要性决定了社会工作机构在社区治理中的主体身份和地位。

那么，社会工作机构在社区治理中是否获得了实际主体身份和地位呢？根据笔者的现场观察和访谈，由于行政权力的强势主导，社会主体力量不足以及参与缺位，社会工作机构的主体地位被边缘化了。

整体而言，政府在社区治理中处于垄断地位，其依靠自身独有的权力和垄断性资源，将社区行动权和决定权掌握在自己手中，出现了角色"越位"和"错位"的现象。一是角色"越位"，其在社区治理中的需求表达、问题讨论、活动策划、公约制定、产品提供、资源链接等方面，都发挥着全能和全权的作用，从而代替了社会工作机构的行动角色；二是角色"错位"，其培植社区居民委员会成为政府在基层社会的代言人，在社区治理中代替政府扮演着服务提供者角色，进而使社会工作机构的功能作用被社区行政化禁锢。

在远景与现实的"拉扯"中，社会工作机构主体地位被逐渐边缘化。政府在社区治理中的垄断性地位及对行动权和决定权的绝对掌控，导致社会工作机构在社区治理中主体地位的边缘化，最直接的体现就是机构在社区治理中缺少话语权和决策权。话语权体现了社区治理主体对社区公共事务的知情权、主体利益的表达权和社区公共事务治理的参与权。可以说，拥有话语权是社区治理主体地位获得的重要标志。在社区治理实践中，社会工作机构缺少话语权。行政主体包括基层政府和作为"准行政主体"存在的社区居委会，他们对于体制外的社会工作机构抱有天然的戒备心理，不太愿意让社会工作机构了解和涉入其内部事务和核心利益圈层。同时，对于社会工作机构的民众基础持谨慎态度，畏惧机构居民动员和提供服务的优势会影响其权威性和合法性。社会工作机构在社区治理中丧失了决策权。决策权强调社区治理主体对社区活动、服务和公共事务治理拥有的选择、驾驭和支配的权力。理想状态下，社会工作机构作为治理主体之一，利用其身份和专业优势，广泛、真实地收集群众的需求信息，将有价值的信息传递给公共事务决策方。然而，现实是，社会工作机构仅仅拥有形式上的决策权。考虑到程序的合法性问题，社会工作机构会被基层政府或社区居委会邀请参与，但是他们并非积极的建言献策者，而是被动的执行者。话语权与决策权的缺失，挫伤了社会工作者的积极性和主动性。总之，在社区治理中，社会工作机构成为被动的行动者，配合基层政府和社区居委会相关工作，依据其意愿进行社区治理。

总之，由于制度路径依赖、行动惯性和权责不清，社区治理结构出现了"应然"与"实然"的差距，社区治理中行政权仍然强势、自治机制并未成熟建立、社区自治权不足，政府出现了职权"越位"和"错位"的现象，以社会工作机构、企业、社区社会组织等为代表的社会主体则出现了"缺位"和"失位"的问题，进而导致社区治理结构呈现出了"中心－边缘"状态。"中心－边缘"社区治理结构影响了社会工作机构主体地位的获得、角色扮演和组织功能的发挥。

二、社会工作机构"悬浮"社区与主体失位

社会工作机构作为社区外来者，嵌入社区、扎根社区、为社区居民所认同是机构发挥其功能的重要前提。然而，社会工作机构在社区治理中的地位边缘化、参与自主性缺失和主体失位，影响了社会工作机构的有效嵌入和扎根社区。

（一）脱嵌社区治理组织体系

社会工作机构嵌入社区，反映的是机构与社区的关联和融合，包括把握社区需求、了解社区文化习俗和价值观念、融入社区治理网络、获得社区居委会和居民的信任等，进而下沉社区、扎根社区[①]。在理想意义上，嵌入意味着社会工作机构成为社区治理不可或缺的一环，不仅为社区居民提供服务，更重要的是嵌入社区治理组织体系，在独立自主的基础上与其他治理主体进行平等合作，并以社会工作价值理念、方式方法影响其他治理主体，进而激发社区治理活力，提升社区服务质量和效率。

---

① 陈锋．悬浮的社会组织［J］．文化纵横，2020（6）：78－85＋159.

从制度层面看，社会工作机构在社区治理中获得了参与主体的地位。然而，制度层面主体地位的获得仅仅为社会工作机构参与社区治理提供了合法性和机会。社会工作机构需要成功嵌入社区治理组织体系，以实质性获得在社区治理中的主体地位。在这里，社区治理组织体系是指由党、政府、企业、社会组织等主体构成的有机整体，各主体各有分工、互相依存、协调一致，推进社区治理效益最大化。在理想状态下，社区治理组织体系的运作具备民主性、协商和合作性特质，它强调各治理主体之间的互动是基于一种平等关系的沟通和合作。也就是说，社会工作机构嵌入社区治理组织体系，并与其他治理主体建立平等合作关系。然而，社会工作机构在嵌入社区治理组织体系的过程中，因身份和专业优势不显以及制度环境的不完善，难以与其他治理主体建立平等合作关系，主体地位被边缘化。

一方面，社会工作机构专业性不足、人员流动性高以及潜在的营利冲动，导致社会工作机构参与社区治理的功能发挥不足、主体优势难以凸显。社会工作机构参与社区治理难以获得基层政府和社区居委会的重视和信任。另一方面，基层政府和社区居委会"习惯"运用传统"命令—服从"的行政模式进行社区治理，认为社会工作机构是命令执行的"配合者"而非平等的合作者。可以认为，表面上看，社会工作机构进入了社区治理组织体系，但实质上，社会工作机构仍脱嵌于城乡社区治理体系。

（二）脱离居民日常生活与社会认同度低

社会工作机构嵌入社区，不仅需要嵌入社区治理组织体系，还需要嵌入居民日常生活，获得居民的社会认同。居民对社会工作机构的社会认同强调的是社区居民对社会工作机构的价值、地位和功能的认知和认可。它是社会工作机构进入社区、扎根社区的重要前提、基础及表现。不同于社区社会组织成长和扎根于社区，天然为居民所熟悉和信任，社会工作机构"外生"于社区，居民对机构缺乏了解和认识，更谈不上信任。因此，获取居民的信任和社会认同是机构参与社区治理和提供社区服务的基础。

然而，现实是，社会工作机构在获取居民的社会认同上面临困境。一是项目的非联系性和社会工作机构人员的高流动性导致社会工作者与居民难以建立稳定的交往关系。二是机构面临资源的有限性、评估的指标压力，导致社会工作服务覆盖范围有限、服务对象和服务内容有所选择，这造成仅有少数居民知道社会工作，而大部分居民对社会工作缺乏了解。三是在行政的过度干预和项目指标下，社会工作忽视了对居民需求的真实调查，导致服务的供给和需求不匹配，进而可能存在不需要服务的居民被强制服务、需要服务的居民因为各种原因享受不到服务的现象，影响居民对机构和社会工作者的认同。除此之外，社会工作机构的"寄生性"，即借用集镇或社区办公场地以及协助基层行政性事务，影响了居民对社会工作主体的认识。在社区，大多数居民仍对社会工作主体（社会工作机构和社会工作者）缺乏了解和认识，他们将社会工作者与志愿者等同，抑或认为社会工作者是街（镇）或社区居委会的工作人员，至于对社会工作者，则深感陌生且无感。

较低的居民认同度反过来影响了社会工作机构进一步嵌入社区，导致机构参与社区治理缺乏实践合法性，社会工作机构难以真正深入居民生活，获得居民的信任和支持，进而在动员居民参与、培育居民主体性、解决社区矛盾和冲突等方面面临困境。正如 CY 机构创办人在日志中感叹道：

我们是孤独的跳舞者，而居民则是看客，或驻足停留，给予礼貌的微笑和掌声；或一瞥而过，淡漠且疏离。

第三节　多元主体工具性交往致使社会工作机构主体性建构偏移

根据马克思主义主体性理论，主体性在交往实践中生成和发展，主体的互动与交往质量决定了主体性的生成和发展水平。本节将关注社区治理的关系情境对社会工作机构主体性的形塑。如果说，前一节侧重对社区治理结构特征进行整体性把握，分析社会工作机构在社区治理中的位置和主体地位；本节则具体分析社区治理主体及其行动逻辑，关注多元主体即政府、市场和社区的主体角色及行动逻辑对社会工作机构主体性的影响和形塑，强调社会工作机构主体性建构的过程性和动态性。

一、政府工具理性下的社会工作机构行政化

在现代社区治理中，政府与社会工作机构建了一种功能互补的关系，社会工作机构弥补了政府在公共服务供给、居民需求收集以及公共政策执行上的短板和不足，然而社会工作机构也因自身的局限面临服务资金和人力资源不足、组织动员能力不足、运作不规范等"志愿失灵"问题，政府则能够凭借自身优势，通过立法、财政支持、制度规范等方式，矫正和克服社会工作机构的"志愿失灵"。可以说，政府与社会工作机构进行制度化合作，可以有效矫正和避免"政府失灵"和"志愿失灵"，双方在合作中发挥各自优势，实现公共善治。然而，从实践来看，拥有资源、权力和权威优势的政府，将与社会工作机构的合作视为一种工具性选择，其目的是实现对社会工作机构的吸纳乃至同化，让机构成为实现政府绩效目标的工具性存在。

（一）公共理性抑或工具理性："政治理性人"假设

政治理性是人类建立在一定的政治利益基础之上的精神现象，是受人的政治目的和意志所支配的精神活动，及在政治生活中按一定逻辑规则、逻辑程序运作的认知形式和认知能力[1]。政治理性被赋予了浓厚的价值和道德属性，具有公共内涵，强调公平正义的价值目标，绘制平等、民主、自由的政治理想蓝图[2]。理想状态下，为公民和社会公共利益服务的政府，其政治理性体现为以维护社会公共利益为目的，保障社会提供公共物品和服务供给的长久性、稳定性，维持社会秩序的稳定性和公民参与的畅通性。然而，不可忽视的是，政府作为公共权力机构本身也具有自身特殊的利益需求，这种利益需求未必与社会公共利益一致。为了更好地理解政治

---

① 何颖. 论政治理性的特征及其功能 ［J］. 政治学研究，2006（4）：107 – 113.
② 邓伯军. 论政治理性的公共内涵 ［J］. 武汉科技大学学报（社会科学版），2022，24（2）：150 – 158.

理性内涵，有学者提出了"政治理性人"假设①。一方面，政治理性人具有"经济理性人"行为特质，即将以物质需要的满足为行动动机，政治过程与经济过程一样是一种交易过程，政府及官僚亦是"经济人"；另一方面，政治理性人将精神需求作为其政治行为的理性基石，这种精神需求体现为秉持公共价值理念、维护社会公共利益的价值感和道德感。

基于此，政府政治理性行动可以分为两大类型：一是政府公共理性行为，它是基于政府精神需求的以公共利益需求满足为目标的价值理性行动；二是政府工具理性行为即政府自利行为，是政府以满足自身利益需求为主要目的的行动。政府工具理性行为分为部门工具理性行为和个人工具理性行为，前者基于政府部门和集团利益而行动，企图实现部门和集团利益的最大化，具体表现为政府对下级部门、非政府组织的管控，对自身权力维系和扩张的冲动和欲望；后者则是指政府官员秉持非理性政绩观从而导致其行动围绕政绩展开。无论是政府部门工具理性行为还是个人工具理性行为，都表现出明显的功利性和"为我性"，公共价值和公共利益被置于部门（集团）和个人的利益之后。

（二）工具理性下的政绩冲动与行政控制

社会工作机构参与社区治理离不开政府的支持，其中购买社会工作机构服务是最直接最有力的推动。访谈中，笔者了解到政府购买社会工作机构的服务具有极强的工具性目的。

1. 非理性政绩观

政府亦是"经济人"，会在社会治理和政治活动中追求自身利益最大化。在社区治理中，打造政绩、增加政治晋升资本，成为部分政府官员的行为动机。这种行为动机在政府具备强大的权力和资源优势而他治理主体又难以对其形成强有力监督的情形下不断被强化。

有学者发现，全国各地社区治理似乎形成了"竞相斗艳"的局面，各

---

① 汪波 . "政治理性人"的基本逻辑——政治学基本人性假设的新思路 [J] . 海南大学学报（人文社会科学版），2008（1）：12 – 16.

地争相开展社区治理"锦标赛",各种所谓社区治理创新模式纷纷亮相①。社区治理"锦标赛"背后的是政府打造政绩、实现自身利益最大化的非理性政绩观。这种竞赛可能由上级部门推动形成,下级职能部门被动卷入,创造"成绩",通过政绩考核和获取政治资本。在访谈中,某市民政局工作人员向笔者"大倒苦水"。

去年省民政厅的社区治理示范项目,我市获得了倒数,领导面子挂不住啊。于是领导下了死命令,要把工作做扎实,要"一雪前耻"。现在市局把社会工作和社区治理相关工作放在首位严抓、严落实。(N市G区民政局张局长)

压力大啊,省民政厅每季度都会召开社区治理创新和社会工作服务体系建设工作会。做得好的尤其是具有创新举措的市(州)经验会被写入领导讲话稿,同时市(州)领导可以获得工作汇报机会。省厅的用意很明显,促使各市(州)重视社区治理和社会工作服务体系建设工作,形成相互竞争的氛围,你追我赶。我局通过一年努力,工作成绩得到了省厅的充分肯定,局领导获得了现场汇报机会。局领导很高兴,但要求接下来进一步加强相关工作部署,争取获得更大的成就。这既让我欣喜,也让我压力很大。喜的是,去年的工作我们没有白做,忧的是接下来该如何"创新"、尽快出成绩!现在,我满脑子都是这些,真的是压力很大。(N市民政局慈善总会苏主任)

实践中,民政局会向社会工作服务项目承接机构要"成绩",督促进行工作创新,打造社区治理和社会工作服务新模式,进行全市推广,同时加强经验总结和媒体报道,宣传服务效果,推广成功经验,力争打造全省乃至全国"样板"。

我市虽然有高校在2003年就开始培养社会工作专业学生,但是社会工

---

① 王春光.社会治理"共同体化"的日常生活实践机制和路径[J].社会科学研究,2021(4):1-10.

作发展一直没有得到民政局的重视，社会工作服务体系建设比较滞后，直到去年乡镇（街道）社工站建设的战略部署，社会工作服务体系建设才开始全面启动。所以，我市社会工作发展缺乏一定的基础，但是领导不管这些现实，要创新、要成绩、要排名。但服务好居民，才是社会工作该坚守的价值理念和原则，才是我们工作的初心和原动力啊。（CY－H－04）

在非理性的政绩观的作用下，政府部门将获得上级领导的肯定和表扬作为行动的唯一目的，而忽视了对公众的责任，弱化了其公共性。政府不重视社会工作机构是否能够服务好社区居民、为居民提供高质量的公共服务、提升社区治理水平，而是将机构作为其获取政绩的工具，为此干预机构项目运作，干涉机构服务领域、服务范围和服务内容，催促机构改变理念、做法，推动项目创新和"出成绩"。

2. 行政吸纳与控制

政府一方面期待社会工作机构参与社区治理"出成绩"，另一方面高度警惕社会工作机构"出岔子"，通过行政吸纳实现对社会工作机构的监督和管理。

机构能做出成绩当然最好，但是底线是不能出岔子，要是出了岔子，被上级追责，后果是很严重的。那样的话，倒不如不做。为了防止出岔子，必须加强对机构的监管，要求机构大型活动必须报备，审核过了才能开展。不听话的机构，上级坚决不再合作。（X市XM街道赵书记）

我们支持街道和社区购买社工服务，但要求是不要搞出事情。（X市GM区政法委陈书记）

不同于以往政府对社会工作机构的硬性要求，政府对社会工作机构的行政吸纳主要通过组织培育和购买服务两种方式实现的。一是在政府主导下成立社会工作机构，政府全范围地介入机构的成立和生长全过程，从机构设计、组织管理到人事调配等方面对机构予以渗透。二是政府通过购买服务"控制"社会工作机构，主要通过项目承接机构的选择、项目目标的制定以及对项目服务内容、领域、方式和进程的干预，实现对社会工作机构的引导和同化。可以说，政府购买社会工作服务是行政吸纳社会工作机构最重要也是最成功的制度创设。

以政府向社会工作机构购买社工站服务项目为例，笔者在调研中发现，以街（镇）为代表的基层行政部门对项目发展及当前政社关系转变起着关键性的作用。街（镇）政府作为项目"中间委托方"即项目管理方希望承接项目的社会工作机构和社会工作者能够为其"分忧"，协助他们处理和完成繁复艰巨的行政事务、政治任务。同时，防范社会工作机构在服务中"出岔子"和"捅娄子"。而作为"代理方"的社会工作机构则追求发展空间与独立地位。社会工作机构希望通过项目的承接获得更大的空间和市场，包括项目资金的获得、项目品牌的打造、机构的知晓度和认可度的提升，并在此过程中，追求机构独立自主地位和与政府之间的平等合作关系。双方虽然目标不一致，但是都倾向于使用自身的手段来实现目标。然而，当行政权力凌驾于专业权力之上时，实际上就形成了一种吸纳关系。这种吸纳关系可能危及机构独立自主的地位。笔者调研发现，绝大多数的街（镇）政府与社会工作机构的吸纳关系最终走向了妥协。街（镇）政府常常将社会工作者看作自己的行政助手，在处理一些行政事务时经常抽调社会工作者进行协助。从事行政事务虽与机构的价值产生了矛盾，但是由于街（镇）政府把握着项目款项的直接拨付和项目评估权力，社会工作机构不得不注意与街（镇）政府的关系，甚至试图作出一定"自我牺牲"以获其好感。概言之，在项目制度的行动框架下，基层行政部门与社会工作机构的关系表现为一种自上而下的行政吸纳关系，政府将社会工作机构"绑定"或嵌入现有的行政框架。

可以看出，在工具理性的主导和推动下，政府与社会工作机构之间的关系成为"主体－客体"的互动模式，政府将社会工作机构视为他者，是自己掌握的对立方，社会工作机构被视为满足其利益需求的工具和手段。

（三）社会工作机构的行政化

在政府工具理性行动和行政逻辑的渗透下，社会工作机构逐渐行政化。社会工作机构的行政化是指本应坚持自主性和公益性的社会工作机构在一定程度上被纳入行政层级系统,受到行政逻辑的规制和影响,产生了机构内部治理和项目服务的行政化,最终导致机构偏移其组织目标。在调研中笔者发现,政府通过项目深度嵌入社会工作机构,干预机构的项目运作和服务决策,随着政府对社会工作机构不断施加影响,机构在组织目标、运作逻辑、行为方式上更加接近政府部门,社会工作机构与政府的同一性程度越来越高,机构逐渐走向官僚化和行政化①。可以说,行政化是社会工作机构嵌入政府的意外后果。社会工作机构行政化又可分为主动行政化和被动行政化两种。其中,主动行政化是指社会工作机构为从政府获取更多的资源和参与机会,主动在组织目标、组织架构、运作逻辑上与政府保持一致。而社会工作机构行政化带来了机构参与社区服务和治理的形式化,违背了以服务对象"需求为本"的价值目标。同时,社会工作机构成为政府的附属,失去了组织独立性。

1. 机构内部治理的行政化

一是职能行政化。职能行政化是指社会工作机构主动或被动地承接了本应由政府部门负责的工作。社会工作机构与政府部门因不同的目标取向对自身职能定位也不同。社会工作机构秉承"需求为本、助人自助"的服务宗旨,为居民提供专业服务,并动员社区居民参与社区公共事务,促进社区自治。然而,在与政府的合作中,因不对等的资源依赖关系,社会工作机构往往成为政府职能的延伸。

HX 社会工作服务中心就是对司法部门社区矫正职能的补充,其主要职能是协助司法部门做好社区矫正人员、辖区重点人群(严重精神障碍患者、吸毒人员、刑满释放人员等)的管理和监督工作。具体内容包括掌握社区矫治对象最新状况,"有情况"及时向相关部门进行汇报;积极配合有关部门工作;必要时对服务对象进行管理,同时机构服从司法局安排、接受司法局严格监管。可以说,HX 机构逐渐蜕变为一个准科层性质的"二政府"。

---

① 吴月. 嵌入式控制:对社团行政化现象的一种阐释——基于 A 机构的个案研究 [J]. 公共行政评论, 2013, 6 (6): 107 - 129 + 171 - 172.

二是管理行政化和官僚化。管理行政化和官僚化是指社会工作机构内部结构和运作出现了科层制特征。从理论上讲，社会工作机构的组织结构应趋于扁平化，精简管理层级，在组织运作上，以服务对象需求满足为导向，将服务决策权充分下放给一线社会工作者。但受政府行政逻辑的影响，以及为有力配合和对接政府工作，社会工作机构或主动或被动地进行了科层化。

CY 社会工作服务中心由高校社会工作教师创办，机构负责人具有科层体制和僵化制度管理的批判意识，因此，机构提倡自由民主的组织氛围，避免烦琐僵化的制度规则压抑一线社会工作者的热情。

社会工作机构的科层化，带来的结果是组织层级增多、管理僵化和程式化，位于"底层"的一线社会工作者成为配合机构运转和项目推进的"螺丝钉"，他们难以获得机构管理层更多的关注，难以获得情感、心理乃至专业上的支持，难以获得职业认同感和成就感，同时认为自己是机构"最不重要"的他者。

2. 机构社会工作服务的行政化

政府选择社会工作机构参与社区治理，是缘于机构在社区人群服务、社区社会组织培育、社区慈善力量动员和资源链接上的专业知识和专业技能的优势。然而，社会工作机构在政府权威和行政逻辑的渗透下，产生了行政化的问题，具体表现为在服务开展中逐渐偏移了以服务对象需求为本的专业使命，机构服务越来越体现和遵照政府意志，以行政任务替换专业服务，开展"形式化"的服务。

一是以行政任务替换专业服务。依据合作契约精神，政府是社会工作机构提供专业服务的支持者和配合者，同时对机构进行服务质量监管，但监管并非出于政府主观意志，而是建立在服务对象对服务反馈的基础上。调研中笔者发现，所有的机构都会或多或少地承接与项目合同服务内容和指标无关的行政工作。尤其是 N 市，其社工站的建设特色就是根据"一名专业社会工作者 + 一名行政事务社会工作者"模式，进行人员配置和任务安排。为什么会作出这样岗位设置和人员安排呢？

市局领导表示，一是认为社会工作者配合街（镇）政府及社区完成相关行政事务本就"无可厚非"，二是这是让社工站获得辖区政府、社区的"好感"和认可的最好方式，毕竟人家出了场地，后面诸多工作也需要他们配合：

"得让他们有想头（好处）"（N市民政局许书记）。

显然，这种"想头（好处）"指帮助镇（街）政府和社区分担行政工作。可以说，社工站本身就是"半行政化"的设置，需要开展专业社会工作服务，也需要完成民政部门、镇（街）和社区的行政事务工作。然而，社工站的"半行政化"定位，会让社会工作机构和社会工作者"苦不堪言"。受时间和精力的限制，站点社会工作者往往难以完成项目合同规定的服务指标和内容，更不用说"用心"、高质高效地服务好居民。在访谈中，大多数社会工作者表达了工作的无力感和服务的挫败感。而对居民而言，社会工作是陌生的，因为社会工作者并未走进他们日常生活，居民往往认为社会工作者是政府和社区的工作人员。

二是专业服务形式化。专业服务形式化强调社会工作机构的专业服务"空有其表"，偏移了以"居民需求"为本的服务宗旨。

第一，注重文牍式管理，轻视具体业务工作。为了应对项目的过程性评估，社会工作机构严格要求社会工作者"做事留痕"。由此，社会工作者在开展服务过程中"边走边拍、边服务边想文案"的现象屡见不鲜。对社会工作机构而言，服务质量高不高先另作他论，但是服务过程必须予以完整地呈现。在每次服务完成后，社会工作者不是对服务的方式、方法和效果进行反思，而是立即从手机中导出图片影像资料，对服务过程进行文字转换和输出，以备项目负责人、机构督导进行资料查阅和工作评估。在访谈中，很多一线社会工作者埋怨"留痕"消耗了自己太多的时间和精力，戏谑自己做的是文书工作而非专业服务。项目负责人亦深有同感，但是无奈表示目前的评估方式和标准就是如此，唯有适应。

第二，注重数字化政绩，轻视实际工作成效。项目资助方和评估方在进行项目考核时，注重社会工作机构为居民所提供服务的"物有所值"和行之有效。前者强调服务数量，后者注重服务质量。由于服务质量往往难以考核，于是个案、小组、社区工作三大方法的服务次数作为项目质效评估的重要指标，被认为是项目评估的"聪明之法"。由此，在项目任务书中，我们往往能够看到对社会工作三大方法（个案、小组和社区工作）服务次数的硬性规定，有项目合同甚至用服务次数计算项目成本。可以说，项目评估的指标化、服务数量化，成为当下社会工作项目评估的"通病"，这导致社会工作机构片面追求指标数量，而对服务活动效果缺乏关注和后续考察；片面强调服务过程的记录，但是对社会工作者是否运用专业方法及技巧却没有规定和把控；注重累计个案、小组、社区的活动次数，却对介入效果漠不关心。

第三，绩效考核重结果轻过程。由于过程考核难度系数大、所需的时间人力成本高，因此项目评估方注重对项目结果（主要是合同规定的相关指标完成度）的考核。重视结果、忽视过程的项目评估导向，导致了社会工作机构的工具主义行为，机构放弃对服务对象进行能力提升的长期目标，选择好介入、见效快的服务对象和服务内容，以此获得立竿见影的效果。最终导致社会工作机构服务的供给和需求严重不匹配的情况，不需要服务的居民被强制服务，如合同规定服务某特定群体；需要服务的居民因为各种原因享受不到服务，主要是合同未涉及或服务成本太高、服务成效难以保障等。同时，社区公共事务治理"择轻避重"，机构对社区复杂的治理难题"视而不见"，而选择一些容易完成、显成效的社区事务。

二、企业经济理性下的社会工作机构功利化

社区治理中的市场主体（企业）主要是为社区提供有偿管理和服务的营利性组织，包括参与社区治理的企业、（通过政府购买或购买社会组织服务）为社区提供服务的企业、小区物业管理公司等。打造"人人有责、人人尽责、人人享有"的社会治理共同体的战略格局，为企业参与社区治理提供了合法性和方向。一般而言，企业能够凭借其市场资源整合优势在公共服务供给、社区志愿服务和慈善捐赠、社区建设和发展等方面发挥重要作用。在社区治理中，作为重要参与主体的企业与社会工作机构能够在

行动目标、价值理念上实现整合、达成一致，形成资源和功能的互补关系，进而建构合作关系。对企业而言，与社会工作机构合作能够基于机构的专业性，更好地履行其社会责任，更为重要的是，基于社会工作机构的社会公益性，可以助力企业树立良好的品牌形象，进而帮助企业获取市场和实现长远发展。对机构而言，与企业建构合作关系，能够通过企业的资金、人力提供以及市场营销理念与方法等获取资源赞助，建立合作伙伴关系，共同解决社区的问题①。

（一）企业社会责任："社会经济人"假设

根据"经济人"假设，市场主体是以追求物质利益为目的而进行经济活动的行动者，他们总是期待以最小的成本获取最大的利润。为此，市场主体可以不择手段。"无商不奸"是人们对"经济人"即市场主体逐利本性的刻画和认识。然而，马克思主义强调"人是社会关系的总和"，应将人的行为立足于社会，个人追求自我利益必然受到社会关系或制度的制约，因此，市场主体应是"社会经济人"。"社会经济人"意味着具有完全理性的精于计算且完全自主行为的经济人在现实生活中难以做到，因为不顾及利益相关者、完全自利的经济行为，终将招致"反噬"，失去任何获利的机会。因此，为了获得持续的利润，经济行为主体不得不在追求自我利益的同时，兼顾个人与社会、微观与宏观的利益，即利益相关者的利益。可以说，"社会经济人"强调企业存在的社会意义，企业存在的社会价值是帮助社会实现一系列广泛的社会目标②。只有如此，企业才能持续地获取利润，实现可持续发展。

企业社会责任（Corporate Social Responsibility，CSR），由美国学者鲍文（Howard R. Bowen）于 1953 年首次提出。他认为，"商人的社会责任必须与他们的社会权利相称"③。企业在获得利润的同时，应承担起相关的责

---

① LAKIN N. Corporate Community Involvement：The Definitive Guide to Maximizing Your Business' Societal Engagement ［M］. Stanford：Stanford University Press，2010.

② 甘峰. 社会企业与社会协同治理 ［J］. 中国特色社会主义研究，2014（3）：95－100.

③ BOWEN H R. Social Responsibilities of the Businessman ［M］. New York：Harper & Row，1953.

任，致力于建设更美好的社会①。随着"治理运动"的兴起，企业社会责任成为市场主体介入社会治理的理论基础和推动力。

社会责任的履行对于企业自身和社区治理都具有重要的意义和价值。对企业自身而言，社会责任的履行可以有效实现企业利润与社会价值的共赢。已有相关研究表明，企业履行社会责任能够有效提升企业的声誉，通过社区参与，企业能够塑造良好形象、扩大社会影响力，同时加强与社区的联系，促进企业发展②。对社区治理而言，企业社会责任的履行弥补了"志愿失灵"和"政府失灵"的缺陷。一是企业以专业化和规模化弥合志愿失灵。社会组织在社区治理中出现志愿失灵：因缺乏稳定的资源支持，导致公共服务供给的不可持续；仅仅依靠精神激励和志愿精神，难以吸引专业人士，从而导致慈善的业余主义。企业则可以发挥财力优势，吸纳专业人士提供高质量服务，同时依靠规模化和雄厚的经济实力抵御经济波动，确保公共服务供给的持续性和稳定性③。二是企业通过"精准补缺"和资源优势防止政府失灵。政府在公共服务供给中虽占据优势，但也会因公民"代表性偏差"和资源不足而出现失灵。企业则可利用其强大资源和组织能力弥补这些缺陷。

（二）社会责任缺失下企业社区参与的冷漠与功利

在国外，企业履行社会责任的意识较强，积极参与社区治理。在企业社会责任论者眼中，其不但应为股东的利益服务，还应承担相应的社会责任，包括顾及相关利益群体（职工、债权人、消费者、社区居民）利益，尽量减少对社会环境、自然资源的负面影响，积极参与社会公益慈善事业等。企业参与社区治理，主要通过慈善捐赠、员工志愿服务和项目投资等方式向社区提供财务、物质或人工技术等支持活动，尤其是通过社区公益项目，与政府、非营利组织等利益相关者建立有效的伙伴关系，共同服务

---

① 刘伟，满彩霞. 企业社会责任：一个亟待公共管理研究关注的领域 [J]. 中国行政管理，2019（11）：145 - 151.

② LIU G, ENG T Y, KO W W. Strategic Direction of Corporate Community Involvement [J]. Journal of Business Ethics, 2013, 115（3）：469 - 487.

③ 刘伟，满彩霞. 企业社会责任：一个亟待公共管理研究关注的领域 [J]. 中国行政管理，2019（11）：145 - 151.

社区居民①。

社会责任论下的企业社区参与强调企业不再片面追逐利益最大化，而是具备社会责任意识，能够为满足居民美好生活期待和促进社区发展主动"让利"，通过慈善捐赠、善因营销、社区公益项目购买以及与社会组织合作等方式，促进社区公益慈善发展，提升社区服务质量。值得注意的是，社会责任的承担，并不意味着企业"不营利"，而是强调通过将投资者的目标和对社区的社会责任结合起来，达到企业商业战略与社区治理的高度融合，从而实现企业经济效益与社会效益的统一。然而，总体而言，国内企业参与社区治理的积极性和主动性并不高，企业对社区公益参与的态度淡漠，参与的功利动机强烈。

1. 社区参与态度冷淡

有学者认为，伴随企业参与社区治理的政策支持和企业家社会责任意识的增强，越来越多的企业参与社区治理和社区建设。然而，笔者认为，企业参与社区治理的典型案例，不能淹没企业社区参与态度冷淡的现实，大多数企业对于"让利"参与社区治理态度消极。以社区慈善捐助为例，在访谈中，社会工作者反映，企业向社区捐赠的态度非常冷漠和消极。

企业劝募工作太难做了，我们跑遍了辖区内大大小小的企业，口头承诺给社区慈善捐赠的企业寥寥无几，大多数商家在听到向社区捐钱后，脸色很不好看，认为："自己向社区捐钱，请问社区又为我做了什么？"埋怨："又没有赚'黑心钱'，为什么还要拿钱出去？现在生意有多难做，你们知道吗？"（CY-PM-03）

由于社会责任意识薄弱、参与慈善事业缺少长久的驱动力以及慈善捐助体制尚不完善，企业对于社区公益参与的态度异常冷淡。大部分企业或社区商家，并不认为自己对社区服务、社区建设和发展负有责任。有学者

---

① LAKIN N, SCHEUBEL V. Corporate Community Involvement: The Definitive Guide to Maximizing Your Business' Societal Engagement [M]. UK: Greenleaf Publishing, 2010.

指出，我国企业家履行社会责任的意识淡薄，缺乏对公益慈善投入的内在动机，一般是在强大的社会舆论以及慈善组织的劝募包围下，企业才被动地进行善款捐赠。

总之，企业社区参与积极性不高，除了企业社会责任感缺失，制度和参与渠道不畅是重要原因。在我国目前社区治理主体中，居委会、街（镇）政府等基层单位强势而主动，主导着社区治理事务，企业则较为弱势和被动。

2. 社区参与功利动机突出

大多数企业将参与社区服务和社区建设看作是市场行为，抱着强烈的营利动机而非社会责任使命感参与其中。在社区参与前，企业会计算社区参与成本和直接经济回报，当直接经济回报高于所付出的成本时，才会选择参与，否则避而远之。例如，CY 社会工作者在企业劝募失败后，便转而寻求社区书记的支持，最后社区书记带着社会工作者找到了"私交"不错的企业，这些企业立即作了捐赠承诺。企业前后态度的转变，有"磨不开面"和"熟人交情"的因素，而最根本的原因是"社区书记"这一身份产生的作用。在企业看来，这是一场资源交换，承"社区书记"之情，受社区参与之惠。在调研中，笔者发现强烈的营利动机让大多数企业缺乏社区参与的热情，更缺乏耐心，部分决定"试试水"的企业一旦觉得社区参与不能带来直接和及时的经济回报，便立即撤离。

企业与社会工作机构合作的营利动机同样强烈。前文已述，企业进行公益捐赠，主动向社会工作机构注入资金、人力和资源支持并不热衷。不过，对于借助公益活动宣传企业产品或服务、由此提升品牌知名度和销量的"公益营销"①，企业表现出了一定的兴趣。由此，部分企业会主动找到社会工作机构，愿意为服务活动注入资源，但条件是进行企业和品牌宣传。

---

① 公益营销主要是指企业借助公益活动与消费者进行沟通，在产生公益效果的同时，使消费者对企业的产品或服务产生偏好，并由此提高品牌的知名度和美誉度。

之前一家新成立的地方银行找到我们，表示他们银行具有社会责任履行的需求，因此银行购置了近5万元的生活用品物资，愿意无偿分发给社区居民。但在我们将活动方案交给他们审核的时候，他们要求活动现场搭建宣传展台，宣传银行储蓄、贷款、基金等产品，还要求领取物资的居民留下身份证号码、电话号码等信息，表示银行做公益也是有目的和要求的。（CY－PM－03）

可见，企业与社会工作机构合作的功利动机强烈，他们关注的是合作所带来的收益，如产品销量的提高、企业品牌影响力的扩大，且希望这种收益是"即时"的。同时，伴随政府购买社会工作服务项目力度的加大和投入资金的增加，部分企业认为社会工作服务具有"市场前景"。笔者在调研中发现，部分物业公司、家政公司、养老机构纷纷注册了社会工作机构，承接社会工作服务项目，获取政策福利。部分由企业转型的社会工作机构动机不纯，更缺乏专业价值理念。

总之，大多数企业的社区参与专注于社区"商机"的找寻，而忽视了社会责任的履行，而强烈的功利性动机，导致企业社区参与的"短视"，忽视社区投资、社区服务产业化、社区公共空间打造的长远布局。

（三）社会工作机构功利化

社会责任意识缺失，导致企业参与社区公共事务态度消极，且带有强烈的营利动机。与企业合作并不是社会工作机构突破当前困境的有效路径，相反，市场的营利动机影响着社会工作机构的行动选择和发展路径，导致机构的功利化。社会工作机构的功利化主要是指机构受市场逻辑的影响，将资源获取与运作效益置于首位，进而发生以服务对象/居民需求为本的服务理念和公益性价值目标的偏移。可以说，社会工作机构功利化是指机构的机制使命和运行规则发生偏差的情况下的动力异化。前文已述，社会工作机构一味地嵌入体制，带来了行政化的意外后果，机构面临独立自主性和服务专业性弱化的问题，同时对政府资源的单一依附，容易造成机构的资源惰性，即资源筹资能力弱化，且政府项目资源和人力购买费用的有限性，让机构面临生存和员工尤其是社会工作专业人才的招聘难题。

因此，嵌入市场便成为社会工作机构突破现阶段资金不足、专业人员缺乏、行政化色彩过浓、自主性不足等困境，实现机构独立自主和可持续发展的重要路径。社会工作机构的市场嵌入，一方面是强化与市场主体（企业）的合作，建立合作伙伴关系；另一方面是尝试商业化转型，通过服务收费、品牌市场推广等方式获取收益。然而，社会工作机构在进行市场嵌入的同时，受到市场逻辑和营利价值取向的影响，出现了社会价值使命感降低、营利动机增强的现象。

1. 与企业合作的功利策略

市场经济理性行动逻辑决定了企业行动的营利动机和目标。在企业主动履行社会责任，向社会工作机构进行捐赠、提供志愿者以及通过机构公益平台宣传产品和服务时，企业的营利冲动会不时展露。此时，社会工作机构需要坚持以服务对象/居民需求为本的服务原则，将服务对象和居民的利益置于首位，在与企业的合作中明确立场，以公益原则约束企业的营利冲动，进而形成以"同向而行"为公益目标。然而，在调研中，笔者发现部分社会工作机构在与企业合作中未能以公益原则约束企业的营利，而是出现了市场逻辑的反嵌，出现了功利化倾向。

与企业合作，机构要先明确自身角色，对企业与机构合作的目的进行考量，判断与企业进行合作是不是对我们的服务对象有益。总之，要尽力避免企业以活动资助的名义直接向服务对象售卖产品。但是，还是有部分机构出现了意外，没能抵挡住收益分成和资金资助的诱惑，间接协助企业售卖产品。（CY-H-04）

为了"回报"企业的资助，社会工作机构一般会在活动中感谢企业，但是不会直接宣传及协助企业售卖产品。这就需要社会工作机构相关人员强化与企业的沟通，表明企业能够通过"做公益"提升企业知晓度和品牌影响力，但是机构不能直接帮助企业销售产品。然而，部分社会工作机构为获得企业资助，现场对企业的产品或服务进行宣传，甚至采取产品销售营收分成的方式，强化与企业的合作。

与企业合作的功利化，反映了社会工作机构为"活命"而放弃"使命"的价值目标的偏移。在资源严重缺乏和市场竞争激烈的情况下，社会工作机构面临巨大的生存压力。近年来，地方政府对社会工作的专业服务越发重视，购买社会工作服务项目资金投入规模不断加大。但是，政府资金的注入并不意味着社会工作机构资源的增多。因为政府在加大资金投入规模的同时，各地社会工作机构如雨后春笋，迅速成立。

笔者所调研的 CH 社会工作服务中心成立于 2007 年，属于老牌机构，按理说机构能够凭借专业品牌优势，获取项目资源，维持机构的稳定发展，然而从 2023 年开始，机构所承接的政府项目数量几近减半，项目数量和资金的"腰斩"，造成的结果是机构员工流失率高达 45%。在面临严重生存危机时，部分社会工作机构会选择牢牢抓住企业这根"救命稻草"。

另外，社会工作机构在与企业的合作中，会学习、借鉴企业经营模式和经营策略，通过扩张策略和连锁经营模式最大限度获得资源。然而，社会工作机构在"沉迷"于最大化资源获取的同时，可能面临价值使命弱化的困境。

一是机构的扩张经营策略。在调研中，笔者发现机构出现了服务定位"全域化"的特征，即机构对于自身服务领域、服务人群进行"全面覆盖"。服务定位"全域化"实际上是由社会工作机构的扩张经营策略决定的，无论机构是否具备项目执行所需的专业服务经验和技巧，以及组织现有服务领域是否与竞标项目服务领域具有连续性和相关性，社会工作机构都会秉持资源获取最大化目标广泛参与项目竞标。而扩张经营带来的结果是机构服务领域不断发生变化，这不利于机构在特定领域的经验积累、技术发展和成果产出，阻碍了机构的高水平团队和品牌建设，难以促使机构发生质的飞跃，最终不利于机构为服务对象提供优质的专业服务。

二是机构的连锁经营模式。社会工作机构连锁经营主要是某一社会工作机构在其他地区注册成立同名社会工作机构，机构之间形成一个联合体，从而实现规模效益。部分成立时间相对较长、发展较好的明星社会工作机构受政府邀请或主动前往某地，成立同名机构，以参与当地政府购买社会工作服务项目竞标。原社会工作机构与新注册成立的社会工作机构虽在法律上相互独立、无隶属关系，但因相同的法定代表人，或由原机构负责人担任新成立社会工作机构的法定代表人，机构采用相同的法人管理模式，机构的工作人员可在组织之间自由流动，社会工作机构逐渐形成了具有"连锁经营"特征的经营制度①。调研中的 HY 社会工作服务中心便是连锁经营的产物，原机构副理事成为新成立机构法定代表人，原机构为新成立机构提供督导、技术和管理支持，机构间的信息、人力、成果共享。连锁经营模式能够为社会工作机构带来规模效益与资源获取优势，但也对机构的管理和服务能力提出了要求。一般而言，新成立的社会工作机构会"复制"原机构的管理体制和服务方式，但是不同地区的社会经济发展水平、社会问题类型和政策环境存在差异，"复制"可能面临失效和失败的风险。这些都会影响社会工作机构参与社区治理和社区治理的效能。

2. 机构商业化的盲目与功利

为摆脱资源困境，社会工作机构尝试以市场化即机构商业化获取更多的资源，以维持机构的生存和可持续发展。社会工作机构商业化主要有两条途径：一是机构以商业化方式经营，二是社会工作机构向社会企业转型。社会工作机构的商业化，能够拓宽社会工作机构的筹资渠道，减少其对政府和慈善资源的依赖，促进"造血"能力的提高，提高服务的专业性和自主性，同时提供足够的资金支持，增强社会工作专业人才吸引力，有助于提升服务质量与专业化水平。然而，社会工作机构商业化转型需要具备一定的基础和条件，更为重要的是需要坚守公益性价值理念和以服务对象/居民需求为本的行动原则，否则，机构将产生强烈的商业冲动和营利动机，发生价值偏移的不良后果。

首先，社会工作机构商业化的盲目性。为了开拓资源渠道，部分社会工作机构尝试开启市场化，进行公益性服务收费。然而，由于市场定位不清晰、专业人才欠缺以及服务品牌打造的不足，社会工作机构缺乏市场竞争力。YY 社会工作服务中心承接社区老年人服务项目后对社区老年人活

---

① 谢敏，吴中宇. 资源依赖背景下社会工作机构发展策略研究［J］. 理论月刊，2016（10）：153 – 159.

动中心进行了运营。机构对老年人活动中心的运营方式便是将之做成棋牌室，老年人在棋牌室打牌喝茶度过闲暇时光，机构收取一定费用维持活动中心的运转。将老年人活动中心做成棋牌室，满足了部分老年人的娱乐休闲需求，但对机构发展而言，这种运营方式完全不能体现社会工作机构的专业性，反而让居民对机构产生错误的认知。可以说，社会工作机构盲目注重效益和推动市场化进程，而忽视核心竞争力的打造和品牌培育，最终会弱化机构参与社区治理和社区服务的合法性。

其次，社会工作机构商业化的功利性。社会企业是社会工作机构商业化的表现之一。社会企业本质上是商业手段和慈善行为的混合体，社会企业旨在解决社会问题、增进公众福利，而非追求自身利润最大化。一般而言，社会工作机构可组建商业部门和社会部门，前者主要负责市场开拓，以获取资源和经济收益，后者则是践行社会使命，提供社会福利。然而，部分社会工作机构受市场侵蚀，因商业部门的高盈利而沾沾自喜，重心向商业方面偏移，进而导致商业部门和社会部门的平衡失调，机构越发重视营利，弱化了对社会价值使命的目标追求。总之，社会工作机构受功利主义驱动偏移非营利宗旨，损害公共利益，商业运作引发使命偏移，产生目标替代后果。

三、社区个体理性下的社会工作机构失能化

社区主体包括居民、社区居委会、已（未）登记注册的社区社会组织等。依据社会工作机构参与社区治理的"服务好社区居民、促进社区自治"行动目标，社区主体应是与社会工作机构关系联结最为亲密、互动最为频繁的对象。社会工作机构的服务、动员和依靠的力量都是社区主体，尤其是社会工作机构通过平台创造和赋能于民，培育社区居民的主体性，提升居民解决社区问题、促进社区发展的能力。然而，伴随社区的现代化转型，社会分工、社会流动和市场化不断地打破社区原有的情感纽带和关系联结，社区组织化程度降低，居民集体意识不断被弱化，社区主体追逐自我利益的动机日益强化，他们往往不愿意关注社区公共事务、参与社区公共活动。

（一）社区现代化转型：从集体理性到个体理性

传统社区是基于亲族血缘、地缘、宗教而建构起来的具有高度同质性的小型社会。同质性的社会造就了成员间普遍一致的信仰、感情、目标和价值规范，进而产生了"集体意识"。在强大的集体意识影响和形塑下，个体成为集体的附属，依附于群体而存在，个体存在的价值在于能为其所属群体提供价值增益，助力群体利益最大化。可以说，个人意识、利益及价值追求"消融"或"弥散"于集体利益中。如此，"集体理性"抹杀了"公"与"私"的界限，集体利益是个体思想与行动的源发点与终极目标①。伴随着传统社区向现代社区的转型，社会分工、社会流动和市场化不断地打破原有情感纽带和关系联结，社区集体意识不断被弱化。个人对自主、自立、自利的"主体性"追求，日益成为一种普遍的价值旨趣，深植于现代人的生活中。不同于集体理性——集体和组织的利益高于个人，个人依附群体而存在，个体理性强调个人的独立、自主、自立和自利，个人具有选择集体和组织的自由，同时群体是基于更好地满足个体的需求而存在。

（二）个体理性膨胀下的社区公共性式微和参与缺位

从历史的角度看，个体理性的转变是现代性的重要成果，具有积极的历史意义。个体理性意味着个体"主体性"的获得，个人不再是集体的附庸，而是独立的存在，进而激发了个人的成长和解放，激励着个体的前进。然而，社区的现代化转型、个体理性的膨胀导致了居民共同体意识淡薄和社区公共性式微，居民对参与社区公共事务态度冷漠。

1. 社区公共性式微

在传统社会，村落中的村民因生产和生活的需要，紧密地进行关系捆绑，村民间具有较强的合作意识和集体精神，他们自发地进行劳动合作，积极参与村中公共活动和公共事务，形成村落共同体。进入现代社会以来，传统村落逐步走向没落，这种没落不仅体现在人口的外流，更体现在

---

① 杨发祥，闵兢. 社会理性视角下构建社区治理共同体何以可能？[J]. 江苏行政学院学报，2021（5）：60-66.

村落集体意识的消解、公共文化的衰败和公共生活的消失方面。城市社区同样不容乐观，来自五湖四海的"主业"聚在同一物理空间，由于缺乏深层次的利益联结和交往互动契机，居民彼此之间陌生而疏远，缺乏集体观念，难以形成集体意识，社区公共性式微。

一是居民的"社区感"薄弱。在传统村落社区，面对落后的生产力和艰难的生存环境，村民间紧密捆绑和合作，以维持生存和生计，并在此过程中形成了强烈的社区感和集体意识。然而，现代化社会尤其是城市社区，随着生产力的发展和生产方式的改变，生活在同一地域空间的居民已然失去了传统社会的生计和经济关联，而利益关联的弱化直接导致居民间关系的淡化，毗邻不相识成为一种常态，居民之间几乎不进行交流互动。对大多数居民而言，社区仅仅是物理空间意义的"居所"，而非"心灵港湾"，因此难以对社区产生认同感和归属感。

二是社区社会组织的"主体感"薄弱。作为社区治理的重要主体之一，社区社会组织主体意识的觉醒和责任的承担具有重要意义。然而，社区社会组织的"主体感"薄弱。社区社会组织尚未形成主体意识、积极参与社区公共事务、关注与助力社区发展，相反，他们对社区共同体的认同有限，对社区公共事务"无感"，不愿意在时间、资源和行动上予以付出。笔者在调研中发现，目前社区社会组织以娱乐性、兴趣类居多，专注于组织成员的精神生活和文化需求，开展丰富多样的娱乐兴趣活动，自娱自乐，而对社区公共问题和公共事务则缺乏关注。

2. 居民参与缺位与表层化

其一，社区公共事务的"冷参与"。社区居民和社区社会组织的强个体性和弱公共性，导致他们对社区公共事务态度冷漠。托克维尔认为，社会成员易陷入一种彼此隔绝的"原子化"的状态，成员间的隔绝、孤立与封闭，容易造就以自我为中心的个人主义情感[1]。这种个人主义情感淡化消弭了个体对集体的认识、认同和依恋，使个人对集体事务漠不关心。从个体层面来看，在改革开放的市场化浪潮洗礼下，广大居民往往依靠自身

---

① 托克维尔. 论美国的民主（下卷）[M]. 北京：商务印书馆，1991.

及家庭的力量应对面临的生存和发展问题。由于居民之间的利益分化，以往存在的社区邻里互助关系或者各种基于宗教情感、宗族关系、共同兴趣爱好等形成的社群关系逐渐弱化甚至消失，出现了居民原子化和个体化的现象。人们过度关注自身的利益得失，从个体而非社区的层面来思考个人与邻里、个人与社区的关系，忽视了公共利益。社区居民的"冷参与"主要体现在居民对社区公共事务的漠不关心上，参与性和积极性都不强。社区居民的"冷参与"使社区公共事务治理陷入困境。笔者调研发现，社区参与的主体是儿童和老年人，青年与成年居民几乎不参与社区公共事务。追问原因——"忙"，是大多数居民的"标准"回答。究其根本原因，大多数居民认为社区参与并不能直接获益，也就是不能给自己和家人带来"直接好处"，因此，不愿意花费时间和精力在社区公共事务上。可以说，社区参与是否能让自己和家人获益，成为他们是否参与的重要衡量标准。

其二，居民的"表演性参与"或"仪式性参与"。"表演性参与"或"仪式性参与"是社区居民参与浅层化的集中体现。如前所述，社区儿童与老年人虽然会选择性地参与社区活动，但是参与范围一般限于休闲娱乐活动，参与目的是消耗闲暇时光、丰富退休生活，而对有利于他人、他群，促进社区整体发展的公共事务，他们则态度冷漠，参与意愿和参与程度都很低。

居民基本不愿意参与，我们一般通过两种方式动员居民，一是社区居委会出面通知居民参加，二是利用积分兑换奖品的方式吸引居民参与。来参加的也是老年人居多，年轻人很少参加，针对这种情况，政府专门发布了"全龄"参与项目，就是想要让各年龄段居民都专注社区、建设社区。然而，收效甚微。同时居民参与的主要是一些娱乐性和文艺性的集体活动，像文艺活动、文艺表演等，但社区卫生打扫、公共空间改造、社区公益事业发展等一些更有利于社区全体成员的事项，他们明显缺乏兴趣，不愿意参与。（ZC-S-01）

之前入驻社区的社会组织，完全靠发物资吸引居民参与。所以当我们机构入驻后，只用较低的积分鼓励居民参与时，还遭到了居民的不满和责备，说"之前的机构不是这样的呢，你们不直接发东西就算了，这个积分只能换那么点物资。你们是怎么搞的呢"？（RZ – H – 03）

可以看出，居民对于社区参与并非"自发"，而是为了"小恩小惠"，这种参与极为浅层化，难以真正实现社区自治的美好愿景。社区居民"冷参与"和表层参与本质上是居民"自我本位"的生动体现，他们基于"我"（自己、家庭、团队等）的利益得失进行理性权衡和计算。社区居民的个体理性带来的结果是，虽然参与的渠道在拓宽，但居民的参与仅出于自身及家人利益需求。而这样的社区参与可能会导致奥尔森所说的"集体行动的困境"。在社区集体活动中，居民只关注自我得失，时刻盘算着如何从集体行动中获得好处，想"搭便车"，忽视甚至侵害了社区的集体利益。

（三）社会工作机构失能化

社区主体对社区公共事务的冷漠态度，让社会工作机构面临"失能"危机，机构的"失能"，使"服务好社区居民、促进社区自治"行动目标失去了支撑点。社会工作机构失能化是指社会工作机构在社区治理中未能取得预期的功效。居民在个体理性的驱使下，仅仅关注个人和家庭利益的获得，对社区公共事务态度较为冷漠，在面对社会工作机构的参与动员时，他们态度和行动消极，不愿意参与。社区居民参与的缺位，导致社会工作机构在社区治理中只能停留在"服务"层面，机构向社区困难群体（低保对象、老年人、残疾人、儿童等）直接提供专业服务，对"促治理"即发动居民参与社区公共事务，则显然"心有余而力不足"。

一是社区治理的"虚假繁荣"。社会工作机构为了完成项目任务以及保证项目的表面效果，要求社会工作者要"会找事"和"会来事"。"会找事"是指锁定居民兴趣高且容易解决的社区公共问题，以保证项目完成的效果。"会来事"则是指要学会"小题大做"，通过表演性、仪式性的参与，引起治理的轰动效应，进而产生项目宣传效果。社会工作机构的"会找事"和"会来事"，带来的是社区治理"虚假繁荣"的表象，社区居民真实参与率不高。社会工作机构擅长"抓住"和动员社区积极分子参与社区治理本无可厚非，然而社区积极分子通常兼具多重身份，他们既是党员、楼栋长，也是社区志愿服务团队队长、小组组长，多重身份使其应接不暇并出现了"虚假参与"的现象。这也反映出社会工作机构社区动员能力的不足，对社区有限的积极分子"过度使用"，而对普通群众的动员"力有不逮"。为了调动居民参与公共事务的积极性，某些社会工作机构会以小恩小惠"诱惑"居民参加。

二是社区治理的"改而不变"。社会工作机构在社区治理中发挥着组织功能，不仅在于为居民提供专业服务，更为重要的是动员居民参与和赋能于民，提升居民社区参与的意识和能力，促进社区关系修复和拓展，进而实现邻里互帮互助、居民自我服务和居民共谋社区发展。然而，居民的理性计算与对社区公共事务的冷漠态度，使社会工作机构"服务好社区居民、促进社区自治"的行动目标失去了支撑点，社会工作机构难以在社区治理中彰显主体性和发挥主体功能，进而导致社区治理的"改而不变"。所谓"改变"，主要体现为社区治理主体扩容（社会工作机构、志愿者的加入）、社区开展活动次数增加、社区热闹氛围提升以及社区资源进一步丰富。"不变"则是强调社区治理并没有发生实质性的改变，居民整体参与意识和能力仍然较弱，社区公共空间与公共精神、居民公共意识并未真正意义上形成、社区自治目标并未实现。最直观的体现便是，一旦社会工作机构撤出，社区治理"热度"瞬间冷却。另外，因人力和资源有限，社会工作机构在开展社区服务和治理时，难以覆盖相关服务群体，进而导致居民的不公平感，使其质疑和埋怨"为什么他（她）有我无"。

总之，在社区治理中，政府、企业、社区主体将个人/部门利益置于首位，将"外来者"社会工作机构视为个人/部门获取利益的工具，在交往中依循"主－客"互动模式和工具主义行动逻辑开展工作。"主－客"互动模式和工具主义行动逻辑导致社会工作机构在社区治理中的主体性成长乏力和建构偏移，出现行政化、功利化、失能化后果。社会工作机构的行政化让机构在组织目标、运作逻辑、行为方式上更加接近政府部门，甚至成为"准政府部门"，进而加剧了机构参与社区治理目标偏移的风险；社会工作机构的功利化让机构陷入项目扩张、机构连锁经营以及服务市场化的泥淖中,进而导致机构的"社会性"和"公益性"价值偏移。社会工作机构的失能化体现为机构的能动性式微,参与社区治理的浅层化和表层化加剧了机构参与社区治理的功能偏移。

本章小结

本章将宏观分析与微观分析相结合,从结构和关系两个维度探讨社会工作机构主体性缺失问题形成的内在机理。

一是"强国家-弱社会"的关系格局加剧了社会工作机构本土实践与社会的脱离,致使社会工作机构面临专业实践能力不足、价值理念困惑与价值抉择的困境。在国家政策和资源的强力推动下,社会工作机构走上了一条自上而下的成长路径,这一路径在促进社会工作机构快速发展的同时,在一定程度上使社会工作机构缺少本土文化滋养、缺乏实践锤炼磨砺以及缺乏与基层群众的有机联结,进而造成社会工作机构专业价值理念困惑、实践能力不足和社会认同度低,而这又进一步强化了社会工作机构对政府的依附,加剧了社会工作机构与政府之间的不对等关系,机构失去了自主性,并由此产生了社会工作机构价值和行动目标抉择的困境。

二是"中心-边缘"社区治理结构造成社会工作机构的地位边缘化,社会工作机构脱离社区,面临主体失位危机。社区治理中行政权力的强势主导、社会主体力量不足以及参与缺位,致使社会工作机构在社区治理中地位的边缘化。社会工作机构单从空间意义上"进入"了社区,却未能嵌入社区治理组织体系、融入居民日常生活和居民心理,也即社会工作机构并没有成功扎根社区,而是呈现出"悬浮"于社区的状态。

三是多元主体工具性交往致使社会工作机构主体性建构发生偏移。在社区治理场域,社会工作机构与多元主体——政府、市场、社区及居民的互动水平决定了其主体性的生成和发展水平。然而,社区治理主体间自主性发展不平衡、行动目的不一致,治理主体工具性动机明显,建构了"主-客"关系模式。治理主体间"主-客"关系及功利性行动逻辑构成的互动场域,造成社会工作机构主体性成长乏力和建构偏移,社会工作机构出现了行政化、功利化和失能化的后果。

需要注意的是，宏观的"国家－社会"关系格局和微观的社区治理结构并非"截然分离"的，实质上，社区治理结构是国家与社会关系的"微观缩影"，是国家与社会彼此相遇、交织渗透而又微妙互动形成的状态。国家的合法性权威、资源优势集中反映在社区治理中，即政府占据中心优势地位，这是社区居委会、企业、社会组织等社会主体不可比拟的。然而，也绝不可认为失衡的"国家－社会"关系必然决定了社区场域中多元主体地位和资源的不平衡。社区治理场域具有独立性和自主性的行动者之间的互动会带来关系网络和结构的变化，进而重塑着社区治理结构以及改变着行动者自身。在这里，多元主体之间的价值取向、行动选择以及相互之间的目标调适、修正和改造，成为互动效果和行动目的实现的关键。具体而言，多元治理主体围绕社区治理目标，进行理念和行动的碰撞、交互，通过主体间的相互调适、修正和改造，促进主体间发生共变和谐变，从而组成共生空间和社会关系网络。

总之，社会工作机构主体性缺失的内在机理与深层次原因，不平衡的关系和错位的社区治理结构，加剧了社会工作机构的本土实践和社会性的脱离，政府、企业与社区及居民的工具性行动则进一步加剧了社会工作机构主体性建构的偏移。

第五章

嵌入与互构：社会工作机构主体性建构的路径选择

社会工作机构作为专业组织和重要力量，在推进社区治理现代化实践中能够充分发挥其专业和社会优势。要实现社会工作机构在社区治理中组织功能的有效发挥，就要关注社会工作机构的主体性问题。而调查表明，社会工作机构主体性相对缺失。那么，社会工作机构主体性建构何以可能？根据前文分析的社会工作机构主体性缺失的内在机理，社会工作机构需要在"嵌入"和"互构"中，实现主体性的重建。一方面，专注于机构社会"内在"，强调社会工作机构在社区治理中"嵌入"其价值和能力，进而彰显机构参与的独特价值和功能；另一方面，专注于机构社会"外部"，社会工作机构的主体性建构——价值重构和能力重塑——不能脱离其外部环境和条件的支持，而是要在多元主体关系网络建构与良性互动中促进主体性的生成和发展，即"主体性互构"。具体而言，建构社会工作机构的主体性，就要满足"主体性嵌入"的预设条件。这就要求社会工作机构以社区为实践平台，立足于社区治理现实情境和需求，推动机构价值嵌入、专业嵌入和网络嵌入，进而实现由浅层无效嵌入向深层有效嵌入的转变，社会工作机构在有效嵌入过程中建构了其主体性。

第一节　价值重塑：社会工作机构的社会性嵌入

中西历史文化、政治制度与实践情境的差异，决定了中国社会工作发展的嵌入式路径与策略有别于西方。可以说，社会工作与社会工作机构在本土嵌入中实现了主体性建构和组织功效的发挥。然而，在缺乏对社会工作机构本质进行思考和追问的情况下，社会工作机构的嵌入体制、嵌入市场、嵌入社区，更多的是一种权宜性和策略性选择，是机构为适应外在环境系统而作出的妥协和折中选择，而这可能带来强势主体和系统的"反嵌"，最终导致社会工作机构主体性的缺失。因此，把握社会工作和社会工作机构的本质属性，认清社会工作机构参与社区治理的行动价值定位，十分重要且必要。

一、社会性：社会工作价值关怀与本质属性

社会工作的价值关怀和本质属性，成为社会工作机构的行动依据，决定了社会工作机构的实践性目的和服务目标。然而，从社会工作发展缘起与实践取向来看，社会工作机构存在个体（社会）取向和结构取向的不同价值取向。

（一）个体取向抑或社会取向：社会工作本质之辨

一是个体取向的社会工作。个体治疗取向的社会工作具有如下 4 个特征。其一，坚持微观介入视角。强调通过分析服务对象的成长经历、家庭关系、家庭结构、社会关系等因素，找到服务对象的心理和行为病症，进而采取个案（尤其是个案咨询、家庭治疗）、团体（行为治疗、学习成长小组）等专业方法开展服务。其二，强调介入的科学性。受自然科学与实证主义的深刻影响，社会工作实务坚持以证据为本，强调通过科学识别、变量控制、精准施策，对服务对象进行有效干预，其中，心理治疗和生物医学模式备受推崇。其三，强调专业权威。为社会工作"正名"，强调社会工作专业知识和技艺的合法性、科学性及威望。然而对专业权威过度推崇，会导致社会工作者成为服务全过程的主导者和控制者，服务对象则成为服从者和被控制者，背离了以"案主为中心"的服务理念。其四，坚持价值中立原则。从价值中立的角度解释社会现象，并且以价值抽离的态度从事社会工作实务。社会工作实务过程中，强调社会工作者在介入过程中，不带有个人价值观、信仰和评判，保持客观中立的态度，凡是涉及价

值判断的问题，全部交由服务对象自己来决定①。

二是结构取向的社会工作。结构取向的社会工作认为，个人置身于社会之中，社会结构和社会环境造就了个人当下的处境与问题。因此，社会工作者要从服务对象的社会系统入手，通过社会结构和制度环境的改变，根除服务对象的生活困境和心理问题。结构取向的社会工作不同于"头痛医头，脚痛医脚"个体化、片面性的介入策略，强调社会工作者要通过倡导、呼吁、动员和集体行动，进行制度变革和社区环境改善，进而实现社会的公平正义。结构取向的社会工作具有如下三个特征。其一，坚持中观/宏观介入视角。基于社会与个体的关系认识，以宏观或中观的视角进行社会工作服务实践，强调社会工作者应立足于社会环境和政治系统，寻求环境和系统的改变，进而从根本上解决个体问题。其二，强调居民参与。居民不是被动的接受者和服从者，社会工作者坚持居民主体理念，动员居民参与，赋权于民，让他们在参与中获得权能感，进而获得解决自身问题和改善社区环境的能力。其三，维护社会公平正义。社会工作有强烈的价值情怀，社会工作既是道德实践又是政治实践，维护社会平等、公平和正义是社会工作的专业价值诉求与行动目标。

有学者认为，两种不同取向的社会工作可从社会工作发展的两大传统——慈善组织会社和睦邻友好运动——找到答案。慈善组织会社注重从服务对象个人入手，通过个人态度转变和行为改善，解决服务对象的问题；睦邻友好运动则着重从服务对象所处的社会环境和社会结构入手，通过服务对象所处社区环境的改善、社区文化的建设以及公共政策的制定和完善，从根源上解决服务对象困境。沿着这两大传统，个体治疗和社会结构两种价值取向的社会工作逐渐形成。社会工作的专业化进程则进一步推动了两大传统的"分裂"。为了获得学科地位和专业性权威，社会工作开启了专业化之路。受自然科学和实证主义哲学的深刻影响，社会工作专业化遵循实证主义逻辑，社会工作受困于"技术化"，从而忽略了社会结构对个体的影响。社会工作越来越强调临床的技术性实践，关注个人问题而

---

① 贺玉英，阮新邦. 诠释取向的社会工作实践［M］. 香港：八方文化创作室，2004.

忽视了社会结构性因素。专业权威主义导致社会工作"去社会化",沉迷于符合专业主义的基本诉求(包括科学主义、价值中立、职业利益、社会认同等)的个案工作和个人治疗,而抛弃了社会变革、社会正义的使命①。

与此同时,新管理主义的兴起与专业服务的市场化,让社会工作"去社会化"趋势越发明显。20世纪70年代末期兴起的新管理主义,推动了社会治理方式和政府治理工具重视效率与有效性的价值目标。政府公共部门为了提升公共服务效率,将部分公共服务外包,社会工作无疑成为公共服务一支重要的力量。为了获得政府部门的青睐和认可,社会工作推动实务与研究更加科学化和微观化以实现高效且可评估的目标。社会工作越来越强调对技术的强化与内化、对服务的操作化与数据化、对项目的管理化与流程化,出现了"去社会化"的导向②。由此,社会工作的专业性与社会性走向了对立,出现了"愈专业愈远离社会"的现象③。此外,受专业服务的市场化影响,不少社会工作者热衷于私人执业工作,服务的对象远离困难群体,转向具备服务购买力的中产及以上人士。可以说,社会工作全然放弃了捍卫公平正义的社会责任。

(二)回归"社会性":社会工作实践的本质要求

社会工作"去社会化"趋势引起了部分社会工作者的警觉,社会工作已经沦落为"堕落的天使",社会工作背离了其最初的社会承诺,走上了一条错误的道路。部分学者疾呼,社会工作要重拾睦邻友好的运动精神,打造基本的专业价值,即树立推动制度变革、维护公平正义的专业使命,奠定社会工作作为一种社会自我保护机制的本质④。回归与重构社会工作的"社会性",逐渐成为社会工作行业的共识。2014年7月,世界社会工

---

① 李伟,杨彩云. 专业主义还是反专业主义:社会工作界的百年话语争议 [J]. 社会工作,2018(4):27-36+110.

② KAM P K. Backtothe' social of socialwork:Reviving the socialwork professions contribution to the promotion of social justice [J]. International Social Work,2014,57(6):723-740.

③ 程玲,肖桂春. 中国社会工作"社会性"研究的核心论述与反思 [J]. 社会工作,2022(3):28-36+103-104.

④ 陈立周. "找回社会":中国社会工作转型的关键议题 [J]. 思想战线,2017,43(1):101-107.

作联合大会对社会工作概念进行了新的界定，强调社会工作以实践为本，其核心任务是推动社会变迁和发展、社会凝聚、人民的充权及解放①。从新的社会工作概念界定中，可以捕捉到"社会性"蕴意。一是社会工作要关注社会结构、社会系统和社会情境的改变，推动人权、经济、环境和社会正义。二是个体资源和能力获得的"外向性"，强调"情境中的个人"和"关系连接中的个人"，通过社会关系的连接和社会凝聚力的增强，增强个体权能。三是人民充权和全面解放的价值皈依，无论是社会变迁和宏观战略目标，还是中观/微观层面的社会凝聚力的增强和社会关系的连接，社会工作最终关注是人这一主体：维护个人的基本权益，增强其权能，推动人的全面解放。

回顾我国社会工作专业的恢复重建和服务实践历程，社会性是其鲜明的特质，也是社会工作专业和社会工作机构得以快速发展的支撑。20世纪80年代，我国从计划经济步入市场经济，市场作为一种新的社会资源的配置手段，在人们的日常生活中发挥着越来越大的作用。伴随市场的扩张，商品经济社会的不平等现象日益加剧，社会阶层进一步分化。迅猛的市场化导致中国社会的不公平进一步加剧，大量社会问题出现。与之相伴的是社会从"总体性社会"向"分化性社会"转型，社会力量逐步成长、社会组织规模不断壮大。但是，整体来看，社会力量仍不足以抵抗市场的侵蚀。国家开始意识到市场的扩张和社会力量的弱小对社会公平带来的不良影响，尝试进行市场化改革，同时启动社会保护机制，而社会工作就是社会保护的机制之一。可以说，维护困难群体权益和社会公平正是社会工作应该履行的专业使命。社会工作服务实践也证明，社会工作在维护困难群体生存权益、维持社会秩序和促进社会和谐上发挥着重要作用。

然而，我国社会工作同样出现了"去社会化"趋势。从成长历程看，自上而下的成长路径、高校专业本位的学科发展模式，导致社会工作缺乏社会基础。同时，政府行政逻辑的反嵌和市场营利意识的侵蚀，使社会工作进一步弱化了其社会性承诺，成为地方政府维护秩序、打造政绩和晋升

---

① IFSW (2014). Global Definition of Social Work [EB/OL]. https://www.iassw-aiets.org/global-definition-of-social-work-review-of-the-global-definition.

职位的工具，抑或陷入多拿项目、扩大机构人员和资金规模，以获取项目结余的功利化追逐的泥淖。基于此，回归"社会性"，是当前社会工作必须正视和积极解决的问题。它不仅对社会工作的发展具有重要的现实意义，而且对我国社会转型和社会发展具有重要的时代意义。

二、社会工作机构社会性的内涵与核心特征

在谈论社会工作"社会性"议题时，往往面临以下三个问题。一是"社会性"内涵过于宽泛、抽象，难以对社会工作的核心属性进行精准把握①。二是概念的模糊导致操作难，难以为社会工作的社会性回归提供实践启示。三是社会工作"社会性"与"主体性"的冲突问题，有学者指出，过度强调社会工作的"社会性"，一味关注社会制度政策和社会结构等宏观议题，会导致对私人困扰的置若罔闻，忽视服务对象主体性的激发和自我能力的提升②。由此，笔者认为有必要从社会学、哲学层面以及社会（society）一词的词源和词义出发，对"社会性"概念的内涵进行全方面审视，以掌握社会工作机构"社会性"的内涵与核心特征。

一是作为一个社会学意义上的描述性范畴，社会性与个体性相对，强调现实的人是社会的人。一方面，人不是孤岛般的存在，而是被卷入重重关系网络中，具体表现为人与他者、他群的关系和社会交往。正是由于这种社会性联结，个体获得了资源和能量以满足自身需求，进行自我确认，获得精神性满足与实现自我价值。马克思主义认为，个体是"劳动的实践的人"，具备实践性，而实践性决定了人的社会性。具体而言，作为实践的动物，人在实践中相互交往，形成共同体和社会联系，并结成广泛的社会关系，使人具有社会性。可以说，现实的人是在社会关系下从事实践活动的人，是一种社会存在物，社会性是其根本属性。另一方面，社会性蕴含着社会对个体的规范性和规定性，强调社会关系/结构对个人行为的影响和形塑，可以说，个体的价值理念、态度习惯、行为选择无一不受其所

---

① 杨超. 社会性抑或关系性：社会工作属性的反思［J］. 社会与公益，2020（5）：93－95.
② 徐永祥，杨威威，徐选国. 社会性、主体性与社会工作知识结构及实务模式的反思性建构：来自福柯的启示［J］. 社会建设，2018，5（4）：36－47.

处社会系统和情境的影响。因此，分析个体态度与行为时，要将其置于社会交往脉络中，以找到导致个人问题的"正解"，也可以说，改善个体所处社会系统和结构是解决个人问题最有效、最根本的方法。

二是作为一个哲学意义上的批判性和价值范畴，社会性是对资本主义私人化生存逻辑的扬弃以及重构共同体实现人的全面自由发展的价值诉求。马克思指出，资本主义社会中"人人互为手段而言，个人只为别人而存在，别人也只为他而存在"①。马克思否认了以亚当·斯密为代表的国民经济学家的观点——社会中个人在追求私人利益过程中达到私人利益的总体，即社会普遍利益的最大化。资本主义社会的个人是唯利是图甚至损人利己的私利化个体，他们贪婪自私，为了获取自我利益最大化而进行欺压、蒙骗，乃至无限度地损害他人和集体利益，造成人与人之间的战争以及人与社会的对立。对此，马克思提出了社会性的概念，对资本主义社会私人化逻辑予以否定和超越。然而，马克思并未对社会性概念进行详细阐释，但是能够从其著作中捕捉到"社会的人""共同体""联合体""公共的""共同占有""一切人的自由发展"等表述。从这些叙事中，能够捕捉到社会性概念的本质意蕴以及找到社会性建构的方向指引。

首先，关系性是社会性的本质特征。人始终处于社会关系中，因而人的社会性在现实中表现为人的关系性。正如马克思所言，人是一切社会关系的总和②，强调人与人之间相互依赖，以彼此的存在为前提。可以说，社会性是人的全部关系特征的集中体现。其次，社会性具备极强的价值导向和实践要求。马克思的"社会性"概念主要是用来批判的，针对的是资本主义社会中人类社会关系的异化状态。在马克思看来，资本主义社会中的利益关系只能引申出追求私利的"个人性"，而不可能引申出诉求公利的"社会性"③。也就是说，资产阶级社会中人与人之间形成的"物化"社会关系是不具备社会性的，抑或说是异化和不完全的社会性。总之，社会性强调的是人与人之间形成的公共、共享和互为条件的社会关系属性。

---

① 马克思恩格斯文集：第 1 卷［M］. 北京：人民出版社，2009.

② 同①.

③ 李佃来. 马克思政治哲学中的"社会性"问题［J］. 理论探索，2019（2）：5–12.

因此，可以以共同体建构实现人的自由全面发展。建构共同体是人类社会发展的演进趋势。共同体以成员的共同利益以及其集中体现的共同价值为基础，进而能够维护个人利益，实现个人独立、自由和发展。

三是从社会（society）概念本源中把握社会性的"保护""团结"意蕴和价值追求。"society"词根"social"，意为自发自愿地结交、结伴、结群①。由此，"society"指人们通过自由交往而形成的结合。汉语中的"社会"原为"社"和"会"两个词，"社"为名词，意为祭祀，后引申为人们因某种共同的目标而结成的群体；"会"则为动词，蕴意为集会、碰面。由此可见，社会（society）是指人们通过自由交往、自愿结合形成的群体。同时，社会概念的兴起及其内涵的扩展和流变，与现代化所造成的历史情势息息相关。冯仕政认为，要在现代化的发轫和推进中理解"社会"的内涵②。传统社会中个人被捆绑和束缚于集体中，缺乏自由流动、社会交往的机会，进而缺乏自由团体和群体社会形成的基础。然而，随着现代化的发轫和推进，个人获得了前所未有的自主性，进行了自发自在的结群和交往。而作为现代化推动力量的新兴资产阶级表现得尤为活跃，一方面，他们在封建社会中社会地位低下，容易被忽视和鄙视；另一方面，他们能够摆脱上流社会阶层所需面对的种种束缚，通过自由交往形成自己的"社会"。正是这样一种自由形成的社会孕育了后来的市场。而市场的兴起，反过来要求进一步扩大交往的自由，越来越多的人从传统组织的束缚中脱离出来，自由交往和组建群体。然而，伴随市场的扩张，市场经济的恶果开始显露，社会贫富差距进一步加大，劳动者沦为彻底的无产者，面临生存问题。对此，社会保护机制被触发，民间自发组织志愿者团队和专业团体，对社会底层和贫困群体给予关心关爱和帮扶，同时展开自救，自发组织起来抵制市场与资产阶层的侵蚀和迫害。

对"社会"一词的历史溯源，能够获得两种基本含义：一是作为对当

---

① 崔应令. 近代西方"society"观念的生成 [J]. 武汉大学学报（人文科学版），2011，64（6）：39-43.

② 冯仕政. 社会治理与公共生活：从连结到团结 [J]. 社会学研究，2021，36（1）：1-22+226.

下和现实的刻画，社会往往指向那些被忽视的人或力量；二是社会被赋予了某种崇高的价值，它代表着"大团结"，也即所有个体通过自由交往而形成亲密无间的关系。基于此，有学者回答了"社会在哪里"的疑问，认为社会在"角落里"和"衔接处"。"角落里"是指社会中容易被忽视的群体，即"困难群体"；"衔接处"是指那些把人类生活的各个部分关联起来形成一个整体的社会纽带，具体来说，指的是社会交往或者说社会关系①。由此，可以概括出社会性价值意蕴——"社会保护"和"社会团结"。作为一种价值追求和理想愿景，首先，社会性表达了一种"善"——对处于"角落里"的困难群体的关注和关爱，这种"善"是对社会公平和正义的真切表达。其次，社会性强调人与人之间通过连接、交往，形成紧密关系，这种关系的组建有助于提升个体心理安全感和自我能力以应对充满复杂和不确定性的外部环境，有助于实现个体利益和个人的全面发展。通过社会性内涵的梳理，我们可以对社会工作机构的社会性进行全面审视。

一是本体论层面的"是社会"，强调社会工作机构的社会主体身份。社会工作是现代化的产物，工业化和市场化的经济结构转型在推动经济发展的同时，也导致社会贫富差距的加剧和"角落里"的贫民，最初上流社会出于对贫民的同情和怜悯，自发组织起来慰问贫民，后来获得更多的社会人士响应，形成专门的社会工作服务机构，以更为科学的方法开展服务。可以说，社会工作和社会工作机构是一种服务主体的"社会"。"社会"的主体身份决定了社会工作机构的行动原则和逻辑——社会理性。社会理性强调行为主体在特定价值观的基础上形成对社会有利的社会实践②。

二是认识论层面的"在社会"，关注社会结构和社会系统对个体的影响。坚持"人在情境中"的视角，将服务对象置于社会环境去认识，通过服务对象所处的社会系统和环境（如家庭、邻里、朋友、学校、社区）把

---

① 冯仕政.社会治理与公共生活：从连结到团结［J］.社会学研究，2021，36（1）：1－22＋226.

② 徐选国.中国社会工作发展的社会性转向［J］.社会工作，2017（3）：9－28＋108－109.

握服务对象的问题。总之，强调在社会脉络中解释和解决服务对象的社会问题。

三是价值论层面的"为社会"，强调社会工作机构"为社会而工作"，具体体现为社会关怀、社会改变、社会正义和团结，其中社会正义是社会工作的基本价值和首要使命。国际社会工作者联合会（IFSW）和国际社会工作学校协会（IASSW）联合发布的《社会工作中的伦理学原则声明》中指出，社会工作者有责任促进社会正义，承认多样性，公平分配资源，挑战不公平的政策和实践与团结工作。总之，社会工作机构具有追求社会公平正义、维护社会团结的价值旨向和组织功能。同时，需要强调的是社会并非抽象性的存在，而是由活生生的个体组成的，因此"为社会"本质是为全体人民，以全体人民平等、自由、团结和发展为价值皈依。

四是方法论层面的"建构社会"。基于认识论和价值论，社会工作机构"社会性"方法论层面为"建构社会"。依据社会在"角落里"和"衔接处"，"建构社会"需要从两方面入手：对"角落里"群体的关注，为社会困难群体筑牢保护屏障；对社会"大团结"的追求，强化人与人、人与社会之间的连接。对社会困难群体的保护体现了社会工作公平公正的价值追求，而根据"人是其社会关系的总和"这一本质，对困难群体的帮助和保护离不开对其社会关系的修复和联结。事实证明，困难群体往往面临着人际关系障碍和社会关系失调的困境，社会关系的失调和阻断让他们难以获得充足资源、社会认同、心理和情感支持。因此，修复和建构服务对象的社会关系网络，是社会工作机构帮助服务对象面对困境、分析化解矛盾、最终解决问题的重要方式，也是实现"助人自助"的关键，通过对社会关系网络的修复和共同体的建构，真正实现为服务对象赋能，进而增强服务对象对抗压力和社会风险的韧性，并为其自由全面发展创造条件。否则，社会工作的帮扶工作仅仅为"有限的修补"工作，难以真正实现对困难群体的帮助和对社会公平公正价值目标的追求。

综上，笔者将社会工作机构社会性概括为以社会主体身份参与社会服务和社会实践，坚持"人在情境中"问题分析视角和社会利益最大化行动逻辑，通过公平、公正、团结的社会环境的构筑，实现人的平等、自由和全面发展。在这里，需要强调的是"关系性"作为"社会性"的本质特征，对社会工作机构回归"社会性"的实践启示，即关注社会关系网络。可以说，"社会性"的"关系性"本质解读，解决了社会性概念的抽象和社会性回归的实践问题，并且"社会关系"实现了"社会性"和"个体性"的联结，因为立足关系，我们看到了从个体到社会的展开逻辑，同时看到了个体是一个关系体，社会也是一个关系体，个体与社会本质上是一体的①。

三、以"利他使群"实现社会工作机构的社会性回归

根据社会工作机构社会性本质属性与社区治理的现实需求，并结合社会工作机构的实践经验，本研究提出了社会工作机构嵌入社区治理的价值指向和行动原则——"利他使群"②。

"利他"强调社会工作机构的公益性和助人性以及社会理性的行动逻辑。前文对社会工作机构社会性内涵的阐释，明确了社会工作机构的社会主体身份和"为社会"的价值目标，这一身份和价值目标，决定了社会工作机构的利他性和社会理性的行动逻辑。一是社会工作机构坚持利他主义价值理念，"利他"成为社会工作机构独特的身份标志，是社会工作机构获得社会认同和"特别优待"的基础。不同于市场组织利他仅作为利己的铺垫和通道，社会工作机构将利他贯穿行动始终，作为自身存在的终极价值目标。二是社会工作机构坚持社会理性行动逻辑，这一行动逻辑决定了社会工作机构强化"为社会"的价值使命，避免在"专业本位主义"、"专业权威主义"和政府行政化的渗透下成为专业霸权维护者或规训技术专家，同时规避以效率和利益为导向的经济理性带来的消费主义取向③，在社区治理中坚持"社区为本""居民为本"价值理念，保护困难群体，

---

① 张昱. 社会工作：从本质上实现人的改变 [J]. 社会科学辑刊，2019（6）：42 – 49 + 2.

② 需要特别说明的是，"利他使群"受到了任文启发表在 2016 年第 1 期《社会建设》的《利他使群：社会工作本质的中国表述》一文的深刻启发，笔者认为"利他使群"深刻地阐释了社会工作的社会性本质。

③ 徐选国. 中国社会工作发展的社会性转向 [J]. 社会工作，2017（3）：9 – 28 + 108 – 109.

推动社区发展，满足人们对美好生活的期待。

"使群"意为"成群"。根据中国传统社会文化，"群"是人的社会性存在。荀子在其《王制》篇提到，人"力不若牛，走不若马，而牛马为用，何也？曰：人能群，彼不能群也"。人之所以"最为天下贵"，是因为"能群"。人之"合群"、人之"能群"、人之"善群"、人之"乐群"，实现了人与人、人与社会之间的连接与良性互动，社会规范的内化与个人行为指引，达到个人成长、社会有序和国家安宁①。简言之，"群"致"和"。就原子化、个体化、离散化的社区关系现状而言，"使群"成为破解当下社区治理困境，维护社区治理秩序和活力的关键和着力点。面对社区关系原子化、个体化带来的社区治理难题，社会工作机构利用社会性本质属性，发挥"液态角色"功能，实现社会关系网络的有机聚合，或者说促进了"关系之和"的实现②，进而推动个体与他者、他群和社会的联结，实现了社会的整合和团结，以此实现社区自治和善治。

如果说，"利他"是社会工作机构的内在品性和价值指向，那么"使群"则是社会工作机构"利他"价值实现的行动策略和路径。具体而言，社会工作机构坚持"社区为本""需求为本"的行动理念和原则，坚持"关系为基"的行动策略和路径。

可以认为，"利他使群"是社会工作机构社会性回归的最佳进路。坚持"利他使群"，要求社会工作机构在社区治理中坚持以社区为本、聚焦"角落里"、强化"衔接处"，进而实现社会工作机构的社会性回归。

（一）坚持社区为本，以社区为实践平台

"社区为本"强调社会工作机构以"社区"为实践平台，将社区与居民的需求置于首位，在实现社区整体利益最大化和推动社区发展的过程中，满足社区居民对美好生活的期待。

回溯西方社会工作的社会性价值取向缘起，我们可以发现，睦邻友好运动正是基于社区这一平台，社会工作者在贫困社区建立社区服务中心，

---

① 景天魁，魏厚宾. 群学的创立及其对中国社会学实现崛起的意义［J］. 人文杂志，2022（9）：1 – 14.

② 杨超. 社会性抑或关系性：社会工作属性的反思［J］. 社会与公益，2020（5）：93 – 95.

为社区居民提供服务的，并运用研究和政策倡导的方式，推进社会政策的改革，以改善不良的社会处境①。基于我国本土情境与发展诉求，社会工作的"社会性"重塑，同样需要回归社区实践平台。社区对个人和社会发展意义重大，它是社会公众的生活场域，是日常生活实践的关键空间，也是连接个体、家庭、群体和更大范围的结构和系统的关键通道，通过社区这一载体，可以修复和建构公众社会关系网络，并在促进大众社会参与、培育社区公共性的过程中，实现个体困扰与公共议题、个体与社会之间的连接②。在这里，我们不仅将社区作为平台和手段，更重要的是把握社区的本原性意义，即作为特性空间中人们的社会、情感和精神共同体，它具有强烈的社区团结、社区参与和社区公共精神等特征③。

"社区为本"强调既要以其作为方法，回应社区需求；又要以其为目标，实现社区发展与社会生活共同体的建构。一是以社区为背景和平台，将个体居民与其中的社会脉络加以勾连，进而借助社区这一场域，实现对居民需求的回应和能力的激发。二是重构社区生活共同体，促进居民间情感相通、利益相融，在日常生活中亲密互动，具有强烈的协作意识，共同行动，致力于社区建设和社区发展。同时，居民从"共同体"中汲取资源和理想，提升其主体性。三是将社区视为连接个体、家庭、群体及其更大范围的结构和系统的通道，通过多元主体关系和系统的连接、建构，拓展居民社会和公共关系网络，形成社会资本、增强社区凝聚力，提升居民公共事务参与意愿和参与能力，实现个体与社区公共性、个体与社会的连接。

"社区为本"强调社会工作机构的"居民为本"和"居民需求为本"的价值诉求和愿景。这一价值追求有助于社会工作机构应对政府的强有力干预、市场的营利诱惑、学界的话语霸权，明确自身价值使命，进而避免

---

①　DU BOIS B，MILEY K K. Social work：an empowering profession［M］. MA：Allyn and Bacon，2002.

②　徐选国. 从专业性、本土性迈向社区公共性：理解社会工作本质的新线索［J］. 社会科学战线，2016（8）：184-193.

③　徐选国. 中国社会工作发展的社会性转向［J］. 社会工作，2017（3）：9-28+108-109.

社会工作机构出现"政府为本""市场为本""专业为本"的价值导向偏移。

(二) 聚焦"角落里",保护困难群体

社会工作机构的社会性本质决定了其对"善"和公平公正的追求,聚焦"角落里"容易被忽视的困难群体,是社会工作机构参与社区治理的价值使命。因此,社会工作机构参与社区治理和社区服务,高度关注社区中的困难群体、高龄困境老人、事实孤儿、留守儿童、残疾人以及遭遇突发状况的个人和家庭,主要是了解他们的需求,进行物质帮扶、生活照料、情绪疏导、心理关爱。更为主要的是,保护困难群体,要学会运用"关系性"视野分析问题,进行服务实践。

一是修复服务对象社会关系网络。要坚持"人是其社会关系的总和"这一原则,在分析服务对象问题以及进行行动干预时,站在服务对象的家庭关系、社区关系网络,甚至是宏大的社会政策层面,发挥"液态角色"作用,推动个体与他者、他群和社会的联结,实现社会的整合和团结。可以说,社会工作是一种以社会关系为介入对象的社会服务活动,它不仅可以促进个体问题的解决和能力的提升,更具有宏观上、政治上的诉求,实现个人与社会的连接,社区的整合和发展。通过对服务对象社会关系网络的连接与重建,帮助服务对象面对困境、分析化解矛盾、最终解决问题,也是实现"助人自助"的关键,因为通过社会关系网络的修复和共同体建构,可以为服务对象赋能,增强服务对象对抗压力、风险的韧性,并为其自由全面的发展创造条件。

二是强化社会工作机构主体关系网络建构。在社区治理中,社会工作机构是介入主体,但是社会工作机构本身也处在一个复杂的关系网络中,具有强烈的关系性。这种关系性指的是社会工作机构处于由政府、市场、社区等主体建构而成的关系网络中,这一关系网络主体携带各自资源、信息、技术等,并在此基础上产生了信任、合作规范等社会资本。社会工作机构善于与社区治理多元主体建立合作关系,建构多元联动、资源共享、互助增能的参与共同体,充分发挥主体各自优势,实现物资、资金、人员、信息等资源的共享,实现服务效益的最大化。

总之,社会工作机构通过服务对象社会关系网络的修复,提升个体心理安全感和自我能力以应对充满复杂和不确定性的外部环境,构筑坚实的保护网,为他们提供高质高效的服务。

(三) 强化"衔接处",激活社区公共关系

由于社区现代化转型带来的组织关系断裂、人际关系冷漠和社会资本不足等问题,居民面临着个体社会支持严重不足、自我应对外界环境挑战尤其是应对突发事件的能力大大降低的困境。由此,需要通过社会关系的修复和重建解决服务对象问题,实现赋能。同时,社会关系断裂与社区组织化程度低的现实困境,让居民"退缩"回家庭这一私人领域,对社区公共事务冷漠异常,公共意识和公共精神不断被弱化,这不利于社区治理和社区建设。

面对这一困境,社会工作机构一方面需要激发居民的主动性和主体性,通过各种途径将分散的、缺乏权利与资源的个体组织起来,以形成互助、互惠的社会关系网络,进而促进社会关系改善、激发社区归属感,增进人们参与的意愿;另一方面需要促进社区再组织化,通过国家、市场、社会多元主体联动、合作和协同,形成社区治理和服务行动共同体,为社区治理注入资源,赋能社区自治组织,培育社区社会组织,进而重构社区关系,建设社区共同体,改善社区人际关系冷漠、社会纽带松散、个人与公共空间疏离的现状,增强社区居民的安全感、归属感,推动社区团结与公平正义,全面构建起一个包容、团结、共建共治共享的发展型社区。

总之,社会工作机构的社会性嵌入要坚持"利他使群",以社区为基础,将社区视为社会工作与社会公众互动的实践场域,重构社区作为人们生活、情感、精神共同体的社会属性①。一方面,通过居民和服务对象个体社会关系的修复和重构赋能居民,激活社区内的个体及家庭,发掘其优势和潜能,调动其积极性;另一方面,拓展社区公共关系网络,营造和谐

---

① 徐选国.中国社会工作发展的社会性转向 [J].社会工作,2017 (3):9 – 28 + 108 – 109.

的社区文化氛围，推动社区可持续发展，在此基础上，实现社区再造，回应居民美好生活期待。

第二节　能力建设：社会工作机构的专业嵌入

缘于对专业能力的期待，社会工作机构由此获得了相较于其他类型社会组织更多的支持，实践领域得以不断拓展。无疑，专业性对社会工作机构尤为重要，它是机构获得合法性、实践权和社会认同的基础条件。不仅如此，社会工作机构要想进一步开拓市场资源，降低对政府资源的依赖，专业性仍是机构获取和开拓市场资源的关键。总之，专业性是社会工作机构获得生存和发展的重要基础，社会工作机构需要通过功能的发挥和服务效率的进一步提升获得发展空间和地位。换句话说，社会工作机构要向政府呈现其专业的不可替代性，向服务对象表明其服务的有效性，以此阐明其专业优势。然而，在实践中，社会工作机构的专业性却频频出现被质疑、被否认的情形——社会工作机构具备专业性吗？当社会工作机构在基层社会治理实践中表现出专业功能不清晰、专业成效不明确、专业手法缺乏时，无疑会使社会工作机构参与主体的合法性和正当性受到威胁。因此，实现社会工作机构专业嵌入必要且紧迫。如何实现社会工作机构的专业嵌入，增强其专业主体性呢？这就首先需要明确社会工作机构参与社区治理的功能定位，在此基础上结合中国本土文化和社区治理具体情境，重塑社会工作的专业主体性。

一、社会工作机构参与社区治理的功能定位

社会工作机构有效专业嵌入的前提是"供需匹配"，即机构的专业供给与社区治理现实需求相匹配。供给与需求的匹配，首要是对社会工作机构参与社区治理功能定位的精准把握。一般而言，当缺乏战略性目标、核心职业与功能定位时，社会工作机构就难以取得显著的工作效果，社会工

作机构疲于应对各种问题，进入方法和技术的丛林甚至迷失其中①。基于社会工作机构社会性本质属性与社区治理的现实需求，总结社会工作机构参与社区治理的功能定位——完善新型社区服务和社区治理体系，提升社区服务供给和社区治理水平。

一是参与社区服务供给，满足居民对美好生活的期待。回顾社会工作的发展，社会工作源于19世纪中后期欧洲的贫民救济或慈善事业。以英国睦邻组织运动为例，社会有识之士意识到贫困不应简单地归因于穷人的道德低下，必须经由社会改革加以解决，以维护促进社会公平正义的实现。在社区治理中，社会工作机构始终关注关爱社区的贫困者和老年人、儿童、残疾人等群体，向他们提供社会支持和社会保护。在此过程中，社会工作扮演起了服务者、支持者、资源获取者、政策影响者等多重社会角色，力求为困难群体构筑保护屏障，增强其应对社会风险和意外事故的能力，获得生存和发展的平等机会。由此，社会工作被界定为"为穷人工作"。

回顾中国历史，20世纪80年代，我国从计划经济步入市场经济，伴随市场的扩张，商品经济社会的不平等现象日益出现，大量社会问题出现，如贫困、移民、失业与青少年犯罪等情况日趋严重。与之相伴的是，社会从"总体性社会"向"分化性社会"转型，社会力量逐步成长，社会组织规模不断壮大。但是，整体来看，社会力量仍不足以抵抗市场的侵蚀。国家开始意识到市场的扩张和社会力量的弱小会对社会公平带来不良影响，进而进行了市场化改革，同时启动了社会保护机制。社会工作就是进行社会保护的机制之一。此时，对社会工作和社会工作机构功能的期待是：以社区贫困者、困境老年人、儿童、残疾人等群体作为主要服务对象，提供专业服务，保障他们的基本生活，维护社会稳定。进入新时代以来，社会工作又被赋予了新的历史使命。随着我国市场经济迈向更高水平，需要持续推进基本公共服务均等化和多元化服务供给，满足人民群众对更高品质生活的追求。在此背景下，社会工作机构的服务对象不再局限

---

① 张威，陈曦明．"基础能力"社会工作理论［J］．社会工作，2021（5）：1－27＋101－102.

于困难群体，而是扩展为全体居民，服务内容不再集中于生活救助领域、保障困难群众生存权益，而是最大化满足居民多层次、个性化和精细化的服务需求，满足人们对美好生活的期待，同时坚持赋能于民，促进人的全面发展。

二是助力社区共同体的建构，提升社区治理水平。传统社区是基于亲族血缘、地缘、宗教而建构起的情感共同体与精神共同体，成员间关系密切、价值观念一致，积极关注和参与公共事务。紧密联系的社群成为个人生存的保护屏障、心理精神需求的能源供给和价值认同的载体。同时，它也是排他性和封闭性的，难以容纳外来者，新的关系的加入，可能会打破社群的平衡。正如涂尔干认为的，成员之间是一种"机械团结"的关系，人与人之间的团结是建立在相似性的基础上的，即相似的成长背景、相同的成长环境、共同的精神信仰。伴随着传统社区向现代社区的转型，社会分工、社会流动和市场化不断打破原有的情感纽带和关系联结，个人从传统组织和关系网络中游离出来。然而，在拥有更多自由和自主性的同时，人与人之间的交往变得越来越功利，关系变得越来越淡漠，社会关系呈现出离散化、疏远化、原子化和个体化状态。这种状态已然成为社区治理的阻碍。一是脱离原有社会关系网络的个人更加脆弱。传统社区中，个人被紧紧吸附于以血缘和地缘为基础的关系网中，这个关系网成为个人生存以及抵抗风险的屏障，如在个体或家庭遭遇意外事故时，可以寻求大家族、宗族的庇护，以此免受"灭顶之灾"、维持正常的生活秩序。现代社区中，建立在血缘和地缘基础上的关系网络被不断削弱，社区关系陌生化、离散化，毗邻而居，却不知对方姓甚名谁。脱离原有关系网络的个人和家庭，在失去原有关系庇护以及新的关系网络尚未建立的情况下，难以独自应对生存难题和意外事故。二是原子化个体化带来的社区秩序和治理难题。在传统社区向现代社区的转型中，脱离原有关系网络的个人，如同散落的珠子，由于不能穿珠成串，难以聚集，缺乏凝聚力，容易造成秩序的混乱。同时，社区中亲密无间的人际关系和社区共同体意识逐渐淡薄，个人陷入利己主义的小圈子，社区公共性式微，居民热衷于追逐私人利益，对社区公共事务异常冷漠。

　　面对社区关系原子化、个体化带来的社区治理难题，修复社区关系、重建社区秩序、激发社区活力，成为学术界和实务界的普遍共识。为此，人们期待社会工作机构发挥其身份优势和专业优势，促进"关系之和"，即修复和重建社区人际关系，对居民进行再组织化，培育社区公共性，构建社区共同体。

　　总之，社会工作机构参与社区治理的角色与功能定位，并非固化和一成不变的，而是根据社会发展实际和居民需求的改变而进行调整的。新时代社会工作机构被党和国家赋予了更高的期待，期望社会工作机构发挥好"服务"和"治理"两大功能。一方面，发挥其专业优势，为居民提供精准化、精细化和多样化的公共服务，提升居民的获得感、幸福感，并在服务供给过程中，激发服务对象潜能，提升其能力，实现助人自助；另一方面，进一步发挥协同作用，在协调多元主体关系、构建社会治理共同体中发挥作用，提升基层社会治理的社会化、民主化、协同化水平。当然，社会工作机构的服务功能和治理功能是彼此衔接和交织在一起的，所谓"服务型治理"，即社会工作机构需要以优质的服务供给获得政府、社区和居民的认可和信任，在此基础上，动员和带领居民参与社区自治，进行自我服务和互助服务，并以"第三方"的身份，进行多元主体连接、利益协调和关系建构，激发社区活力。同时，社会交往的促进和社区治理共同体的构建，能进一步提升社区自我服务能力和居民行动能力。

二、实践能力：专业嵌入的基础保障

　　社会工作机构专业嵌入的关键要素和基础保障在于其专业能力。然而，需要明确的是，社会工作机构专业能力的建设必须结合中国本土文化和社区治理情境，否则，能力建设将是无根之萍，能力水平提升最终也只是"镜花水月"。为此，笔者提出了社会工作机构的"专业实践能力"，以此凸显社会工作机构能力建设的内在遵循，即"专业性"和"实践性"。

（一）专业性与实践性：专业能力建设的内在遵循

　　社会工作的"专业性"。专业性是社会工作区别于其他专业的根本特征①。社会工作的专业性，主要体现在其专业特质、专业构成以及专业属性三个方面②。归纳起来，社会工作专业性评判标准包括专业服务领域、专业价值观、专业知识和技术、专业组织和职业群体、专业权威和专业地位等方面。社会工作不断发展，逐渐符合专业标准、成为专门职业并获得相应专业地位的过程，被称为专业化的过程。国外社会工作专业化起步早，在经历了长时间的理论和实务探索后专业性不断提升，目前已经达到成熟水平。我国专业社会工作起步相对较晚，且经历了长达三十多年的停滞，因而中国社会工作专业化处于"半专业化"的起步阶段③，其专业优势和功能发挥尚未得到充分体现，社会工作的专业性还有待进一步提升。

社会工作的"实践性"。实践性是社会工作的又一重要品格，正如大家所认为的，社会工作是"做出来的"。社会工作是一个以实践为取向的专业，重视专业的经验性、强调专业的实务性，在实践中内化专业价值理念、完善和发展社会工作知识体系，最终在实践与反思中促进社会工作发展、推动社会改变和发展。社会工作的实践性具有三重意蕴。一是实务性。将实践作为连通社会工作理论与实务的关键环节。社会工作专业学生或社会工作实务者将理论知识与实践进行结合，灵活地运用所学知识指导工作实践，提升实务技能。二是情境性。实践的情境性具有三层含义。其一，社会工作实践具有社会情境性，需要在行动过程中不断转换实践策略。强调社会工作者要具备应对情境不确定性和变迁的能力。社会工作的伦理、道德和知识都不是"一成不变"的，而是具有不确定性。其二，社会工作的在地性，强调社会工作实务要审视本土的实际社会网络、价值理念和文化传统。社会工作源于西方社会，其价值理念、理论基础与行动取向蕴含着深厚的西方文化，因此，我们对西方社会工作的借鉴需要分析和

① 徐选国. 从专业性、本土性迈向社区公共性：理解社会工作本质的新线索 [J]. 社会科学战线，2016 (8)：184－193.
② 王可怡. 找回"社会"：集体主义视角下社会工作服务的"社会性"重建路径研究 [D]. 重庆：重庆大学，2019.
③ 陆素菊. 社会工作者职业化与专业化的现状与对策 [J]. 教育发展研究，2005 (10)：48－51.

考量本土历史、现实与情境。因地制宜、因时而动地开展专业服务。其三，关注社会工作实践的关系互动性。社会工作机构作为社区服务和社区治理的介入主体，需要关注社区场域中的多元主体，把握多元主体的互动过程和网络建构，进而为社区服务和治理创造良好的环境。三是反思批判性。社会工作承担着捍卫社会公平、正义和人权的使命。社会工作者不仅是服务的递送者，而且需要深刻揭示造成服务对象困境的原因，并促进问题的解决和社会环境的改善，进而实现社会的公平正义。如此，就要求社会工作者用反思批判性的态度检视和反思知识生产过程中的权力关系①。

对社会工作而言，专业性与实践性不可偏废，二者缺一不可、互构共生。首先，社会工作可以在实践中形成和提升专业性。一是作为一种方法论的实践，助推社会工作专业知识和技术的完善，以及专业权威和地位的获得。作为一种方法论的实践，是指工具理性、技术理性、价值中立的技术实践观。方法论的社会工作实践受现代工业社会的技术理性的强烈影响，具有技术规制意蕴。价值中立和行动有效性成为衡量社会工作实践成效的主要尺度和标准。在实务中，社会工作者运用专业知识科学评估和分析服务对象的难题，在此基础上，进行科学和精准的介入，最后通过服务对象身体、心理、行为及社会关系等维度和指标的变化来判断介入的有效性。同时，强调社会工作理论假设与专业实务操作之间的验证及修正，以不断完善社会工作理论知识、提升社会工作专业介入技能。如此，在实践中不断提升社会工作专业性，推动社会工作专业权威和地位的获得。二是作为一种价值取向的实践推动社会工作者价值理念和行动目标反思。不同于作为方法论的实践，作为价值取向的社会工作实践强调行动的反思和批判意义。不同于方法论的社会工作实践情境的"确定性、单一性、可控性"，价值取向的社会工作实践现场充满"不确定性、复杂性、不稳定性、独特性和价值冲突性"等特质。显然，程式化、形式化和抽离化的标准方案和行动难以应对，因此社会工作者需要进行反思、不断调整行动方案。同时，价值取向的社会工作实践，强调社会工作实践者不是所谓价值的中

<hr>

① 王海洋，赵洪萍.艺术在社会工作教育中的实践与启示：以中国台湾 N 大学《进阶社会工作实务》课程为例［J］.社会工作与管理，2017, 17（4）：50 – 56.

立技术官僚，其介入行动蕴含实践者的道德和政治的选择①。此外，专业性的提升有助于更好地指导社会工作实践。实践获得的是经验，经验具有碎片化、零散化和特殊性等特质，不具备指导实践所需的普遍性和科学性。因此，需要将实践获得的经验，经过系统总结和科学验证，形成专业理论知识，进而为社会工作专业实践提供导航和指引，推动社会工作实践和专业发展。

（二）专业实践能力的基本意蕴与建设要求

所谓"专业实践能力"，强调社会工作机构在实践情境中提升专业能力。我国社会工作专业的外来身份和自上而下的成长路径，决定了社会工作机构必须立足治理和服务实践情境提升专业能力。社会工作机构专业实践能力的提升，应注重以下两个方面。

一是社会工作机构参与社区治理实践应具备本土意识和自觉性。中国社会工作主体性的获得不是建立在对西方社会工作价值理念、理论范式和标准的照搬基础上的，而是在专业实践中获得了主体性。这就要求社会工作机构要深深地嵌入社区情境、文化网络和历史脉络，特别是遵从所在地的文化，与在地民众的价值观念不悖逆，充分尊重在地的风俗习惯、人情世故，并充分借鉴和运用本土经验和智慧，在实践中不断反思和探索，进行本土社会工作实践模式创新，并不断反思、修正、调适和创新，提升专业能力，最大限度地发挥专业功效。总之，中国社会工作的发展需要与中国本土文化、实践情境等相结合，在本土实践中扎下根、开出绚丽之花。

二是社会工作机构在实践中精准把握服务对象需求，在充分利用情境关系、资源满足社区和居民需求中提升专业能力。社会工作实践本身就是一个特殊的行为系统，它不仅受到社会工作者的影响，更受到社会工作服务输送中的主客体间的"求－助"关系、社会工作者与其他服务供给者组建的行动系统的深刻影响。因此，社会工作除了具备了解和把握"受助方"服务对象需求、特点和能力的基本能力，还需要具备与"助资方"政

---

① 古学斌. 道德的重量：论行动研究与社会工作实践［J］. 中国农业大学学报（社会科学版），2017, 34（3）：67–78.

府、企业及其他社会组织的沟通、合作能力，进而实现多方力量和资源的整合，更好地服务服务对象。

三、在"扎根社区生活"中锤炼专业实践能力

根据社会工作机构相关实践经验，扎根社区生活应成为社会工作机构专业嵌入与专业实践能力提升的重要方法和有效路径。

（一）扎根生活的价值意蕴

关于（日常）生活的基本内涵。奥地利哲学家埃德蒙德·胡塞尔（Edmund Husser）提出了"生活世界"这一重要概念。阿尔弗雷德·舒茨（Alfred Schutz）强调"生活世界"即日常生活，它是理解"每个人""最重要的现实"。由此，"生活世界"为社会学家关注普通个体的日常行动提供了理论抓手。

可以说，实践的转向与"日常"和"生活世界"的旨趣有关①。具体来说，社会工作实践应着眼于服务对象所在的环境及其日常生活世界，只有这样，社会工作者才具备推动环境改变的能力，不再是抽离生活的"评判官"，而是融入生活并且促进生活改变的"推动者"。脱离服务对象的日常生活世界，容易导致社会工作服务与服务对象需求的不匹配，同时导致社会工作专业发展陷入"专业本位主义"和"去社会化"。社会工作回归日常生活，则是提升专业自觉、促进专业成长的重要路径。

"扎根生活"是社会工作社会性本质属性的体现和要求。首先，"扎根生活"表明了社会工作对自身主体角色和职业身份的定位，其不在经济、政治或其他领域，而是在人们的生活领域，协助人们应对日常生活挑战，解决日常生活中遇到的问题。不同于科学世界的"高高在上"，日常生活世界是平凡、琐碎和"亲民"的，与人们的衣食住行、工作学习、社会交往相融，同时，生活世界也是人们应对生活挑战、完成生活任务的一种日常生活过程。社会工作作为外部支持力量，通过人与人之间关系的紧密连

---

① SANDBERG J，DALL′ALBA G. Returning to Practice Anew：A Life-World Perspective［J］. Organization studies，2010，30（12）：1349－1368.

接、社会资本的激发和增加、社会政策的优化完善，创造或改善社会生活空间，助力人们顺利地完成日常生活任务①。

其次，"扎根生活"有助于破解社会工作专业主义和管理主义困境，进而有效避免社会工作机构"去社会化"的价值危机。关于专业主义，从积极的角度而言，它体现了良性、健康的职业态度、职业标准和规范②；而从消极的角度来看，专业主义具备父权作风、专家角色等特性，同时在理性主义和功利思维的驱使下，制造了严苛的专业门槛和专业标准等，进行排他性的专业保护和专业区隔，以此塑造行业霸权和市场壁垒。过度的专业主义即"专业本位主义"的典型表现是科学主义，它使社会工作的专业发展陷入了专业异化困境。社会工作越来越注重科学性和技术化，而忽视了以服务对象需求为出发点的专业价值理念。所谓管理主义，是指社会工作在工具理性的指导下对服务效率的过度追求。在管理主义的支配下，社会工作者服务能力被弱化。社会工作越来越强调对技术的强化与内化、对服务的操作化与数据化、对项目的管理化与流程化，强调服务的项目和项目的可评估性，进而导致专注对象的偏移，由专注服务对象偏移到关注项目——项目目标、项目进度、项目程序、项目效果，社会工作的价值体现在项目执行的专家和管理者身上，最终导致对其本质属性的偏移。与此同时，管理者通过特有的管理技巧来创造特殊的专业认同，且使用专业认同来正当化其拥有的组织权利③。

无论是专业主义还是管理主义，社会工作者都是站在服务对象生活之外、指导人们生活改变的专家，以权威者的身份指导服务对象作出改变，服务对象成为需要社会工作者给予诊断的对象，是被动的服务接受者，其本质都是偏移了以服务对象需求为本的价值理念，最终导致社会工作本质属性的偏移。可以说，当前出现的技术导向、专业本位主义、管理主义等特征，使中国社会工作逐渐成为一种治理技术。嵌入日常生活场景则是对

---

① 张威，陈曦明. "基础能力"社会工作理论 [J]. 社会工作，2021 (5)：1 - 27 + 101 - 102.

② 焦若水. 社工前行应避免掉入专业主义陷阱 [J]. 社会与公益，2018 (5)：91 - 92.

③ LYMBERY M. Responding to Crisis：The Changing Nature of Welfare Organizations [M]. New York：Palgrave Macmillan，2004.

此的纠偏，让社会工作回归到"以人为本"和追求社会公平公正的价值目标道路上来。可以说，日常生活是分析和践行社会工作社会性实践最恰当的落脚点。

（二）扎根生活的方法策略

社会工作机构扎根生活，首先，要从物理空间上进入社区，融入居民日常生活，并嵌入情感，理解居民的喜乐苦悲，与居民情感和心理相契合。其次，遵从在地伦理价值观念和文化习俗要求，并充分借鉴和运用本土经验和智慧，增强社会工作机构服务的在地性和有效性。最后，坚持社会工作与服务对象互为主体的共生关系，社会工作者并非指导服务对象生活改变的专家，而是同行者和陪伴者，在双方协同行动的过程中，实现双重能力建设。

1. 扎根社区，融入居民日常生活

社区是社会大众的生活场域，是居民日常生活实践的重要空间。因此，社会工作机构参与社区治理，需要从物理空间和心理空间上融入社区。社会工作和社会工作机构的外来身份、中国社会的人情关系以及建立在此基础之上的熟悉和信任，决定了社会工作机构要扎根社区、将居民日常生活场景作为自身基本服务场域。尽管我国社会工作已经历了多年的发展，但是对于社会大众而言，它仍属于新生事物，居民不会主动寻求社会工作服务，社会工作服务的"求－助"关系尚未建立起来。在此情形下，社会工作者需要进入居民日常生活场景，了解服务对象的真实需要，根据服务对象的特定日常生活场景设计个性化的专业服务。此外，中国是一个人情和熟人社会，人与人之间的关系建立在血缘先天连接以及后天的长时段、高频率互动交往的基础之上，进而建立互惠信任关系。

广东绿耕社会工作发展中心①（以下简称绿耕）在扎根社区、融入居民日常生活上作了有益探索。绿耕坚持扎根农村社区，强调社会工作者与

① 广东绿耕社会工作发展中心是在广东省民政厅注册成立的一家省级专业社会工作服务机构，其宗旨为扎根社区、精耕细作、培力弱势、彰显公义，有效推动中国城乡社区和城乡合作事业发展。

居民过"同吃同住同劳动"的"三同"生活,"同吃同住同劳动"成为社会工作者与居民关系"破冰"的第一步。在社会工作者与居民同吃同住同劳动的过程中,双方建立关系,社会工作者获得信任,居民从内心接纳了社会工作者,愿意对社会工作者吐露真实想法、心声和积极响应社区动员、支持社会工作者开展的社区活动。社会工作者与居民在心理上无距离,在情感上接纳、包容和支持。值得注意的是,"三同"生活并非教条般地要求社会工作者和居民整天、整月、整年待在一起,它强调的是社会工作者要置身居民生活、工作和劳动场景,以此体会他们的劳动价值、生活乐趣、喜怒哀乐、所思所愿,进而明白群众的苦乐根源,最大限度地理解村民的生活工作处境,了解他们的日常生活逻辑,进而将社会工作服务做到家,送到居民心坎上,而不是生硬地"制造"服务,给居民生活制造麻烦。更为重要的是心理的同理和情感的共鸣让社会工作者与居民的心连在一起,双方共同探寻生活的出路①。

2. 嵌入地方文化情境

日常生活中无时无刻不透露出文化的讯息,可以说,文化影响和形塑着日常生活。社会工作机构"扎根生活"就要嵌入当地文化情境,一方面,通过对本土文化的认识和把握,理解当地群众的价值理念、行为规范和风俗民情,并在此基础上调整和优化社会工作介入的方式方法和实务策略,避免出现社会工作的介入与当地民众价值观念相悖的现象,提升社会工作实务方法的适切性;另一方面,通过对本土和在地文化资源的充分挖掘、创造性转换和创新性发展,重构居民日常生活图式、丰富日常生活内容,并建构与现代化社区发展相适应的公共(社群)生活理念和行为方式,促进社区团结和发展。

聚焦现代文化与日常生活,可以发现,以理性化和个体化为基本特征的现代化文化,在一定程度上导致了个体日常生活的"孤岛化"和"理性化"。所谓孤岛化,强调个体自我孤立、隔绝的社交和生活状态,个体恐

_____

① 张和清:"双百社工"是"驻村"不是"下乡"[EB/OL].(2017 – 08 – 21)[2023 – 03 – 12]. http://app. swchina. org/print. php? contentid =29690.

惧和逃避任何人际交往；所谓理性化，强调个体的"货币心理"和"情感理性化"，认为人与人之间的交往并非基于友谊和情感，而是一种短暂的商务契约关系，双方会计算、衡量交往的价值和功效①。日常生活的孤岛化和理性化，导致过度自我关注与消遣，远离公共生活，甚至敌视公共生活，认为公共生活打扰了私人生活、挤占了个人空间，对公共生活持以冷漠和回避的态度。无疑，以理性化和个体化为基本特征的现代化文化所形塑的日常生活图式及认知，无益于个体进入社区公共领域、参与社区活动，无助于社区公共生活和社区生活共同体的建设。

面对此困境，社会工作机构尝试通过本土或传统文化资源的充分挖掘和创造性转换，重构居民日常生活图式，建构与现代化社区发展相适应的公共生活理念。

如有学者发现，在基层社会治理中充分运用中国家庭伦理的"代际互助"，可以有效提升基层社会治理效能②。社会工作机构在社区治理和服务中，可充分运用"为了子孙"的家庭伦理观念，利用孩子激活社会资源，即以"儿童参与"为契机，引导和促进家庭参与社区公共事务，进而让作为私人领域的"家"发生转变，生产出公共性。在实践中，不限于家庭内部关系的重构，还可以进行家庭关系"外化"即拟亲缘关系的建构，重构社区社会关系。如在社区交往中，将邻里互助构造为拟亲缘关系，进而将一个个家庭"黏合"起来，增进社区团结。由此，"家"成为构筑公共领域的社会性基础，成为基层社会治理的社会性基础和积极力量。

3. 建构互为主体性的关系

社会工作者与服务对象建立主体间性关系，"主体间性"关系即"主体-主体"关系，其与"主体-客体"关系相对立，强调主体间是一种相互认同、相互承认、相互依存又相互影响的平等关系。社会工作者与服务对象的主体间性即互为主体性的关系。一方面，强调社会工作者要避免以

---

① 戴维·英格利斯. 文化与日常生活 [M]. 张秋月，周雷亚，译. 北京：中央编译出版社，2010.
② 刘亚秋. "家"何以成为基层社区治理的社会性基础 [J]. 江苏社会科学，2022（1）：84-95+243.

"专家"高高在上的姿态指导服务对象生活问题的解决，而是要置身服务对象的日常生活世界，切身理解他们的生活处境，理解其喜乐苦悲，与服务对象一起寻找解决问题的方法；另一方面，强调社会工作者在与服务对象的同行中，扮演好陪伴者和支持者的角色，发现服务对象的优势，提升其能力，进而激发服务对象的主体性。

社会工作者与服务对象主体间性关系的建立尤为重要。正如列斐伏尔认为的：日常生活变革的目标是终结异化的社会并恢复人的主体性，以及对创造性和想象性生活的塑造①。因此，社会工作者是否能够协助服务对象"重拾"主体性，是其能否解决生活问题的关键，可以说，服务对象只有在重拾生活信心，拥有解决生活困扰和问题的能力后，才能真正地创造自己的美好生活。这就要求社会工作者明确自身的定位和立场，即作为服务对象问题解决的同行者、陪伴者和支持者，以平等的姿态融入服务对象的日常生活，引导和协助服务对象分析问题、制订行动方案、执行行动方案和评估行动结果。同时在这一过程中，社会工作者也获得了能力的提升，进而实现了社会工作者与服务对象双重能力建设的目标。

（三）在扎根社区生活中提升两大能力

根据社会工作机构参与社区治理的功能定位——社区服务供给与社会协同参与，社会工作机构应聚焦专业服务和协同参与两大基本能力建设。

1. 坚持生活为本的服务逻辑，提升专业服务能力

生活为本的服务逻辑的本质是以"居民为中心"，坚持满足居民需求的服务理念和追求实现居民发展的行动目标。生活为本的服务逻辑，不同于"专业本位主义"中社会工作者是脱离居民生活的专家，依据所谓科学理论和理性判断"教会"居民应该怎么做，也不同于社会工作者只关注购买方或者合作方的服务任务安排，为居民"布置"专业服务；生活为本的服务逻辑强调社会工作者要扎根现实生活，精准把握服务对象的真实需求，提供专业服务。

一是在真实生活情境中把握居民需求。社区所需、居民所需绝不是社

---

① 郑震. 论日常生活 [J]. 社会学研究，2013，28（1）：65 – 88 + 242.

会工作者想当然的认为和主观判断，而是需要社会工作者通过走访居民、入户调查等方式进行了解和把握，分析和评估居民问题产生的原因，以此为基础提供有针对性的服务。在这里，强调社区走访和入户调查，唯有如此，社会工作者才能了解服务对象的生活环境以及生活环境对其带来的影响，进而找到服务对象需求和问题产生的根源。总之，社会工作者要扎根居民日常生活场景，认识和感知居民的真实生活情境，掌握居民需求，进而为居民提供个性和精准化服务，满足居民对美好生活的期待。

二是强化生活化的陪伴。拥有专业知识储备的社会工作者绝不做服务对象的专家，而是做服务对象的同行者和陪伴者。社会工作者与服务对象的互为主体性和"友朋式"关系，是社会工作"最大的魅力"，也是社会工作介入服务对象日常生活、解决生活困扰和共创美好生活的重要基础。社会工作者要强化对服务对象的生活化陪伴。一方面生活化陪伴可以推动社会工作者与服务对象信任关系的建立，以形成"同理"和"同在"的专业关系；另一方面社会工作者通过生活化的相伴同行，发掘服务对象的优势，并运用生活化的专业力量激发服务对象潜能，重塑其主体性。社会工作者对服务对象尤其是困难群体的服务，绝不是施舍和怜悯，而是真心实意的服务。社会工作者遵循以人为本、平等尊重的专业价值观念，努力实现对服务对象的共情、分享和陪伴，与服务对象携手前行。当然，要实现生活化的陪伴，首先社会工作机构和社会工作者要从物理空间上进入社区。

三是提供社会性支持。社会工作者在强化生活化陪伴的基础上，还要加强对服务对象的社会性支持。为社区居民提供专业服务，实现"助人"目标。社会工作机构还需要注重赋能于服务对象，协助他们应对生活挑战、完成生活任务，从而实现"自助"的目标。根据"人是其社会关系的总和"这一理论，社会工作机构需从社会关系入手，促进服务对象社会交往和社会资本的建构。

可以说，人的社会性和关系本质，决定了个体主体性的重塑离不开其社会性的联结和关系网络的建构。因此，社会工作者要强化服务对象社会交往功能的恢复，为服务对象的社会联结创造机会和空间。一方面，加固传统以血缘、亲缘和地缘等为纽带的社会网络，强化其与亲属、同辈群体的互动和关系联结；另一方面，加强服务对象的社会交往，帮助他们融入社区，促进他们积极参与社区活动和社区服务，进而增加服务对象与社会的接触和互动。对服务对象而言，良性的社会交往和互动反馈，有助于提升其信心，帮助其强化自我身份认同感，确信和意识到自身价值，进而为应对生活挑战和完成生活任务提供正向激励，同时更为宽广和异质的社会网络的建构有助于服务对象获得持续的、发展性的社会资源（包括情感与物质）支持。

此外，社会工作机构注重生活环境的营造与改善。伴随生活水平的提高和社区对居民生活影响程度的提升，居民对社区有了更高的期待，可以说，社区环境成为满足居民美好生活期待的一部分。对居民而言，社区不仅是居住的物理空间，也是一个可以实现个人价值的舞台。由此，社区需进一步强化环境营造和改变，包括为居民提供情感支持、家庭矛盾和邻里关系协调，社区环境卫生建设、文化建设等服务。由此，社会工作机构可以围绕社区文化、公共空间和卫生环境的营造，为居民创造良好的生活环境。

2. 推动社区生活共同体建构，强化协同参与能力

推动社区治理现代化转型，首要的是解决居民对社区公共事务冷漠、社区归属感和凝聚力弱化、社会组织化程度低下等问题。这就需要发挥社会工作的协同参与功能，构建社区生活共同体。通过强化社区认同、社会交往、社区组织建设与再造，推动社区生活共同体建设。滕尼斯笔下的社区生活共同体给予了人们无限想象和启发，可以改变当下社区人际关系的冷漠状态，强化社区共同体意识，进而帮助社区居民尤其是困难群众参与并融入社会支持网络，获得相应的社会资源，获取个人权能发挥和发展的支持性可行能力，进而增强居民应对社区生活挑战、抵抗生活意外事件的能力。如何强化居民之间的联动和互动？社会工作机构需要强化日常生活中的公共联结，为居民的人际交往和互动搭建平台、创造机会，同时发挥好"第三方"的身份优势，进行协调和沟通，推动社区共同体建构。

一是强化日常生活公共联结，促进家邻互助，激活社区社会关系。面

对居民退缩回家庭、回避社区公共活动的现实困境,社会工作机构可以通过对中国家庭文化伦理的挖掘和创造性转化,引导和激励个体走出家庭私域,关注社区公共活动及相关事务。社会工作机构通过"儿童撬动家庭",引导和促进父母参与社区活动。SS 社会工作服务中心在社区环境治理中,运用"儿童视角",发起了"垃圾分类绿色'同'行"项目,通过宣传教育、垃圾分类行动,提升儿童对生活垃圾分类的知晓度、认同度和参与度,更为重要的是,通过儿童参与,实现了"带动一个家庭"参与的目标。家长在孩子的带动和反向教育下,参与垃圾分类的动机和意愿明显提升,同时,为孩子创造更好的生活环境意识的觉醒,以身作则、躬行践履责任意识的激发,让家长"不甘落后",积极投身社区环境治理,从而改变了以往对社区环境治理的消极态度。

邻里关系是居民日常生活中必须面对和需要精心培育的一种特殊关系。邻里关系作为家庭独立空间和社会交往的桥梁,曾经占据了个体社交网络的绝大部分,但是随着时代的发展,城市社区的邻里关系变得脆弱。如何激活邻里关系、促进邻里互动成为社会工作机构构建社区生活共同体的重要议题。SS 社会工作服务中心同样运用"儿童视角",实现了社区邻里关系的联结和互助。面对服务社区中上学儿童接送和学习辅导问题,SS 机构将面临相同困境且居住在同一小区的家庭联结起来,让家长们通过协商和共同讨论,达成轮流接送孩子以及辅导作业的共识,进而实现了邻里互助。可以说,"儿童视角"成为撬动家庭参与社区活动和公共事务的"密码"。

二是打造社区公共空间,创设社区公共生活。要促进社区居民的交往互动,首先需要解决物理空间和场所问题。在社区治理中,社会工作机构通过公共空间的打造,为居民提供了社会联结的机会和场所,促使居民走出家庭"私域",积极参与社区活动,逐渐融入社区公共生活。

ZH 社会工作服务中心针对集中安置社区居民公共生活空间减少、邻里互动不足导致的居民关系淡漠问题,充分利用社区一块闲置公共用地,加强邻里互动,重建社区居民关系。首先,社会工作者将荒地分派给居民种植。荒地为社区居民提供了一部分开放的公共生活空间,为居民的相互交流提供了空间，加强了社区居民的社会互动，为居民互助打下了基础。其次，ZH 社会工作服务中心的社会工作者带领居民召开了"我们的菜园，我们做主""我们的菜园，我们管理"等一系列会议，让居民共同讨论菜园公共环境的维护、农作物种植规则、菜地基金使用，选出具备领导力、组织力的居民担任组长和督查员，进行自主管理、互相监督、互帮互助。通过一系列培训与督导，种菜志愿小队具备了自治互助的意识和能力。最后，社会工作者通过引导成员定期进行义捐、引导社区内的亲子家庭进入菜园播种，利用菜园原生态无污染的蔬菜为活动原材料，号召 N 社区的居民开展蔬菜制作等一系列活动，让居民共同劳动、相互合作，实现了居民互助。在蔬菜成熟季节，开展有机蔬菜售卖和为孤寡老人赠送蔬菜活动，营造了互帮互助互爱的良好邻里氛围。最终，通过社区互助文化和公共空间的打造，促进了邻里、家庭互动，增进了居民间的情感交流与情感联系。

三是搭建社区议事平台，围绕社区公共生活事件构建利益共同体。社会工作机构要扮演好"第三方"和中介者角色，对问题进行更客观、全面、深刻的认识，促进社区居委会、居民、商家及辖区单位建立协商机制，协助居民解决社区公共问题，并在此过程中强化利益捆绑和情感互动，推动社区共同体建构。ZH 社会工作服务中心的社会工作者针对 N 社区居民公共意识弱的现实情况，由改造社区楼栋防空层这一公共议题出发，通过建立社区议事平台的方式，强化社区利益共同体意识。ZH 社会工作服务中心利用身份和专业优势，推动社区党组织、社区自管会、楼栋长等多元主体参与，制定了组织规范与组织目标，建立起了一套多方有效参与社区治理的民主协商机制，在"有组织、有领导"下群策群力，构建起了居民协商共治、有序参与的社区居民议事厅。随后，在社会工作者的协助下，议事厅针对社区楼栋防空层中的电动自行车乱停乱放、存在安全隐患等情况，以座谈、问卷形式收集相关信息，了解居民需求之后，动员小区自管会、楼栋长、7 家社区自治组织等多元主体，通过提案、审议、形成、落实、评估的协商机制，以修建停车棚、规划架空层停车区的方式，解决了楼栋空间利用不当的问题，满足了社区居民的利益需求。在楼栋停车问题解决后，社区居民议事厅根据社区内已经发展成熟的公共菜园文化和社区居民爱好象棋的社区特色，在社会工作者的指导下，充分动员社区居民将菜园文化和象棋文化融入社区楼栋的建设中，打造了象棋休闲区和菜园文化区，优化了社区公共空间，进一步传承和发扬了社区特色文化，加深了居民之间的关系，增强了居民对社区的归属感和凝聚力。社区议事平台的建立，让社区内不同主体可以共同参与社区治理，唤醒了居民的公共意识，维护了各类主体的共同利益。

总之，社会工作机构基于"生活化的功能运作"，将社会工作机构与居民日常生活进行统合，嵌入生活事件，与居民日常行动相契合，将服务性和社会性渗入社区，发挥好专业服务和社会协同功能，满足居民多元化服务需求，营造良好的社区生活环境和生活治理氛围，构建居民美好生活环境。而社会工作机构在其功能有效嵌入的过程中则提升了专业实践能力。

我国社工站（室）的建设和推广，直接推动了社会工作机构"稳健"、持续地下沉，扎根社区。它对社会工作和社会工作机构走进居民心中、融入居民日常生活，具有重要的意义和价值。不过，在社工站（室）建设过程中出现了社会工作者人手不够、被基层政府和社区"借用"从事行政事务等情况，这显然与社工站建站目的和社会工作者扎根居民日常生活相违背。由此，社会工作机构需要转变思维，一是淡化完成项目指标和机构存活功利目标，坚持服务居民初衷，改变驻站社工"坐班"模式和"等服务对象上门"的意识，走近居民，融入居民日常生活，打通社区服务的"最后一米"，进而为社会工作机构参与社区服务和治理"正名"，获得机构可持续发展的条件和基础；二是强化社会工作本土人才培育，社会工作者并非全然的外来者，可以通过本土培育方式，解决社会工作者扎根当地的问题，这需要社会工作机构善于寻找和培育社会工作人才，不断提升其理论水平和实务能力。

第三节　关系重建：社会工作机构的网络嵌入

主体性在交往实践中生成和发展，交往实践水平决定了主体性的生成和发展水平。根据马克思主义社会交往理论，主体与主体之间的交往，应该是互为主体性的，双方通过平等对话、沟通理解，求得互识和共识，形成"视界融合"①。由此，社会工作机构参与社区治理绝不是"单兵作战"，而是需要实现网络嵌入与多元主体关系的建立，为社会工作机构有效嵌入创造良好的环境和条件。具体而言，社会工作机构与社区治理场域中的多元主体进行高质量的互动和沟通，在此基础上多元主体产生信任、合作规范等重要资源和社会资本，推动社会工作机构价值、专业的有效嵌入与主体性的建构。同时，政府、市场、社区等多元主体达成共识、建构合作网络与共同朝着目标奋进的过程，也是政府、市场、社区等多元主体功能实现、能力提升和主体性发展的过程。可以说，在社区治理场域，政府、市场、社区在互动中实现了主体性的"交互建构"即"主体性互构"。党的十九届四中全会明确提出要建设"人人有责、人人尽责、人人享有的社会治理共同体"②。社会治理共同体的建设有助于推动多元主体的高水平交往，参与方通过平等沟通、协商共识，实现了多元主体行动工具理性和价值理性的统一。因此，社区治理共同体的构筑过程，也是多元治理主体的主体性激发和多元主体性互构的过程。

一、社区治理共同体构筑与主体性激发

要理解社区治理共同体内涵，首先要理解"治理"和"共同体"内涵。"治理"（governance）这一概念兴起于 20 世纪 80 年代，其内涵与"统治"（government）相对，强调社会的合作与协商，而非政府的强制与

---

① 闫艳. 马克思交往理论对思想政治教育的启示［J］. 求实，2006（4）：71 - 73.
② 中共中央关于坚持和完善中国特色社会主义制度 推进国家治理体系和治理能力现代化若干重大问题的决定［M］. 北京：人民出版社，2019.

控制。关于"共同体"概念,亚里士多德认为,共同体是为了获得某种"善"而建立的组织,其中的"善"可以理解为共同体内所有成员的共同利益。涂尔干基于社会结构视角对共同体进行了审视与解读,他认为,社会结构受到团结形式的影响与形塑,并将社会团结划分为"机械团结"和"有机团结"两种类型①。无论是"机械团结"还是"有机团结"联合而成的"共同体",都是基于共同利益联合起来的,成员在维护自身利益的同时,分享交往乐趣。这种群体性的生活,是一种共同道德生活。在滕尼斯看来,"共同体"是基于自然条件形成的群体并最终组织化成为联合体,这种联合体多以血缘、地缘、宗教等为共同媒介,且是守望相助、浑然天成的有机整体②。

可以看出,治理强调以各主体间的利益为导向,调和不同主体间的利益促使他们联合行动,解决社会问题或冲突,具有明显的工具取向。共同体则侧重于成员基于情感、道德伦理和公共精神而形成的有机整体,具有明显的价值取向。基于此,社区治理共同体具有工具性和价值性两个重要特征。社区治理共同体的工具性和价值性两个特征,反映了社区治理共同体的共享性、责任性、包容性和公共性等基本内涵。社区治理共同体的内涵与交互主体性具有内在一致性,进而社区治理共同体的建构有助于促进政府、市场、社会及居民主体性的发展。

(一)以"责任性"和"共享性"激活主体性

建设"人人有责、人人尽责、人人享有"的社会治理共同体,凸显了社区治理多元主体的"责任性"和治理成果的"共享性"。社会治理共同体对"责任性"和"共享性"的凸显,其实质是对多元治理主体的主体性价值和多元主体交互形成的"关系理性"的肯定,以及对多元治理主体的主体性进一步激发的期待。社会治理共同体正是多元主体为了实现主体性

---

① 埃米尔·涂尔干. 社会分工论 [M]. 渠东,译. 北京:生活·读书·新知三联书店,2013.

② 斐迪南·滕尼斯. 共同体与社会:纯粹社会学的基本概念 [M]. 林荣远,译. 北京:商务印书馆,1999.

价值而在与其他个体的交互性依赖关系中将"关系理性"实体化的存在形式①。

"人人有责"强调多元主体在社区治理中的责任边界与职责划分，推动着社区治理主体关系的转变，即不再是传统的政府单一权威领导，而是政府、市场、社会、居民等多元主体的平等参与。这一转变使新型主体实现了由被动服从的心理认知向积极行动者角色的转变。"人人尽责"强调多元主体在社区治理中职责的显性化，即基于职责划分的具体参与行动②。具体体现为：坚持党委引领、政府引导、市场融合、社会协同、公民参与，多元治理主体致力于社区治理现代化事业，在协商合作的基础上，充分发挥在社会治理和公共服务领域的独特作用，形成人人参与、人人尽责的良好局面。"人人享有"是指多元主体在社区治理中的受益情况，如果一味强调主体责任，忽视利益和成果的分享，无疑会导致治理主体无法持续性和高质量地投入，因此，需要将个体利益与集体利益结合起来，让治理主体享受到行动成果。

总之，社会治理共同体通过对多元治理主体的主体性价值和多元主体交互所形成的"关系理性"的肯定，以及对发展权利、发展机会和发展成果的共享，实现了多元治理主体的主体性激发和主体性建构。

（二）以"和而不同"包容主体性差异

"和而不同"强调社区治理多元主体的包容性，既承认多元治理主体的差异，又在差异中寻求统一。社会治理共同体的多元主体的权利来源、运作机制、作用以及利益诉求不同，因而在社区治理过程中遵循不同的行事逻辑。政府秉持政治绩效价值取向，以政策为治理手段，遵循"科层制"的任务分配逻辑；市场组织秉持经济利益价值取向，以市场竞争为治理手段，遵循自利性逻辑；社会组织秉持公益性价值取向，通过协同合作

① 包大为，杨晓彤. 社会治理共同体的公共性价值理念与实践指向［J］. 教学与研究，2022（1）：43 – 53.

② 陈成文，陈建平，陈宇舟. 建设人人有责、人人尽责、人人享有的社会治理共同体：基于"乐平经验"的思考［J］. 贵州师范大学学报，2020（1）：25 – 32.

手段落实社区公共服务供给政策以满足人民群众日益增长的公共服务需求①。社区治理共同体在承认多元主体差异的基础上，通过公共性价值理念和公共利益追求等共同纽带，把不同的主体汇聚在一起，他们在行动和言语中与其他治理主体发生关系，进行自我表达，使多元的社会治理主体承认差异性，进而实现"异中求同"②。

首先"和而不同"理念体现的是对社区治理中多元主体的主体性差异的承认和尊重。多元主体的主体性差异体现在价值取向、治理能力和行动逻辑方面。这种差异性是社会变迁和发展的必然趋势，国家和社会由高度统一走向分化，社会获得了"主体性"，拥有更多的自主性，进而获得了实现自我全面发展的机会。在社区治理中，治理主体承认彼此之间的差异，尊重不同主体的不同看法与诉求，并认识到正是基于主体间的差异性才为各个治理主体提供了从多视角进行观察、在场和言说的机会，正是基于主体间的差异性才能在言说和辩论中获得对社会问题的正确认识和理性行动方案的科学提出。可以说，正是因为多元治理主体的差异性才有了交往的必要，没有差异就没有多元主体的协同共治。其次"和而不同"强调在差异基础上的共识和"共同感"。社区治理共同体在强调差异性的同时，追求建立在差异性基础上的共识。多元主体在参与、表达、倾听和交流对话过程中获得了对问题的理性认识和对行动方案的理性共识，发展出一种共享的"共同感"。这种共同感在确证自身与社区治理共同体实在性的同时，还给他们带来了对社区治理共同体的认同感和归属感，进而强化了主体间的沟通和合作。

社区治理共同体的包容性，体现了对社区治理多元主体的主体性差异的承认和对主体性价值的珍视。为此，可在社区治理中尊重和接纳主体的异质性，并努力创造宽松自由的环境，让各治理主体的主体性价值得以实现。可以说，包容性激发了社区治理共同体的生机，激活了多元治理主体的主体性。

---

① 李永娜，袁校卫. 新时代城市社区治理共同体的建构逻辑与实现路径［J］. 云南社会科学，2020（1）：18－23.

② 杨仁忠，张诗博. 社会治理共同体的公共性意蕴及其重要意义［J］. 河南师范大学学报（哲学社会科学版），2021，48（1）：9－16.

（三）以"公共性"促进主体性发展

公共性是社区治理共同体的本质特征①。社区治理共同体的"公共性"体现在三个方面。一是聚焦公共领域和公共生活。公共性是相对于私人领域而言的。社区治理共同体超越了传统的"差序格局"以及个体和家庭的"私"，使个人从私人领域中走出来，在社区公共空间中就共同关注的问题开展讨论和行动，达成共识，开展共同行动。二是对公共利益和社会正义的价值追求。对公共利益的追求是社区治理主体行动的"公共性"的体现，但公共利益至上并非意指"扼杀"自我或私人利益，而是强调个人利益和公共利益的协调统一，即共同利益，共同利益意味着对治理主体地位和利益价值诉求的承认和尊重。社区治理共同体的"公共性"蕴含着平等、公正、自由和共享等多重价值目标。三是强调多元主体间的"共在"关系。共在的社会关系是公共性的基本表征②。社区治理共同体克服了人与人之间的"主－客"异化关系，建构了人与人之间的"主－主"关系，即我者与他者互为主体，从而实现了主体间的共在、共生、共享。在社区治理共同体中，多元主体相互联系、相互依赖。

社区治理共同体的"公共性"内涵，推动了多元治理主体的主体性发展。根据马克思主义主体性理论，主体性在交往实践中得以体现、生成和发展。主体在交往实践中，形成了交互主体性，交互主体性是人的主体性在主体间的延伸，多元主体在相互联系和相互作用时，会生成某种新质的"共同主体性"，具备某种"公共性"，实现个人与他人、个人与社会的统一。可以说，由主体性开始，经过交互主体性，生成了共同主体性，进而形成了某种公共性③。这种公共性的建构，并非对主体性的否定，而是对主体性的发展。共同主体性即公共性的形成，消解了自我的主体性。在社区治理中，各治理主体自身的属性影响着他们具体的行动与价值取向，但

---

① 陈秀红. 城市社区治理共同体的建构逻辑 [J]. 山东社会科学，2020（6）：83－89.

② 张诗博. 马克思的公共性思想及其对构建社会治理共同体的启示 [J]. 中共成都市委党校学报，2021（2）：35－40.

③ 张毅. 从主体性到公共性：当代中国马克思主义哲学的走向 [J]. 才智，2012（27）：155－156.

是多种主体共同产生的交互主体性会超越主体性，从而产生共同主体性。例如，以营利和利益最大化为价值取向的企业，在与社会组织、社区及居民的互动与合作中，会受到社会组织、社区及居民多种主体价值的影响，进而产生一种多主体的价值取向，这种多主体的价值取向必然会超越企业单一主体的利益最大化需求，弱化企业营利冲动，提升企业的社会责任感。

总之，社区治理共同体的多元主体"共在"和对公共利益及社会正义的价值追求，推动着各个治理主体跳出单一主体性的缺陷和不足，多元主体的互动产生的交互主体性超越了主体性，产生了共同主体性，进而具备了"公共性"特质。

二、互嵌互构：社区治理共同体的建构机制

鉴于社区治理共同体构筑对社区多元主体的主体性激发的重要意义，因此，构筑社区治理共同体，具有重要的现实意义。社会工作机构在社区治理共同体的建构过程中可以实现主体性的建设与发展。当下社区治理共同体建构面临着两类障碍。一是社区治理多元主体存在"越位、错位、卡位、缺位"的现象。具体体现为基层政府未能摆脱"全能主义"思维，倾向于运用行政力量强势主导社区大小事务，未能为社区居委会自我治理和社会组织、居民的参与预留足够的空间，进而出现了职权的"越位"和"错位"；在行政力量强势介入以及自治意识和能力弱的双重作用下，社区居委会出现了"卡位""错位"现象，成为"政府的嘴和腿"，执行行政事务，远离自身社区服务和居民自治功能，居委会自治功能被严重弱化；企业、社会组织及居民主体则在社区治理中不同程度地出现了"缺位"现象，企业履行社会责任意识不足，专注于营利，而对社区公共事务治理"不上心"，社区社会组织以娱乐性、兴趣类居多，专注于组织成员精神生活和文化需求，而对社区公共问题和公共事务缺乏关注，社区居民对社区公共事务冷漠。二是多元主体行动目标和行为逻辑各异。社区治理中，政府、企业、社会组织和居民个人等在社区治理过程中遵循不同的行事逻辑。政府基于职能履行和政绩目标推动社区治理，以政策为治理手段，遵

循科层制的任务分配逻辑，追求社区治理的创新与"样板打造"；市场组织秉持经济利益价值取向，以市场竞争为治理手段，遵循自利性逻辑，实现自身利益最大化；社会组织秉持公益性价值取向，通过协同合作手段落实社区公共服务供给政策以满足人民群众日益增长的公共服务需求。在缺乏行动共识和公共价值的引领下，多元主体基于自己的目标和行为逻辑开展社区服务和治理行动，因此难以达成"视域融合"并形成合力、朝着共同目标奋进、实现多元主体功能整合与融入。

要突破上述阻碍，需要构建多元主体相互嵌入的共同治理机制，推动形成社区治理共同体。多元主体"互嵌互构"强调实现社区治理"共在"主体的价值整合、功能融合与协作赋能。

（一）价值性互嵌互构与目标共识

多元治理主体因不同利益诉求和行动目标在社区治理过程中遵循不同的行事逻辑。这种差异性带来的可能是多元主体"自行其是"和"单打独斗"，关注自我利益的实现，将其他治理主体视为对手和利益争夺者，最后造成多元主体在社区服务和公共事务治理中难以形成治理合力。由此，通过价值性互嵌，促使多元治理主体达成目标共识具有重要意义。这就需要以社区新公共性的建构为导向，实现价值性互嵌，纠正多元治理主体认知偏差，使他们从自我利益欲望和诉求中跳出来，强化公共意识，为实现公共利益展开合作行动。由此，实现多元价值性互嵌、促使多元治理主体达成目标共识具有重要的意义。

社区新公共性是指政府、市场、社会及居民以开放包容、协作对话的方式共同架构的公共性①。20 世纪 90 年代之前经由国家和单位为载体所建立起来的公共性被称为"旧公共性"。旧公共性中，家国合一和家国同构让"公"与"私"高度融合，缺乏清晰的界限。伴随市场化、现代化和全球化进程的开启，市场和社会的活力迸发，"第二域"的主体作用和"第三域"的建设被提上议事日程，其公共诉求受到关注和重视，一种新的新

---

① 洪波．"个体 – 共同体"关系的变迁与社会治理模式的创新［J］．浙江学刊，2018（2）：82 – 89.

公共性形态产生了。"新公共性"也被称为多元主义公共性,具有主体多元的特征,公共性的开拓者不局限于公共部门,个人、社会组织、市场组织都是开拓的主体①。需要强调的是,多元主义公共性不否定"私"的动机和要求,相反"私"的存在和价值得到了正当性的认可,"公"与"私"之间协同共进、相互联动而又界限分明。可以看出,相较于旧公共性,新公共性具有主体多元化和"公私共进"的显著特质。

社区新公共性的构筑在于政府、市场、社会及个人公共性品格的塑造和培养上。政府的公共性主要强调的是一种公共行政,也就是说政府要以公共利益为出发点、以争取公共福利为落脚点进行行政管理和社会治理,其倡导的价值观有社会公平、代表性、回应性、参与和社会责任感,强调政府行政行为的公共利益价值取向、对民众需求的回应、公共事务的参与和社会责任感。市场组织的公共性即企业社会责任,强调市场组织在以竞争方式获取经济效益的同时,也必须肩负起社会责任、维护公共利益。尤其是伴随市场与社会合作和互构的日益紧密,企业的发展离不开社会,这决定了企业在处理与社会的关系时不能只盯住经济效益,而是需要承担起相应的社会责任,把企业的发展融入社会。作为社区利益的相关方,企业应承担相应的社会责任,积极参与社区治理和社区发展。社会组织的公共性即公益性,强调社会组织的内在驱动力不是市场利润,也不是政府部门的权力,而是以志愿精神为背景的利他主义和互助主义。社会组织提供公共服务的目的不是为自身积累财富或创造利润,而是实现社会的公共利益,承担公共事务责任。居民的公共性即公共精神,其与个体性相对应,是道德规范的公共性,是公民个体与社群"摆脱利己主义而为绝大多数公共利益着想的精神"②。值得注意的是,任何单一主体治理模式都不具备"公共性",因为由单一实体定义的公共性不可能是客观的公共性,而仅代表个人需求和个人利益诉求③。同样,地位严重不平等的多元主义治理模

---

① 唐文玉. 社会组织公共性:价值、内涵与生长 [J]. 复旦学报(社会科学版),2015,57 (3):165 – 172.

② 史蒂文·凯尔曼. 制定公共政策 [M]. 商正,译. 北京:商务印书馆,1990.

③ 朱晓红,伊强. 论社会治理的多元主体结构 [J]. 学习论坛,2007 (8):51 – 54.

式，也难以具备真正的"公共性"，因为强势主体获得了对公共性的定义权，而其他主体则只能接受这种公共性。总之，只有在治理主体多元化和地位平等的条件下，公共性的定义权才不会受到垄断，才会出现客观的和合理的公共性。在社区新公共性的引导下，多元治理主体放下对自我利益的偏执，将社区整体利益置于首位，进而达成目标共识，联合起来，朝着共同的目标努力奋进。

（二）结构性互嵌互构与功能融合

在价值性互嵌引导多元主体达成目标共识的前提下，如何促成多元主体联动合作和功能协同？要促进多元主体"结构性互嵌"，建构合作治理网络，促进多元主体关系的常态化、机制化连接和联动，助推各治理主体功能的融合，实现主体功能"1＋1＞2"的目的。多元主体"结构性互嵌"关键在于结构化合作治理网络的建构。

根据结构性互嵌的功能融合目标和社区治理现实情境，多元主体合作治理网络建构需要聚焦"两个维度"和"一个原则"。所谓"两个维度"，即多元主体结构形态的建构应聚焦参与和权利平衡两大维度。这两大维度主要是从多元主体结构网络的价值、功能及效能性出发考量的。一是多元主体参与的维度。这就要求社区治理体系由封闭式走向开放式，打破政府单一主体的垄断，社会在多元化的社会治理主体之间建立起一个公共的治理结构，这个结构不是线性的，而是网络式的[①]。二是主体权利分配和制约的维度。行政权力的强势主导，抑制了社区居委会自治功能的发挥、社会组织的活力和社区居民参与的积极性。为此，需要对政府权力进行必要的剥离和制约，与之相应的是，对社会组织和居民进行赋权，进而建构起主体地位平等、权力平衡的治理结构，保证多元主体持续参与和主体功能的充分发挥。

所谓"一个原则"，是指多元主体合作治理网络的建构须立足社区治理实际，坚持中国共产党的领导，发挥党的引领、凝聚和保障作用。建构

① 王丹丹．城市社区治理中公共性重构的困境及其超越［J］．云南行政学院学报，2020，22（1）：37－41．

多元主体合作治理网络强调通过多元主体基于平等地位的分工合作、良性互动，最大化地提升治理效能，解决单一主体难以解决的公共问题。在多元主体的合作过程中，为了使多元主体合作行为能够存在并运行良好，并不排斥某一主体在合作网络中处于核心位置。实践充分证明，建构"一核多元"的主体结构形态，坚持党在多元主体合作中的领导地位，发挥党的价值引领、力量凝聚和组织保障作用，是推动我国社区治理体系和能力现代化的最优选择。总之，在中国特色社会主义制度下，发挥党的领导核心作用，是有效联合社区范围内党政机关、企事业单位、社会组织、居民等治理主体，形成"党委为核心"、其他多元化主体协同治理模式的重要途径。"党委为核心"并不是党决定一切，而是发挥党"总揽全局、协调各方"的领导核心作用，建立起社区治理体系运行架构的"同心圆"。让多元主体因时而变、因势而变，在不同的治理背景下灵活调整角色定位，以共同的治理目标为指引，力往一处使，互相配合而互不掣肘。以党为核心的"一核多元"治理模式是中国社会治理的特色，也是现实所需。"一核多元"的协同治理既发挥了基层党组织的优势，又注重了社会力量的作用。基层党组织在联系群众、组织群众、动员群众、服务群众等方面具有天然的优势[①]。以基层党组织为载体，可将基层社会各类组织和社会多元个体统合起来。

总之，要实现社区治理多元主体结构性互嵌与功能融合，需要构建"一核多元"的社区治理主体结构，发挥党委在治理格局中总揽全局、协调各方的核心作用，发挥党的价值引领和社会化整合功能，引领多元主体公共价值形成、协调和整合多元主体利益、提高多元主体凝聚力，实现政治功能、社会功能和服务功能的多维嵌套与融合，进而推动社区治理共同体的构建。

（三）关系性互嵌互构与协作赋能

社区治理共同体的建构，还需要关注多元主体在行动中的相互嵌入和

---

① 李春根，罗家为. 从总体性支配到社会化整合：新中国 70 年基层治理现代化的演进逻辑：国家与社会关系的分析视角［J］. 华中师范大学学报（人文社会科学版），2020，59（3）：40 – 51.

相互形构，实现协作赋能和主体的互构共变。社会互构论认为，"互构共变"是现代社会主体的行动实质所在。社会互构论认为，参与社会互构的行动主体是多种多样的，在多元互构中，任何一方的行动都自觉或不自觉地建塑和形构着对方的行动①。社区治理多元主体在多向互动、多维嵌入中，不仅实现了利益整合、取得了价值共识，更促进了主体性的成长和自我能力的提升。

一是促进多元主体利益整合和取得价值共识。政府、市场、社会及居民在参与社区治理过程中有着各自的价值取向、利益需求及责任，如何在共同体内部形成共同价值，为共同目标的实现开展集体行动？在工具理性和功利主义影响下，行动者将自我利益置于首位而忽视甚至损害了其他主体和社区公共利益。在社区公共事务治理中，治理主体对自身利益过度关注，缺乏对公共事务的理性妥协，难以形成社区公共事务的共同决议，同时主体间形成了竞争和博弈关系，造成了资源的损耗。因此，通过多元主体高质量的交往实践，主体间相互影响和形构，可以强化主体的价值理性，寻求主体共识。二是促进治理主体的主体性成长。主体性在交往实践中得以生成和发展，正是基于"主体性互构"。其一，在多元主体互动中，可以实现主体性的延伸即交互主体性，进而建立共同主体性即公共性。自我的主体性只有在我与你的主体间性和你我他的公共性中才能得到发展，个体价值的实现有赖于公共价值的实现。正如马克思主义所认为的，公共性与人的全面发展紧密相关，公共性的不断扩大保障和促进着人的潜能和个性的充分发挥②。社区治理共同体中的"公共性"可以在横向及纵向的互构中得到实现。总之，多元主体互构促使他们持续地开展更加深入的互动与合作，讨论和解决社区公共议题，从而形成一种有效的社会团结机制，社会团结机制又可以进一步激发、培育社区的公共性。其二，在多元主体互动中，推动了主体能力的提升。社区治理多元主体的多维嵌入与多

---

① 郑杭生，杨敏. 2010 社会互构论：世界眼光下的中国特色社会学理论的新探索［M］. 北京：中国人民大学出版社，2010.

② 孙迎光. 从主体性到公共性：教育理论的发展历程［J］. 教育理论与实践，2011，31（13）：3-6.

向互动，促进了主体间物资、资金、人员、信息等资源的共享以及相互学习，进而促进了主体参与社区治理和服务能力的提升。

多元主体的互构共变，是基于什么样的前提和方式进行的呢？笔者认为，基于交往理性的互动促进了多元主体的互构共变。交往理性强调主体与主体在交往中互为主体，即将人与人之间的关系视为多主体间、平等互动的关系共同体，强调多元主体间就平等对话、协商讨论、理解沟通达成共识。交往理性是对工具理性的超越和扬弃。工具理性是一种"主体－客体"理性形式，这种主客二分范式，代表着个人与他者之间非此即彼的关系，使人与人之间诗意的生存关系被物与物之间的冷酷关系取代，容易导致自我中心主义，进入公共事务领域，带来的是治理主体间关系的扭曲及公共权力的滥用。以政府为例，当政府以工具理性而非交往理性逻辑与社会公众进行互动时，就会将社会公众客体化，将其视为管理的对象和满足自我利益的工具，最终导致政府在社区治理中的"越位"和"错位"。同理，当市场、社会、居民等主体遵循工具主义逻辑时，其行为则是自利性的，市场主体追求经济利润而避免承担社会责任，社会组织追逐组织利益而非社会公共利益，居民则追求自我利益而在集体行动中"搭便车"。可以说，当工具理性主导主体间的交往时，社区治理就是一种自利逻辑，治理主体都是为了自己的利益开展行动。显然，社区治理协同共治，必须实现多元主体间由"主客体关系"向"主体间性关系"的转变，即从工具理性走向交往理性。按照哈贝马斯的交往行为理论，在交往关系中，主体间的地位平等，因为平等主体才能实现独立的交往，形成理性主体，通过主体间的平等交流、解释、对话，实现相互理解、求同与合作的目的，更是在多个主体的理性互动中，实现目的理性与价值理性的统一①。总之，交往理性互动建立在以主体－主体结构为基础的交往理性之上，改变以主体－客体结构为基础的工具理性研究范式，注重主体之间的互动、沟通与协作。

---

① 闫斌. 论哈贝马斯交往权力理论［J］. 湖北大学学报（哲学社会科学版），2013，40（6）：123－127.

三、基于"价值－网络－互构"构筑社区治理共同体

基于多元主体"互嵌互构"机制本质，应遵循"价值－网络－互构"建构逻辑，同时结合我国社区治理的现实情境，坚持党的领导地位，充分发挥党的强大功能优势。由此，笔者认为，社区治理共同体的建构需要以党建引领凝聚价值共识、"一核多元"治理网络建构以及多元主体高质量互动，促进主体性的互构与生长。

（一）强化党建引领，凝聚价值目标共识

如何在价值观上凝聚共识、形成强大社会凝聚力，是社区治理共同体建设面临的一个重要挑战。个体行为的日渐理性化、原子化和个体化，带来的是多元主体执着于对自我利益的追逐。社区治理中的多元主体如同散落的珠子，因缺少主线而难以成串。党作为社区场域的"元治理"主体，能够发挥政治优势和组织优势，推进多元主体协商共治，凝聚价值共识，重建社区公共性。

一是发挥党的领导作用，凝聚社区治理价值共识。价值共识是指多元治理主体对社区公共价值达成一致的看法，它是多元治理主体在社区治理中进行通力合作、"人人有责、人人尽责、人人享有"社区治理共同体建设的基础和前提。然而，在社区现代化转型中，用以规范、凝聚社区成员的集体精神和价值规范不断式微，社区走向陌生化、碎片化和成员匿名化，社区基本价值共识尚未形成，这直接导致市场主体、社会主体、个人之间价值理念的异化。对此，需要发挥党建价值引领作用，对差异化的价值理念进行协调与整合，促使多元主体达成价值共识。为此，基层党组织和多元主体树立"富强、民主、文明、和谐，自由、平等、公正、法治，爱国、敬业、诚信、友善"的价值目标、价值取向和价值准则。同时，通过社会责任担当意识的唤醒与重建，让多元主体凝聚出一种人人有责、人人尽责的社区治理共识。在此基础上，基层党组织通过在基层社区中寻求"最大公约数"来凝聚多元主体价值共识与社会认同，坚持"以人民为中心"，从而形成多元治理主体间良性互动的关系。

二是党建引领多元协商，重建社区公共性。社区公共性本质是一种公

共理性。所谓公共理性,是指与个体理性、个人理性相对立的"公众"理性,其性质和内容是公共的,其目标是追求公众的善,即公共利益最大化①。可以说,公共理性囊括了"公共"和"理性"的意蕴。"公共"强调性质和内容的"公共性",即围绕公共事务而非私人事务展开,以及目标是公众的善,即公共利益最大化。"理性"强调主体对公共领域问题的理性思考方式,这种理性的方式是一种相互探讨、相互沟通,以求得共识的理智方式②。一般而言,公共理性主要是活动参与方通过平等沟通、理性协商而获得的一种智识。这种智识超越了参与各方的个人利益,可以促进个人与他人、个人与集体及社会的联结。可以说,多元主体公共协商的过程就是实现公共性的过程。因此,培育社区公共性,需要实现多元主体的协商共治。

促进多元主体协商沟通,就需要发挥好党组织在社区协商中的引领作用。首先,进一步弘扬民主协商精神,激发社区治理主体参与意愿。基层党组织可以增强社区协商的开放性、包容性和代表性,吸纳更多社会组织、各界人士参与协商过程。其次,培养社会主体的协商治理能力,要针对社区居委会、社区社会组织、居民开展协商能力培训,让他们明白协商的规则、协商的流程和内容以及话语的理性表达。再次,积极搭建社区协商平台。搭建基层党组织、居委会、社会组织、居民、企业多方主体参与的协商平台,并予以场地、财力和技术上的支持,定期或不定期地开展协商议事。值得注意的是,党组织在此过程中不要对协商议题、程序进行干预。建立健全协商程序设计、协商主体遴选、协商议题设置、协商约束和监督等机制,以进一步规范协商流程、内容和过程,确保参与协商主体的地位平等,参与各方能够充分表达其利益诉求,依据语言的论证而非权力力量的博弈达成共识。最后,充分利用互联网信息技术手段,打造信息化与智慧化的参与平台、合作空间与互动途径,拓宽多元主体参与协商渠

---

① 博曼·雷吉.协商民主:论理性与政治 [M].陈家刚,译.北京:中央编译出版社,2006.

② 曾志敏,李乐.论公共理性决策模型的理论构建 [J].公共管理学报,2014,11 (2):1 – 12 + 15 + 139.

道。例如运用社区微信群、楼道讨论组、在线投票等形式，让广大人民群众参与协商。

（二）构建"一核多元"治理格局，推动"合力共同体"的形成

社区治理组织体系和主体结构的建构应以实现社区整体利益最大化为目标。由此，应建构"一核多元"的社区治理主体结构网络，强化党在社区治理中的领导核心作用，把党在基层的政治、组织优势转化为治理、服务优势，确保社区治理的正确方向，形成强大的治理合力。

一是明确主体职责定位，实现多元主体有序参与和良性互动。构建"一核多元"的社区治理组织体系，要让多元主体"归位"，这就需要明确各主体在社区治理中的职责定位。其一，明确党组织的核心领导地位。党组织领导核心地位体现在对党的路线、方针、政策的把握和执行上，保证社区治理"不偏航""不走样""有实效"；发挥党组织的价值引领作用，凝聚社区治理价值共识；发挥好党组织整合协调功能，协调治理主体间的矛盾冲突，整合各治理主体所占有的独特资源，以达到社区治理合力的最优。其二，规范政府权力边界，明确政府职责。面对政府在社区治理中的"越位"和"错位"现象，要对政府权力进行必要的剥离和制约，让其回归到合规权力限度内，即从"全能政府"到"有限政府"。由此，政府要尽量避免对社区治理进行直接干预，重在通过公共政策支持、公共财政扶持营造良好的外部环境以及对其他治理主体进行合理有效的规范与监督，回归统筹规划者角色定位。同时，政府要做好引导培育者，这就意味着政府需要为市场、社会及居民进行赋权以及提供人、财、物的支持。其三，市场主体有序参与社区治理和服务，充分发挥其资源配置的决定性作用，推动社区资源的有效整合与高效供给，提供高质量、高效率的公共产品和公共服务。其四，社会组织要充分利用其社会性、自愿性和公益性以及专业性特征，为社区居民提供高质量公共产品和服务、整合社会资源、动员居民有效参与社区公共事务、构建社区社会资本。其五，居民要增强自觉参与意识、责任担当意识，要以主人翁的态度关注和关心社区，积极主动参与社区公共事务治理，促进社区发展。

二是发挥党总揽全局、协调各方的核心作用，促进治理合力的形成。党的领导是基层社会治理共同体建设的根本保障和最大优势。以党的建设为保障、党的领导为核心，推进多元、协作、负责、高效的社区治理共同体建设。这就需要充分发挥党对社区治理共同体建设的全面领导与统筹协调功能，充分激发多元治理主体共同参与解决社区问题的创造活力，促成多元治理主体在社区治理中最大功能的发挥。一要充分发挥党在协调政府治理与群众自治良性互动中的领导核心作用，通过完善党组织领导的自治、法治和德治相融合的城乡基层治理体系，把党的组织优势、政治优势转化社会治理优势。二要大力加强基层党组织的政治引领、组织引领和机制引领能力建设，充分发挥基层党组织的战斗堡垒作用，把基层党组织建设成为社会治理攻坚克难的"桥头堡"和充分激发基层社会创造活力的"发动机"。三要强化多元主体利益协调能力，强化共享理念，打破利益固化的樊篱，更要把追求社会公共利益最大化作为价值旨归，促进社会治理共同体高效协调合作，打造活力与秩序并存、效率与价值并具的利益共同体。

（三）从工具理性向交往理性转变，促进主体性交互成长

促进社区治理共同体构建，需要推动主体间从主客体对立走向主体性互构。要实现主体性互构与主体性成长，则需要多元主体间的交往互动由工具理性向交往理性转变。

在工具理性导向下，社区治理共同体实现了多元主体物理聚集的社区治理共同体之"形"，而缺乏多元主体间相互依赖、形成有机统一体的社区治理共同体之"质"。例如，在中国自上而下的"压力型体制"内，地方政府受制于"政治锦标赛体制"的激励，他们以构建社区治理共同体为抓手，忙于追求短期、高效与外显化的治理绩效，而忽视了其他治理主体的主体性和价值问题①。可以说，政府将其他参与方视为可利用的"他者"、工具和目标实现的手段。这种"主体－客体""自我－他者"的意

---

① 刘伟，翁俊芳. 撕裂与重塑：社会治理共同体中技术治理的双重效应 [J]. 探索与争鸣，2020（12）：123－131＋199－200.

识，导致政府主体意识的强硬化和社会公众意识的游离化、政府地位的中心化和社会公众地位的边缘化、政府权力的扩张化和社会公众权利的被动化、政府利益的膨胀化和社会公众属性的异质化[1]，最终导致社会公众处于边缘化和形式化困境，严重抑制了市场、社会和居民主体性及主体性功能的发挥。为了实现社区治理共同体"质"的建构，需要各治理主体由工具理性向交往理性转变。交往理性强调具体主体性的人在实践中秉持合作伙伴观念，注重通过商谈、语言沟通而非权力压制实现交往，通过主体间的平等交流、解释、对话，实现相互理解、求同与合作。社区治理多元主体在此过程中实现了主体性的交互成长。

一是在理性对话中强化主体责任意识，推动主体共识达成一致与价值实现。聚焦多元主体的交往实践，"主－客"关系模式带来了工具理性的"反噬"。"主－客"的人际互动理性单一化为工具理性。在社区治理中，拥有资源的政府或市场作为强势的一方，将社会工作机构看作实现自我利益的工具和手段，而非平等交往的合作伙伴。在此交往模式下，弱势的社会工作机构丧失了话语权，被动或主动地被吸纳和同化，以强势主体的行动目标替换机构的价值目标，以强制主体行动逻辑替代机构自我行动逻辑，沦为强势主体的附庸或工具。基于主体间性，哈贝马斯提出了交往理性理论，强调交往行为是一种"主体－主体"遵循有效性规范，以语言符号为媒介而发生的交互性行为，要将对方视为平等交往的合作伙伴，在平等沟通和互动中达成共识，分工协作，实现"1＋1＞2"的目标。可以说，多元主体在互动中取得了价值理性与工具理性的统合和协调，最终实现了整体功能最大化，服务社区居民，推动社区治理现代化。交往理性实质上是一种主体间性的协商观，即协商过程是一个平等、对话、理解、共享的过程，是协商参与主体之间的相互作用、相互沟通、相互影响的过程。以企业与社会工作机构的合作为例，社会工作机构应坚定地秉持公益原则和社会性价值取向，在双方协商中以公益原则和社会性价值取向影响、约束企业的商业冲动，推动企业市

---

① 王春福. 公共治理变革中的理性谱系解析 [J]. 浙江社会科学, 2011 (11): 44－50＋74.

场由"利润驱动"转向承担"社会责任"，实现公益目标和市场效率的互嵌共生。

二是在协商议事和平等交往中实现多元主体间的"赋权"和"增能"。其一，在协商议事中实现权利互构。党的十八大以来强调的社会治理中心下移，其本质是要求治理资源和治理权力的下移。而在治理权力向社会公众释放的过程中，形成了来自国家的"权力"和来自社会的"权利"二者相互形塑、和谐共变的关系①。国家权力与社会权利如何实现互构？从基层社会治理实践看，协商议事渗透着权力与权利的互构机制。社区协商议事，一方面填补和强化了党和政府在基层社会秩序建构的权力空间，另一方面将多元社会主体组织起来，向社会组织、企业与居民"赋权"，促进治理共同体中处于相对弱势地位的主体力量的成长壮大。其二，在交往中强化学习，实现主体间的双向赋能。以社会工作机构专业实践能力建设为例，机构在扎根社区、开展社区治理和服务过程中要向党、政府等主体学习，进而充分借鉴、吸收和融合本土性社会工作的（党的群众工作和政府的行政工作）价值、经验、方法和优势，提升专业实践能力。不仅如此，党的群众工作和政府的行政工作的社会工作借鉴，还可以提升党与政府的工作效能。可以说，通过本土性社会工作与专业社会工作的共同融入、相互促进，可以实现主体间的双向赋能。

本章小结

本章探讨了社会工作机构主体性建构机制和路径。基于主体性"价值－能力－交往"三维整合模型，社会工作机构参与社区治理应遵循"社区为本、专业为用、关系为基"的嵌入逻辑，通过价值嵌入、专业嵌入和网络嵌入，实现社会工作机构的有效嵌入和主体性建构。

一是秉持"利他使群"理念和路径，实现社会工作机构的社会性嵌入和价值重塑。"利他"强调社会工作机构应坚持公益性和助人性以及社会

---

① 陈秀红. 城市社区治理共同体的建构逻辑 [J]. 山东社会科学，2020（6）：83－89.

理性行动逻辑，满足服务对象的需求，实现社会利益最大化；"使群"则强调社会工作机构应发挥"液态角色"功能，实现社会关系网络的"有机聚合"，推动个体与他者、他群和社会的联结，增强服务对象个体权能和支持性能力，并通过社区力量的整合和团结，实现"社区之治"。可以说，"利他使群"是社会工作机构社会性回归的最佳路径。具体而言，坚持社区为本，以社区为实践平台；聚焦"角落里"，保护社区困难群体；强化"衔接处"，激活社区公共关系。

二是在"扎根社区"中实现专业嵌入和实践能力建设。"扎根社区"是社会工作社会性本质属性的体现和要求。社会工作机构专业嵌入的目标是协助人们应对日常生活的挑战，解决日常生活中遇到的问题。这就需要社会工作机构扎根社区，深挖本土文化，在日常生活融入与居民情感联结、文化资源深度挖掘和创造性转换、服务对象"友朋式"陪伴中，聚焦社区美好生活建设与社区治理共同体构建，通过对服务对象需求的精准把握、生活化陪伴、社会关系激活、社区公共空间打造以及多元关系协调，提升社会工作机构的专业实践能力。

三是基于多元主体"互嵌互构"机制，遵循"价值－网络－互构"建构逻辑，实现网络嵌入和关系重建。这就需要以党建引领凝聚价值共识以"一核多元"治理网络建构以及多元主体高质量互动促进社区治理共同体建设、多元主体性互构成长。具体而言，一是强化党建引领，凝聚价值目标共识。发挥党的引领作用，凝聚社区治理价值共识；党建引领多元协商，重建社区公共性。二是构建"一核多元"治理格局，推动形成"合力共同体"。明确主体职责定位，实现多元主体有序参与良性互动；发挥党总揽全局、协调各方的核心作用，促进治理合力的形成。三是从工具理性向交往理性转变，促进主体性交互成长。在理性对话中强化主体责任意识，推动主体目标一致与价值实现；在协商议事和平等交往中实现多元主体间的"赋权"和"增能"。

值得注意的是，无论是社会工作机构价值重塑还是专业建设，都需要关注与政府、市场、个人的关系互动和网络建构。理想状态下，政府、市场、个人可以交互形成一个"互构域"，多元主体间基于"主体间性"进行平等的交往互动，围绕社区治理目标，进行理念和行动的碰撞、交互，通过主体间的相互调适、修正和改造，促使主体间发生共变和谐变。社区治理共同体建设则有助于"互构域"的形成。在社区治理中，政府、市场、个人等主体，将彼此视为平等交往的合作伙伴，在平等沟通、民主协商中达成利益和价值共识，形成治理共同体，进而优化社区治理结构，提升社区治理效能。

第六章

结论与展望

第一节　基本结论

通过对社会工作机构参与社区治理主体性的实证考察与探讨，本研究得出了社会工作机构的本土实践脱离与多元主体的交互主体性建构偏移是其主体性缺失的内在机理。"主体性嵌入"则是社会工作机构参与社区治理、实现主体性建构的有效路径。实现"主体性嵌入"，需要促进社区治理场域中多元主体的良性互动与协同合作，促进多元主体性的交互建构与主体性发展。

一、本土脱离与建构偏移是社会工作机构主体性缺失的内在机理

作为"外来者"，社会工作机构需要扎根本土，在本土文化的滋养、服务实践的锤炼以及基层群众的有机联结中建构主体性。然而，从社会层面看，"强国家－弱社会"的关系格局在一定程度上加剧了社会工作机构的本土脱离。一方面，在"强国家"的权力让渡和政策、资源的支持下，社会工作机构走上了自上而下的成长路径。这一路径在促进社会工作机构快速发展的同时，也在一定程度上使社会工作机构缺少社会本土文化滋养、缺乏实践淬炼磨砺。另一方面，"弱社会"导致社会支持不足，社会工作机构高度依附政府，以获取合法性和资源维持机构的生存和发展，而逐渐远离社会，缺乏与基层群众的有机联结。社会工作机构的本土脱离，造成了其参与服务实践的专业实践能力不足、价值理念困惑和价值抉择困

境。同时，聚焦社区治理场域，"中心－边缘"社区治理结构使社会工作机构的地位被边缘化，社会工作机构"悬浮"和脱离于社区，面临主体失位危机。

在社区治理中，社会工作机构在与多元主体互动中实现了主体性的建构。然而，在社区治理中，政府、企业、社区主体将自身利益置于首位，将"外来者"社会工作机构视为自身获取利益的"工具"，在交往中依循"主－客"互动模式和工具主义行动逻辑。"主－客"互动模式和工具主义行动逻辑导致社会工作机构在社区治理中的主体性成长乏力和建构偏移，出现了行政化、功利化、失能化的意外后果，进而导致社会工作机构参与社区治理的价值目标和功能偏移。

总之，本土脱离与建构偏移是社会工作机构参与社区治理主体性缺失的深层次机理。要重塑和建构社会工作机构的主体性，就需要社会工作机构在嵌入和扎根社区、融入社区本土文化和日常生活、满足社区治理的现实需求中，尤其是在多元治理主体平等交往互动和协商互动中，实现主体价值主体性和专业主体性建设以及主体性的交互建构。

二、"主体性嵌入"是社会工作机构参与社区治理的有效途径

目前，学界对社会工作机构嵌入式发展持认可态度，但是对于嵌入的前提、基础、如何嵌入以及实现何种程度的嵌入尚未达成共识。笔者通过总结学者的研究成果和深入社区治理实践场域发现，社会工作机构的价值理念、专业实践能力和治理情境中的多元主体关系，都是影响社会工作机构嵌入的重要因素。在此基础上，本研究创新性地提出了"主体性嵌入"理论新视角。"主体性嵌入"可以实现社会工作机构由表层无效嵌入向深层有效嵌入的转换，并在这一过程中促进社会工作机构主体性的建构和发展。

表层嵌入强调社会工作机构在物理空间上进入社区场域，但价值式微、专业能力欠缺、与多元治理主体的关系性和结构性嵌入不足，导致机构在社区治理中悬浮游离、主体失位和功能不显。

一是单一式嵌入下的悬浮游离。单一式嵌入强调社会工作机构在社区治理中关系网络的建构严重依赖政府资源，深度嵌入政府关系网络结构的状态。社区为政府、市场、社会和居民等多元主体"共在"场域，理想状态下，社会工作机构与多元主体建构合作网络结构，实现多向互动、多维嵌入，构建社区服务和社区治理行动系统，进而实现机构的社区嵌入。然而，由于实践合法性和生存资源严重依赖政府，社会工作机构选择单一嵌入政府，通过主动迎合、承接行政事务以及行政化策略，与政府保持高频互动，建构并依赖政缘关系网络。社会工作机构的单一式嵌入策略，虽有助于机构获得政府支持和资源，但同时会使其面临政府行政的过度干预局面，导致机构参与主体地位的边缘化、服务碎片化。在现实中，社会工作机构承担的工作通常是社会服务与管理框架中的细枝末节，服务体量小、内容受限、面向群体狭窄，机构参与社区治理作用极其有限，同时机构倾向于以满足地方行政需求为首要目标，而非坚守以居民需求为本和社区利益最大化的社会理性原则，难以在社区治理与服务中彰显社会性与专业性。这导致了社会工作机构在社区治理中的悬浮游离状态，即机构单单从空间意义上"进入"了社区，但并未嵌入社区治理网络、社区文化、居民日常生活以及居民心理空间，机构在社区治理组织体系中处于边缘地位，组织功能发挥有限乃至出现了机构价值目标和功能偏移现象。社区居民对社会工作机构认同度低，常常将社会工作者与志愿者、居委会工作人员等同。总之，社会工作机构未能成功扎根社区，而是呈现出悬浮状态，以及出现机构目标偏移的趋势。

二是专业脱嵌下的服务空转。社会工作机构参与社区治理的主体身份的获得源自其专业的主体性，因此，专业嵌入具有重要意义。社会工作机构凭借其专业优势，为居民提供高质量的服务，进而获取居民的认可，在此基础上，引导居民和动员居民参与社区公共事务，提升居民参与意识与能力，助推社区自治水平的提升。可以说，专业知识和技能推动着社会工作机构的有效嵌入。然而，社会工作机构在社区治理中出现了专业脱嵌现象。专业脱嵌指社会工作机构因专业主体性不足，在社区服务和基层社会治理实践中表现出了专业功能不清晰、专业成效不明确、专业手法缺乏的现象。专业脱嵌导致了社会工作机构在社区治理中的服务空转，一方面，难以提升服务质量和时效性，无法满足居民的深度专业服务需求；另一方面，难以发挥社会协同作用，促进社区治理主体结构完善和优化、激活社区治理结构中各治理主体的能量，也难以改变社区治理居民、社区社会组织"无参与""形式参与""表面参与"的现状，难以促进"人人有责、人人尽责、人人享有"社会治理共同体的构建，而是陷入"有增长无发展"的"内卷式"旋涡。

三是社会性缺失下的无效嵌入。坚守社会性本质属性是社会工作机构嵌入的"根本"和"灵魂"。在社区治理实践中，以社会性为价值目标的社会工作机构将自身与政府、市场主体进行区分，凸显了其独特性和价值。可以说，社会工作机构社会性价值的嵌入，是其维护自身参与主体身份和实现机构功能的重要前提。然而，自上而下的催生式成长路径、社会基础薄弱、巨大的生存压力以及制度建设的不足，让我国的社会工作机构面临着"活命"抑或"使命"的两难选择。在此情形下，部分社会工作机构弱化了社会性。社会性的式微，由专业自主向行政权威妥协，机构以满足政府行政目标为首要需求，将自身矮化为一种治理技术，服务和满足行政需求，危及以服务对象需求为本和社区利益最大化的价值追求。同时，社会性的式微，导致社会工作机构容易受市场经济理性的侵蚀，机构盲目追逐规模的扩大和效益的最大化，甚至呈现出了以项目转包方式"赚取价格差"的现象，这些都会严重影响社会工作机构参与社区治理目的，致使社会工作机构参与社区治理实践合法性和机构发展遭遇严重危机。可以说，社会工作机构嵌入的无效，就在于机构未能固守住社会性，在社区治理嵌入中过分关注生存空间和资源的获取，其结果便是以行政为导向、营利为取向或技术为取向。

"主体性嵌入"能够实现社会工作机构由浅层无效嵌入到深层有效嵌入的转变。社会工作机构的深层有效嵌入强调机构主体的有为意愿、有效能力和有序行动，通过主体价值、专业和网络的三维嵌入，实现机构与其他治理主体在公共理性原则下促进主体性互构、协作赋能和功能融合，进而实现社区的有效治理。

嵌入彰显了主体的主动性和能动性，但是主动性和能动性不等于其主体性。主动性和能动性代表着主体适应外界环境的积极态度和行动策略，这种行动策略可能缺少主体的"魂"。本研究把主体价值喻为社会工作机构的"魂"。因此，社会工作机构的主体价值成为其嵌入的重要内核。社会工作机构的社会性价值属性表明了其参与社区治理的"是社会"的主体身份和"为社会"的价值追求及行动目标，这是国家和社会承认其治理主体身份的重要前提，也是机构有效嵌入的基本原则。可以说，社会性嵌入为社会工作机构参与社区治理提供了合法性基础。专业性是社会工作机构获得实践合法性的依据。因此，进行专业嵌入、满足人们对社会工作机构的专业期待，是社会工作机构有效嵌入的基础性保障。可以说，专业嵌入让社会工作机构参与社区治理具备了合理性基础。然而，价值和专业性皆立足于社会工作机构自身，社会工作机构参与社区治理还必须重视嵌入客体和情境。立足社区治理情境，社区是国家、市场、社会"主体共在"的场景，社会工作机构的嵌入不可能绕过它们，相反，社会工作机构需要在主体交往互动中完成有效的主体关系网络嵌入。"主体性嵌入"的交往维度，强调不同主体之间的合作关系以及因各自的独立性、自主性和行动策略互动而形成的主体互嵌关系。多元主体在价值、结构和关系性互嵌中形塑价值共识、实现功能融合和能力提升，进而完成主体性互构和成长。可以说，网络嵌入为社会工作机构参与社区治理提供了支撑性力量，否则，社会工作机构将缺乏外部支持，难以践行价值使命和实现机构功能。

在这里，社会工作机构的"主体性嵌入"，强调的是社会工作机构的有效嵌入，尤其是多元主体在交往中建构和发展其主体性。这需要摒弃对社会工作机构主体性"先天存在"的预设和"一成不变"的看法，社会工作机构参与社区治理的主体意识、主体能力、主体行动需要随着嵌入情境的变化进行不断的调整、变化和发展。

三、"主体性互构"是社会工作机构实现主体性建构的重要机制

社会工作机构在有效嵌入中建构了其主体性。因为嵌入本身不仅是能

力的表现，也是其主体能力形成的路径与多元主体网络建构的过程，进而可以助力社会工作机构的主体性建设和成长。而从社会工作机构嵌入的路径可以看出，社会工作机构的主体性建构遵循"内部"与"外部"交互的建构路径。社会工作机构主体性建构和发展离不开社会性价值和专业能力的自我内在建设，更离不开外部关系的建立和良性互动以及建立在此基础上的"主体性互构"。其实，对于参与社区治理的任一主体而言，其主体性功效及组织功能可能会充分发挥，也可能会失灵，因为在社区治理中参与的多元主体是党委、政府、企业、社会组织、居民等，不同主体间、不同主体内部存在迥异的利益诉求和行动逻辑，进而阻碍或促进多元主体功能的发挥。良性的主体关系与互动，不仅可以为参与主体功能实现创造条件，更为主要的是，能够促进其主体性的成长，进而拓展和提升组织功能。在社区治理中，社会工作机构在与基层党组织、政府、企业的合作与互动中，可以实现主体性的交互建构和主体性的发展。

（一）引领、融入与提能：党组织与社会工作机构的主体性互构

首先，基层党组织发挥价值引领作用，形塑着社会工作机构的理念与行动目标。在社区治理中，基层党组织以"人民至上""以人民为中心"形塑、强化了社会工作机构以"居民为本"的服务理念和行动目标，并发挥政治和思想引领作用，确保社会工作机构与国家特别是党的意志和政策意图一致，避免社会工作机构与国家产生对抗性矛盾和大规模集体行动风险，进而为社会工作机构参与社区治理终极目的的实现和组织功能的有效发挥奠定重要基础。其次，社会工作机构通过党建工作的推进，融入社区治理体系、扎根社区。作为社区的外来者，社会工作机构参与社区治理可能面临"落地困难"的问题，包括来自基层政府和社区居委会的排斥和阻隔、社区居民的不信任和不支持，使社会工作机构在社区中呈现出悬浮状态。党建则是社会工作机构摆脱社区融入困境的重要路径。社会工作机构党建可以发挥党组织的组织和政治优势，破除社区治理体系融入障碍，同时社会工作者可以依靠党员的身份优势，获得社区居民的认可和信任。可以说，社会工作机构借助"党"以及"党建"的引领与在场，获得了其参与社区治理的合法性，促进了机构社区治理的有效融入。最后，也是最为重要的，基层党组织与社会工作机构通过彼此"借势""借力"和学习互动，可以实现双方能力的提升。对基层党组织而言，面对社区治理的新情势、社区治理的创新要求与居民对美好生活的新期待，亟须进行工作方法、方式的改进和创新。学习社会工作专业知识以及借用社会工作机构力量，可以为基层党组织的群众工作开展助力，增强社区治理与社区建设的科学性和专业性，进而提升党群工作能力与社区治理效能。对社会工作机构而言，通过对党的群众工作方法和技巧的学习、借鉴，可以提升社会工作专业服务技能（包括群众动员、情感联结与治理），并不断形成在地化的社会工作服务模式，为推动社会工作本土化打下坚实基础。同时，通过党建，发挥党组织的聚合作用，将党员、志愿者与分散的社区组织力量凝聚起来，打造资源整合平台，提升机构资源链接与社区服务能力。

总之，在社区治理中，基层党组织要发挥党建引领作用，强化社会工作机构社会性的价值使命与实践的合法性，推动机构的社区融入。同时，基层党组织与社会工作机构通过对彼此工作方法的学习与借鉴，可以促进机构本身工作方法的改进和创新，提升社区治理与服务效能。

（二）培育、增能与共强：政府与社会工作机构的主体性互构

首先，社会工作机构的发展和主体性建构离不开政府的培育和支持。面对我国社会工作机构规模有限、能力有限、活力有限的基本现状，政府须承担起培育责任。政府对社会工作机构的培育首先体现在对机构"从无到有"的创办支持上，地方政府通过场地提供、资金资助及技术支持，促进社会工作机构的创办。同时，加强对社会工作机构"从弱到强"的发展培育，主要是对已注册登记的社会工作机构进行团队建设、专业服务、资源拓展、公益精神培训，提升机构的综合发展实力。其次，政府通过权力让渡与赋能，使社会工作机构在社区治理与服务实践参与中提升能力。一是制度增能。政府不断通过制度供给，赋予社会工作机构独立主体身份、社区治理与服务实践参与权，并通过购买社会工作服务的方式与社会工作机构建立稳定的合作关系。二是合作增能。政府与社会工作机构之间并非领导和被领导的关系，而是独立的平等合作关系，

政府接纳并认可社会工作机构，主动培育、引导社会工作机构，为社会工作机构参与社区治理与服务提供机会和资金支持，双方构建起合作伙伴关系，在平等交流与协作中不断激发机构潜在优势，实现机构效能的最大化。最后，政府在与社会工作机构的合作中实现了"共强"。基于组织的独立自主、权责明确与平等协作，政府和社会工作机构能力都得到了明显提升。对政府而言，显著提升了政府公共服务能力。同时促进了政府职能的转变、机构精简，提高了管理水平。当前政府职能在改革中"退"下来的各种社会事务，需由社会组织来承接，社会工作机构可以发挥专业优势，在基层社会治理和服务中协助政府，进而有助于提高政府的治理和服务水平。对社会工作机构而言，实现"由弱到强"必然离不开政府的支持，实践证明，通过与政府建立合作伙伴关系，可以促进社会工作机构能力的大幅提升。

政府与社会工作机构建立合作伙伴关系后，政府主动培育和发展社会工作机构，并主动让权，使社会工作机构在基层社会治理和服务中拥有更多的实践空间。政府在激发社会工作机构内在潜能、助力社会工作机构完善公共服务供给功能以及提升社区组织化功能的同时，也全面提升了自己的履职能力。

（三）合作、责任与共赢：企业与社会工作机构的主体性互构

推动社会工作机构主体性的建设与发展，离不开社区治理的另一重要参与主体——企业。一是社会工作机构需要与企业强化合作，为机构可持续发展提供基础。在社区治理中，社会工作机构与企业的合作主要有活动式合作[①]、公益营销、企业购买社会工作服务等[②]。与企业的合作与资源获取，能够突破政府购买服务的诸多限制，使社会工作机构更为灵活地开展深度服务；能够拓宽资源渠道，为机构的可持续发展提供助力。同时通过向企业学习市场营销理念和方法，有助于提升机构参与市场化竞争的活力

[①]　活动式合作是指企业通过物资捐赠、企业志愿者服务、提供就业岗位、现金捐赠等方式对社会工作机构的服务开展提供支持。

[②]　方英，胡泳琳．开放系统视角下社会工作机构与企业的合作研究［J］．社会工作与管理，2022，22（1）：5-14.

和能力。二是在与社会工作机构的合作中，可以强化企业的社会责任意识，增强社会责任履行能力。一般而言，企业在与社会工作机构的合作中有较为强烈的商业冲动，社会工作机构需要明确立场，以公益原则约束企业的商业冲动，通过行动约定、价值倡导、公益参与和体验等方式，强化企业的社会责任意识，避免企业商业冲动行为给服务对象利益造成损害。三是企业与社会工作机构在合作中实现"共赢"。在合作中，双方互相学习，可以提高企业的知名度和企业的社会形象，履行企业社会责任；可以增强社会工作机构的实力，实现社会工作机构的公益目标，提升社会工作机构的影响力。

第二节　政策建议及可能的理论贡献

一、政策建议

互构是社会工作机构主体性建构的重要机制，要实现社会工作在社区治理中的主体性建构和成长，就需要进一步加强相关制度建设，为社会工作机构与党、政府、企业的协同治理创造良好的制度环境，推动多元主体间平等合作、交流互动，实现主体性成长。

（一）加强制度建设，实现党建与社会工作机构的主体性互构

为进一步推动基层党组织和社会工作机构在社区治理中的良性互动和相互嵌入，实现能力的提升和主体性的成长，需要强化相关制度建设。

首先，建立以党组织为核心的纵向到底、横向到边的基层社会治理格局。建构以党组织建设为核心的社区治理网络，进而为社会工作机构开展社区服务提供稳定、持久、系统的支撑。通过党组织逐层高效收集居民真实的社区需求，为社会工作服务方案的科学性、真实性、可操作性提供保障，并通过专业的个案、小组和社区三大方法及时回应居民需求，提高机构服务的供给效能。

其次，强化党组织与社会工作机构的互动治理机制建设。建立社区情

况通报、列席会议、座谈交流等制度，促进党组织与社会工作机构互动的组织化、制度化和常态化，让社会工作机构及时了解社区的重要部署，找准服务的切入点和着力点。强化基层党组织对社会工作机构的引领，确保社会工作机构在社区治理目标和价值上保持一致。

最后，建立健全社会工作机构党建工作机制。加强社会工作机构党组织建设，推动符合条件的社会工作机构通过单独成立或联合成立党组织的方式，实现党组织应建尽建。强化党建引领机制，严格规范组织生活制度，定期召开支部生活会，强化党员社会工作责任意识。把党建工作和项目立项相融合，形成以项目化方式推进党组织建设的工作机制，做到党建工作和项目实施同步，实现党建工作与社会工作融合共建。

（二）加强制度建设，实现政府与社会工作机构的主体性互构

为进一步推动基层政府和社会工作机构在社区治理中的良性互动和相互嵌入，实现能力的提升和主体性的成长，需要从以下几方面入手。

首先，完善社会组织（社会工作机构）法律体系，明确其独立主体地位。提升社会组织立法层次，保障社会组织主体地位。一是制定社会组织基本法。明确规定社会组织的基本组织规范，以及在设立、运行等过程中的基本规则。二是强化相关制度建设，理顺政府与社会组织的关系。众多政策文件中多次出现"政社分开、权责明确"的表述，却没有进一步明确政府与社会组织的边界：社会组织扮演何种角色，以何种方式发挥功能。应出台相关制度，明确社会组织在社区治理和服务中的独立主体地位与权责边界，避免政府"过度行政干预"，导致二者之间形成"强行政性弱专业性"的关系。

其次，强化社会工作机构内部治理体系建设，增强组织内部治理能力。健全理事会、监事会制度，完善法人治理结构，加强组织文化建设，增进社会工作者对组织使命和宗旨的认同感，建立健全选举、决策、监督、财务及日常管理等各项制度，保障组织的公益性，提升组织公信力。同时强化人才培训与激励制度，开展职业培训、学习交流，提升专业能力，并建立合理的、具有一定竞争力的薪酬待遇体系。

最后，建立健全政府购买社会工作服务制度。其一，设立专项财政预

算购买社会工作服务，为确保政府按时及时拨付购买经费，需设立专项财政预算。同时在签订购买协议后政府须立即拨付一定比例的经费，且后续经费也应按时拨付。其二，采取竞争性购买方式。坚持公开、公平、公正的购买原则，凡是有承接意向、有资格的社会工作机构均能获得平等的竞标机会。其三，进一步规范购买工作流程。明确政府购买服务内容、项目评审指标和评估标准，确定购买服务的方式，严格规范项目申报、项目审核、项目公示、项目监管和检查验收的工作流程，确保购买服务的质量和效率。其四，保证服务价格的相对合理性与项目的可持续性。由政府、社区和社会工作机构三方协商确定，以保证服务费用的合理性，同时根据实际情况，设计项目周期，从而保证社会工作项目和社会工作机构发展的可持续性。

（三）加强制度建设，为企业与社会工作机构的主体性互构创造良好的制度环境

首先，出台相关政策，积极引导促进企业与社会工作机构在社区治理中开展合作。强化政策鼓励，推动企业直接和间接参与社区治理；鼓励企业通过购买冠名权、开展项目合作、建立发展基金、提供商业赞助和捐赠等方式，支持和参与社会工作；进一步加大对企业捐赠的税收优惠减免力度，激发企业公益捐赠的积极性。

其次，完善相关政策、法律法规，建立社会工作机构市场化发展的支持体系。建立完善的政策及法律法规体系，并给予财税优惠和资金支持，让社会工作机构转型为社会企业"有法可依、有路可走"；规定社会企业的运营程序，建立合理的监督机制，确保社会企业使命和公益宗旨不偏移；强化社会企业能力建设，采用企业管理机制，增强社会企业市场竞争能力，避免因经营不善导致资产流失，阻碍社会企业的可持续发展。

最后，完善相关制度，加强对慈善和社会工作行业组织的培育支持。政府要完善相关制度，进一步促进慈善组织和基金会的设立、发展，为社会工作机构获取社会资源创造条件，使机构由对政府的单向度依附向对社会的依附转移；大力扶持社会工作行业组织发展，让行业组织在社会工作

机构培育孵化、资源整合、行业交流合作平台搭建、社会工作专业价值和职业伦理审查、专业能力评估和提升上发挥重要作用，促进社会工作机构健康、规范、有序发展。

二、可能的理论贡献

"主体性嵌入"的提出，是对嵌入性理论研究的进一步拓展和深化。一是"主体性嵌入"进一步明确了嵌入的内涵、意图和策略行动。嵌入性概念具有极强的抽象性和模糊性，是极其宽泛的社会背景和社会情境因素的集合，嵌入本身没有提供一个概括意图和策略的行动理论。笔者在探讨行动主体嵌入时，对嵌入性的理解更接近于现象学意义上的概括，其可操作性研究策略的路向并不清晰。"主体性嵌入"则明确了嵌入的社会性价值意蕴，以及在此基础上的主体功能指向和能力建构，强调嵌入情境尤其是多元主体关系网络建构的重要意义，最后提出"价值—专业—网络"嵌入路径。

二是"主体性嵌入"在一定程度上实现了嵌入本体论与方法论的统合（见图6.1）。以往嵌入研究容易陷入本体论（以波兰尼为代表的"回归社会"的实质嵌入）和方法论（以格兰诺维特为代表的"进入社会"的形式嵌入）的分歧和争论，即"回归社会"是行动主体的终极追求抑或是工具性策略。嵌入的本体与方法"分裂"，会导致理论和实践困境。缺乏社会实质的形式嵌入，可能会使社会工作机构偏移社会性价值和组织功能目标，而强调社会性的本质嵌入，也会因社会性概念的抽象性与操作困境，导致嵌入路径难以"找寻"。"主体性嵌入"既强调社会工作机构社会性价值的嵌入，也强调社会工作机构在社区治理场域中的多元主体互动与关系网络嵌入，并通过对社会工作机构"社会性"本质内涵、特征的解读和把握，实现嵌入的本体论和方法论的统合。社会工作机构的社会性既强调机构"为社会"的价值使命，也蕴含着"关系性"的本质特征。而通过对社会性的"关系性"本质特征的把握，可以解决社会性概念抽象和社会性回归的实践问题，强调社会工作机构"社会性"价值目标的实现是基于关系的联结和互动。

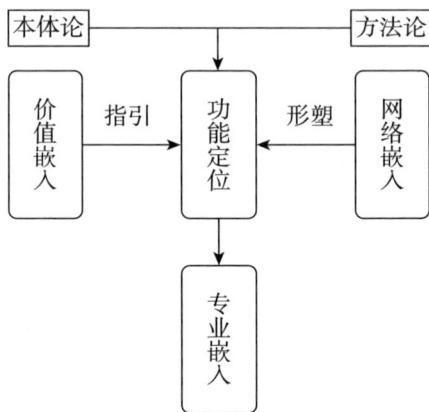

图 6.1 "主体性嵌入"的理论建构逻辑

总而言之，"主体性嵌入"关注价值目标（本体论）、特定情况下的主体间互动和关系网络建构（方法论）以及在此基础上实现本体论与方法论的统合——组织功能调整和目标整合。可以说，社会工作机构参与社区治理，立足于机构社会性价值目标与社会－关系情境基础之上，抑或说是社会工作机构价值追求与社会－关系情境在一定程度上的"共识达成"。一般而言，基于社会性价值属性和使命，社会工作机构具有政策倡导和社会服务两种基本功能，其中政策倡导既不追求政治话语权，也不追逐商业利益，而是具备一定的集体行动能力。在西方，国家与社会的二元对立关系，导致社会工作机构可能会采取游行、示威和对抗的方式维护机构或服务对象的权益，进而引发政治风险。我国国家与社会的合作共生关系，尤其是党社良性互动，扩大了政治参与、增进了政治沟通、联络了政治情感，进而使社会工作机构更倾向于选择合作和制度化渠道表达利益诉求。可以说，国家与社会的合作关系与良性互动促进了政治性与社会性功能的整合，社会工作机构实现了政治功能转化，消弭了政治风险。

总之，"主体性嵌入"并非主体"想当然为之"和"不管不顾"的自我决断，而是基于社会－关系情境作出的决策和行动。因此，社会工作机构的"主体性嵌入"既关注价值、专业和能力维度，也积极关注社会－关系情境维度，二者并非机械地分离，而是在实践中共通共融、相互形塑。需要强调的是，社会工作机构的社会－关系情境维度的嵌入既强调行为主体的"在场"，也强调系统内部的整体性，更强调行为主体之间的关系互构，因此"网络嵌入"比"关系嵌入"更为妥洽。

三是"主体性嵌入"强调行动者的主动性和能动性，避免将嵌入性研究深深限定于结构主义中。当嵌入性理论陷入结构主义限定中，即聚焦关系网络的结构性特征时，既会忽视不同关系纽带中的社会内容，也会忽视行动者的能动性和策略性选择。如此，我们将看到社会工作机构完全成为结构的"奴隶"。"主体性嵌入"强调结构与行动相互形构，聚焦微观场域的多元主体交往和互动，将社会关系网络作为一种内生变量，强调社会工作机构在主体交往和互动中建构其行动和主体性，提供一幅社会工作机构嵌入的动态图景。基于社区场域中多元主体交互的动态性与建构性，社会工作机构在社区治理的角色定位就不局限于静态的结构性问题，而是一个动态的过程性问题，如社会工作机构在社区治理的不同阶段，其嵌入的形式有所差异，与之耦合的组织功能就会发生一定的转换和调整。

第三节　不足及未来研究方向

总体上看，本研究基本完成了最初预设的研究目标和研究任务。然而，由于笔者自身理论储备的欠缺，本研究也留下了几个需要进一步探讨和深入研究的问题。首先，"主体性嵌入"理论模型作为一个理想模型，其预设的前提既有解读功能还有建构功能，但是预设条件是否具有穷尽性与合理性，还需进一步论证。其次，在支撑研究论点的材料选择方面，我国社会工作机构参与社区治理才开始兴起，社会工作机构嵌入社区治理主体性困境是否只是阶段性困境，是否会随着社会工作社会认同度的提升以及组织功能的发挥而自动消解，还有待进一步观察求证。最后，"主体性嵌入"能否实现社会工作机构主体性建构的最终成效，有待于实践的验证和检验。以上几个方面，都是笔者今后在研究中需要继续努力的方向。